本书获贵州医科大学高层次人才科研启动基金项目（校

科技创业驱动经济增长的效应及动力机制研究

RESEARCH ON THE EFFECT AND DYNAMIC MECHANISM OF
SCIENTIFIC AND TECHNOLOGICAL ENTREPRENEURSHIP
DRIVING ECONOMIC GROWTH

刘 波 ◎ 著

企业管理出版社
ENTERPRISE MANAGEMENT PUBLISHING HOUSE

图书在版编目（CIP）数据

科技创业驱动经济增长的效应及动力机制研究 / 刘波著 . — 北京：企业管理出版社，2024.12. — ISBN 978-7-5164-3125-2

Ⅰ . F124.1

中国国家版本馆 CIP 数据核字第 2024PW2872 号

书　　名：	科技创业驱动经济增长的效应及动力机制研究
书　　号：	ISBN 978-7-5164-3125-2
作　　者：	刘　波
策　　划：	杨慧芳
责任编辑：	杨慧芳
出版发行：	企业管理出版社
经　　销：	新华书店
地　　址：	北京市海淀区紫竹院南路 17 号　　邮编：100048
网　　址：	http://www.emph.cn　　　　　电子信箱：314819720@qq.com
电　　话：	编辑部（010）68420309　　发行部（010）68701816
印　　刷：	北京亿友数字印刷有限公司
版　　次：	2024 年 12 月第 1 版
印　　次：	2024 年 12 月第 1 次印刷
开　　本：	710mm × 1000mm　　1/16
印　　张：	18.5
字　　数：	268 千字
定　　价：	88.00 元

版权所有　　翻印必究・印装有误　　负责调换

前 言

2024年7月，党的二十届三中全会审议通过了《中共中央关于进一步全面深化改革 推进中国式现代化的决定》（以下简称《决定》）。《决定》着眼于健全推动经济高质量发展体制机制，提出："健全因地制宜发展新质生产力体制机制。推动技术革命性突破、生产要素创新性配置、产业深度转型升级，推动劳动者、劳动资料、劳动对象优化组合和更新跃升，催生新产业、新模式、新动能，发展以高技术、高效能、高质量为特征的生产力。"

科技创业的本质是依托技术创新内核整合资源以建立新的组织形式与生产方式，从而实现技术和知识的市场价值和获取经济利益的动态过程。科技创业能够推动技术革命性突破、生产要素创新性配置和产业深度转型升级，培育新质生产力，从而驱动经济高质量发展。

综观世界经济发展史，历次科技革命都推动了生产力水平的跃迁，实现了社会经济的腾飞。究其根本，主要是科技革命所催生的新兴企业成为经济系统内经济结构深层次变革的内生力量，不断释放科技创新对经济增长的"乘数效应"。

当前，全球正处于世界百年未有之大变局和新一轮科技革命孕育兴起的历史交汇点，我国实现高质量发展、全面建设社会主义现代化国家迎来了宝贵的历史机遇。但也要看到，逆全球化、保护主义叠加经济长周期下降改变了全球经济发展大环境，转型压力、资源约束和贸易摩擦给中国经济发展带来了极大挑战。因此，如何寻找和培育未来经济增长的动力源，是关乎中国经济实现高质量发展的核心问题。抓住此轮产业变革中关键的"机会窗口"，将会推动中国经济发展实现蜕变，从而实现经济的高质量发展。为此，我国相继出台了一系列支持创新创业的政策，在"十四五"规划中，对新兴产业发展进行了专章部署，着眼于抢占未来产业发展先机,培育先导性和支柱性产业。科技创业作为技术创新与产业发展的连接,在产业变革中扮演着重要角色。由此,科技创业是否具有显著的经济增长驱动效应,以及科技创业通过何种作用机制驱动经济增长成为亟待回答的重要问题。

本书基于逻辑模型构建科技创业评价指标体系,采用客观赋权的熵值法计算各地区历年的科技创业综合指数,全面把握中国科技创业的状况和特征。同时,将科技创业与经济增长纳入统一的理论分析框架,构建科技创业驱动经济增长的理论模型,研究科技创业驱动经济增长的效应及动力机制。据此,得出以下几点结论:一是中国科技创业呈现不均衡态势,科技创业呈东高西低分布特征,且随着时间的推进,地区间科技创业水平差距呈扩大趋势;二是从全国范围内看,科技创业不仅促进了经济增长规模,也提升了经济增长效率,但从地区来看,科技创业驱动经济增长的效应具有异质性特征;三是科技创业通过创新效应、产业结构效应和就业效应三大动力机制作用于经济增长,且科技创业驱动经济增长具有动态特征,科技创业将带动市场资源优化配置,强化技术创新动能,推动产业结构变革,带动就业市场升级,从而驱动经济增长。

以科技创新驱动产业创新,推动科技创新和产业创新深度融合,是加快形成新质生产力的重要途径。因此,推动科技创业发展是持续培育新质生产力、实现经济高质量发展的关键举措,是抓住产业变革机遇、不断增强经济韧性和塑造发展新优势的客观需要,是实施创新驱动发展战略的重要组成部分,对于助推中国在世界百年未有之大变局中脱颖而出和实现中华民族伟大复兴具有重要的作用。

目 录

第1章 绪 论 001

  1.1 背景与问题的提出 001

  1.2 研究意义 005

    1.2.1 现实意义 005

    1.2.2 理论意义 008

  1.3 研究思路、研究方法与技术路线 010

    1.3.1 研究思路 010

    1.3.2 研究方法 012

    1.3.3 技术路线 013

  1.4 研究内容 015

  1.5 研究可能的创新之处 019

第2章 文献综述 023

  2.1 国内外研究综述 023

    2.1.1 科技创业的内涵、特征与影响因素 023

    2.1.2 科技创业与新型经济形态研究 031

    2.1.3 科技创业与经济增长的研究 033

    2.1.4 创业对经济增长的作用方式 037

    2.1.5 国内外研究现状及文献评述 041

  2.2 科技创业与经济增长的理论梳理 045

    2.2.1 创业理论 045

　　2.2.2　熊彼特创业理论 045
　　2.2.3　新经济增长理论 046
　　2.2.4　创业经济增长理论 048
　　2.2.5　科技创业经济发展理论 050
2.3　本章小结 051

第3章　科技创业驱动经济增长的理论模型与动力机制分析 053
3.1　科技创业驱动经济增长的理论模型推理 053
3.2　科技创业驱动经济增长的动力机制分析 062
　　3.2.1　科技创业驱动经济增长的创新效应 063
　　3.2.2　科技创业驱动经济增长的产业结构效应 066
　　3.2.3　科技创业驱动经济增长的就业效应 072
3.3　本章小结 077

第4章　中国科技创业的度量及分布特征 078
4.1　基于逻辑模型构建科技创业评价框架 079
　　4.1.1　科技创业评价框架的构建思路 079
　　4.1.2　理论基础——逻辑模型 080
　　4.1.3　基于逻辑模型的科技创业评价框架设计 081
　　4.1.4　基于逻辑模型的科技创业评价框架的特征 083
4.2　科技创业评价指标体系设计 084
　　4.2.1　评价指标体系的设计原则 084
　　4.2.2　科技创业评价指标体系的构成 086
　　4.2.3　科技创业一级指标的具体说明 087
　　4.2.4　相关数据来源及说明 089
4.3　基于熵值法测算科技创业水平 092
　　4.3.1　熵值法简介 092
　　4.3.2　科技创业指数计算 095
4.4　中国科技创业的演进阶段及特征 097
　　4.4.1　中国科技创业的演进阶段 097

4.4.2　中国科技创业的空间分布特征 102
　　4.4.3　中国科技创业的动态演化特征——基于核密度估计 106
4.5　本章小结 107

第5章　科技创业驱动经济增长的实证研究 109

5.1　模型构建与变量说明 109
　　5.1.1　基本模型构建 109
　　5.1.2　变量选择 110
　　5.1.3　数据来源与统计描述 116
5.2　估计方法选择与内生性控制 117
　　5.2.1　估计方法选择 117
　　5.2.2　内生性控制 118
5.3　实证结果分析 120
　　5.3.1　总体样本实证回归结果 120
　　5.3.2　稳健性检验及结果分析 124
　　5.3.3　异质性检验及结果分析 128
　　5.3.4　进一步研究：经济集聚影响科技创业驱动经济增长效应的
　　　　　演化特征 135
5.4　本章小结 143

第6章　科技创业驱动经济增长的动力机制——基于中介效应检验 ... 145

6.1　科技创业驱动经济增长的创新效应动力机制 145
　　6.1.1　模型构建与变量说明 146
　　6.1.2　内生性控制与估计方法选择 149
　　6.1.3　实证结果分析 149
6.2　科技创业驱动经济增长的产业结构效应动力机制 157
　　6.2.1　模型构建与变量说明 158
　　6.2.2　内生性控制与估计方法选择 162
　　6.2.3　实证结果分析 163
6.3　科技创业驱动经济增长的就业效应动力机制 173

		6.3.1 模型构建与变量说明	174
		6.3.2 内生性控制与估计方法选择	177
		6.3.3 实证结果分析	178
	6.4	创新效应、产业结构效应和就业效应影响经济增长的多重动力机制研究	189
		6.4.1 模型构建与变量说明	189
		6.4.2 实证结果分析	190
	6.5	本章小结	192
第7章	科技创业驱动经济增长的动态效应研究		196
	7.1	科技创业、创新效应驱动经济增长的动态研究	196
		7.1.1 模型构建与变量说明	196
		7.1.2 实证分析	198
	7.2	科技创业、产业结构效应驱动经济增长的动态研究	211
		7.2.1 模型构建与变量说明	211
		7.2.2 实证结果分析	213
	7.3	科技创业、就业效应驱动经济增长的动态研究	229
		7.3.1 模型构建与变量说明	229
		7.3.2 实证结果分析	231
	7.4	本章小结	240
第8章	研究结论、启示与展望		243
	8.1	主要研究结论	243
	8.2	研究启示	253
	8.3	不足与展望	261
参考文献			264
附　录			280

第1章 绪 论

1.1 背景与问题的提出

综观世界经济发展史,在传统的农业社会,以家庭为单位的经济组织长期以小农生产模式为主,依靠简单劳动工具和劳动重复投入的生产方式创造财富,生产力水平极低。因此,在工业革命以前,世界经济发展长期处于停滞状态,呈现出低水平的收敛特征。进入18世纪60年代,蒸汽机的发明和运用开启了第一次科技革命,此次科技创新对人类持续几千年的传统生产方式产生了颠覆性的变革,增强了人类改造自然的能力,突破了世界经济长期停滞状态,西方国家经济迅速腾飞。之后相继产生的第二次科技革命和第三次科技革命,进一步改变了人类的生产方式和经济增长模式,不断催生新的经济组织,改造传统的产业和孕育新兴产业,实现了人类的跨越式发展。

根据英国著名经济学家安格斯·麦迪森所著的《世界经济千年史》一书中所测算的经济数据,如图1-1所示,自第一次工业革命以来,西方主要国家的经济开始腾飞,逐渐与其他国家拉开差距。图中列出了中国、美国、英国、德国、日本和印度六个国家在公元1500年到2000年的人均GDP变化情况。由图1-1可知,在1700年以前,各国的人均GDP相差不大,世界经济长期处于停滞状态。16世纪中期以后,西方主要国家的现代自然科学开始有所发展,产生了力学、化学和生理学等多个现代学科,科学技术逐渐渗透到经济生产活动中,逐渐改变经济生产方式,促进生产力水平提高,为拉开了与其他国家经济发展水平的差距提供了条件。进入18世纪60年代,英国发生了以蒸汽机的发明为标志的第一次科技革命,以蒸汽动力的发明和运用开启了人类历史上第一次机器较大规模代替劳动力的进程，直接推动了第一次工业革命的爆发。在第一次工业革命中，以纺织业、冶金工业为代表的产业取得了革命性突破和发展，从而推动英、法、德等西方国家的财富快速积累，并成长为引领世界经济增长的中心，而以中国和印度为代表的亚洲国家仍长期处于经济停滞阶段。第一次科技革命为西方国家推进殖民主义和帝国主义奠定了物质基础和技术支撑，由此推动了世界经济和政治格局的调整。

19世纪60年代，以美国和德国为首的国家引领了第二次科技革命，第二次科技革命标志着电力时代的到来。知识的快速积累和持续的科研投入带动各种新技术、新发明层出不穷，科学技术与工业生产结合得更紧密，大量的科学技术被用于各种工业生产领域，推动新一轮的经济增长。

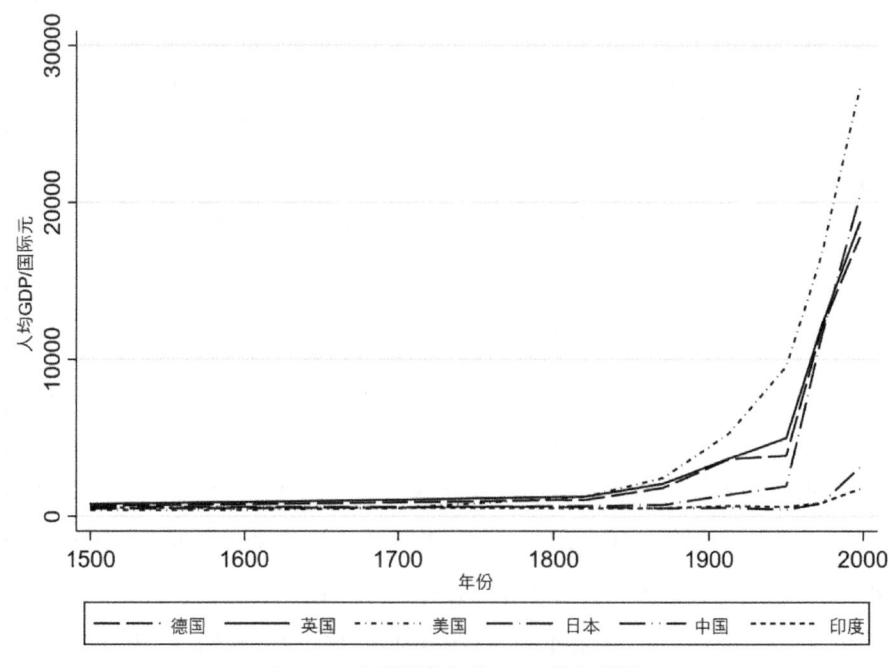

图1-1 主要国家人均GDP变化情况

资料来源：根据麦迪森的著作《世界经济千年史》整理绘制。

20世纪50年代，以美国为主引领了第三次科技革命爆发。这次革命以原子能、电子计算机、空间技术和生物工程的发明和应用为主要标志。第三次科技革命极大地推动了主要发达国家在经济、政治、文化领域的全方位变革，革命性地改变了人类的经济活动方式，极大地激发了人类经济的生产能量。前三次科技革命都由欧美国家引领产生，直接推动这些国家发展成为当今世界上的主要强国。亚洲国家日本以明治维新开启了国内改革，积极吸收第二次科技革命成果并抓住了第三次科技革命机遇，进入20世纪以后实现了经济的腾飞，成为世界主要发达国家之一。

科技革命对经济增长的影响不仅仅体现为技术进步对生产方式的改变和生产效率的提升，更为重要的是科技革命通过新技术的发明和应用带动大量技术密集型企业涌现，这些企业在采用新技术生产产品和提供服务过程中会改造传统产业和促进新兴产业产生和发展，最终推动产业革命。因此，基于科技革命而建立的企业是经济系统内经济结构深层次变革的新生力量，会有效激发和扩大科技创新对经济增长的动力作用，促进形成以知识、技术、现代企业制度和商业模式等要素驱动经济增长的发展模式，实现经济的内生性增长。

进入经济高质量发展阶段，我国经济发展面临着诸多严峻挑战。一方面，传统依靠要素驱动经济发展的模式难以支撑经济长期持续高速增长，资源约束趋紧，要素成本上升，比较优势逐渐消退，经济增长边界难以扩张，经济增长质量也难以提升，亟须培育和发掘经济增长的新动力；另一方面，经济发展的外部环境发生变化，全球贸易保护主义抬头，关税壁垒和贸易制裁干扰了出口贸易，高新技术领域面临着"卡脖子"风险，外部发展环境的恶化增加了经济增长的不确定性，需要进一步构建"双循环"新发展格局，依靠国内超大规模市场和创新驱动塑造发展新优势。经济发展面临的挑战促使经济转型和动力转换成为当下中国经济调整的首要目标和社会共识，而科技创业将成为支撑经济高质量发展的重要动力。

1988年，邓小平提出了"科学技术是第一生产力"的重要论断。1992年南方谈话中，邓小平提出"高科技领域的一个突破，带动一批产业的发展"。2015年，国务院办公厅印发了《关于发展众创空间推进大众创新创业的指导意见》等一系列相关政策文件，大力推动"大众创业、万众创新"工作，在全社会营造了良好的创新创业氛围，激发了广大群众的创新创业热情。中央与地方政府陆续制定了一系列鼓励创新创业的政策，大力消除影响创业的障碍因素，为创新创业提供便利条件，推动创业带动就业、促进经济创新发展。随着"大众创业，万众创新"政策的实施，在全国范围内形成了一股创业热潮。

党的十九大报告提出要"激发和保护企业家精神，鼓励更多社会主体投身创新创业"，建设现代化经济体系和深化供给侧结构性改革。"十四五"规划中提到"着眼于抢占未来产业发展先机，培育先导性和支柱性产业，推动战略性新兴产业融合化、集群化、生态化发展，战略性新兴产业增加值占 GDP 比重超过 17%"，明确提出了我国战略性新兴产业发展的目标和路径。因此，不难看出，以科技创新为核心的新一轮创业浪潮，承载着我国经济结构转型和发展动力转换的历史使命。在经济高质量发展阶段，将依靠科技创业进一步提高社会生产力，优化产业结构，改善经济效益，进而培育经济发展新动力和塑造我国经济发展新优势。

科技创业作为一种特殊的创业类型，在创业过程中以科技创新为核心，对创新经济发展的促进效应更为明显。从历史和现实来看，科技创业企业已成为推动技术成果商业化的主要渠道，是创造就业的主力军。科技创业企业提供优质产品和服务通常能催生新的产业并形成产业集群，引领供给和需求结构转变从而形成创新经济。20 世纪 80 年代，以计算机和互联网为主的信息技术带动了信息技术创业浪潮，诞生了微软、苹果、谷歌、阿里巴巴和腾讯等一大批科技企业，这些高技术企业在全球新经济发展过程中发挥着越来越重要的作用，不仅改变了人们的生活方式，也改善了全球经济发展的外部条件，通过持续的技术创新不断拓展经济发展的新领域。

传统对创业的研究文献中，通常只关注创业本身，如从微观组织角度研究影响创业的行为、组织架构和创业环境等。经典经济增长理论中也基本没有关注创业的经济增长效应，更多的是重视知识、技术和企业家精神等对经济增长的影响，忽视了连接技术进步、创新和经济发展之间的桥梁，导致主流经济学难以解释"欧洲知识悖论"现象，而科技创业正是破解"欧洲知识悖论"的关键。科技创业通过促进知识商业化和产业化推动技术资本化，从而实现科技创新的商业价值，将科技创新成果转化为支撑经济增长的社会生产力，不断为经济发展培育新动力。

20 世纪 80 年代以后，学术界开始关注创业在经济发展中的作用，通过理论研究和实证分析探讨创业与经济增长之间的关系。然而，创业是一个内涵较广的概念，根据创业动机、创业渠道和创业过程等可划分为不同类型，每一种类型的创业的经济效应也有所不同。科技创业作为创业集合的一个子集，具有高科技、高风险、高回报等特征，决定了其对经济增长具有独特的作用。而现有研究对于科技创业与经济增长关系的研究较少，通常将科技创业与技术创新和知识溢出放在一起研究其与经济增长的关系，难以真正厘清科技创业与经济增长之间的关系。当前，我国正处于经济转型期，致力于转变长期所依靠的要素驱动和投资驱动为主的经济发展模式，将经济增长转换为主要依靠创新来驱动的发展模式。不言而喻，科技创业将在经济转型过程中发挥着极其重要的作用。从世界发达经济体的发展过程来看，只有形成一定规模的具有国际竞争力的技术密集型企业，并依靠这些企业将技术创新转化为经济优势，才能够实现经济增长由依靠要素驱动向创新驱动转变。因此，持续不断的科技创业产生和发展的过程正是创新驱动经济的本质。故研究我国科技创业驱动经济增长的效应及动力机制具有重大理论价值和现实意义。

本书拟回答以下问题:（1）科技创业的内涵与特征。（2）如何准确衡量地区的科技创业水平？我国科技创业呈现什么样的演进规律和分布特征？（3）科技创业与经济增长存在什么样的逻辑机理关系？科技创业对经济增长的影响是否存在异质性特征？（4）科技创业通过哪些动力机制影响经济增长？（5）本研究对我国新时期经济高质量发展有哪些政策启示？

1.2 研究意义

基于研究背景阐述，在创新驱动发展背景下和新时期实现经济高质量发展目标下，本书具有重要的现实意义和理论意义。

1.2.1 现实意义

第一，以科技创业促进经济实现供需高水平动态平衡。党的十九届五中全会提出，要以创新驱动、高质量供给引领和创造新需求。2020年12月11日，中共中央政治局会议提出，要扭住供给侧结构性改革，同时注重需求侧改革，打通堵点，补齐短板，贯通生产、分配、流通、消费各环节，形成需求牵引供给、供给创造需求的更高水平动态平衡，提升国民经济体系整体效能。需求侧改革的提出表明我国不仅重视经济系统中的供给问题,也需要从需求侧改善经济体系的效能,凸显出在经济发展的新阶段,新需求问题成为新的关注焦点,通过新需求塑造经济新优势将成为经济领域的重大研究选题。向结构要动力成为实现经济高质量发展的重要途径,但随着我国进入经济高质量发展阶段,经济结构失衡问题日益加剧。长期供给结构与市场需求低适配性造成的"供给失灵"成为阻碍经济持续增长的因素(胡鞍钢,2016),供给侧结构性问题已成为推动经济高质量发展必须解决的痛点。从"供给侧改革"到"高质量供给"的提出,旨在解决长期经济结构失调问题,培育我国经济发展新动能。通过改革释放供给侧的动力和活力,形成高质量供给,是实现更高水平供需动态平衡的基础,也是塑造和维持经济长期增长动力的关键。需求是创新驱动与高质量供给价值实现的最终环节。实现总供给与总需求高水平的动态平衡是经济高质量发展的重要表现形式,从供需两端共同发力,全面培育经济增长新动能,最终实现经济系统整体的提质增效。通过提供高质量供给满足人民对生活的美好需求,也是解决社会主要矛盾的重要环节,而科技创业正是其中的主要动力机制。科技创业通过促进产业结构升级、带动新的投资、扩大就业等路径创造新需求,同时,新需求又会带动新技术的产生和应用,催生新兴产业的产生和发展。传统的经济发展模式以投资、出口和消费作为支撑经济增长的动力,其主要是在需求端发力。当前面临投资的边际产出效益不高、出口贸易复苏乏力和消费结构性低迷等困境,导致经济增长动力不足。因此,强调供给侧结构性改革并不是忽略需求侧的改革,在创造有效供给满足需求时,通过科技创新创业和高质量供给创造和引领新需求,从需求侧优化经济增长引擎,通过新需求引领新供给,实现供需的高水平动态平衡,在供需两侧共同培育我国经济增长新动能。

第二,有助于理解科技创业与经济增长的关系。在传统主流经济增长理论中,重视资本、劳动力和技术进步等对经济增长的作用,却忽视了创业对经济增长的影响,导致对一些现实经济增长现象缺乏解释力。例如,在内生经济增长理论中,假设知识自动溢出,知识的生产会促进经济增长,但现实经济中存在"欧洲知识悖论"现象,即一些科技创新投入高和创新知识生产能力强的国家,其经济增长率并不高,这与内生经济增长理论的分析结果并不相符。进入20世纪90年代,一些经济学家开始关注创业与经济增长的关系，以 Acs 和 Audretsch 等为代表的经济学家开始研究创业对经济增长的影响，取得了较为丰硕的研究成果。近年来，我国一些学者也开始研究我国创业与经济增长的关系，不同的学者由于研究方法、研究数据和研究视角不同，得到的研究结论也有所差异。在既有研究中，更多关注的是一般性创业和经济增长的关系，但与一般性创业相比，科技创业具有独特的属性特征，这决定了科技创业与一般性创业对经济增长的作用应该有所不同。少量研究科技创业与经济增长关系的文献中，也存在一定的不足。例如，在科技创业测度方面，通常采用单一指标来衡量科技创业水平，可能存在不能准确测度地区科技创业水平的问题；在经济增长影响效应的异质性特征分析方面，亦存在研究不足的局限。因此，本书将构建评价指标体系衡量各地区的科技创业水平，并用于研究科技创业与经济增长的关系，有助于系统把握我国各地区科技创业发展和布局特征，并准确认识科技创业与经济增长的关系，为新发展阶段提高经济增长质量提供理论支撑。

第三，有助于指导新时期经济高质量发展。创新驱动发展战略是我国立足全局、面向未来所制定的重大发展战略，旨在依靠创新来提高社会生产力，将创新作为建设社会主义现代化强国的战略支撑。从经济增长动力层面来看，创新将作为引领经济发展的第一动力，将依靠创新作为加快转变经济发展方式、转换经济增长动力、破解经济发展深层次矛盾问题和促进经济高质量发展的动力支撑。改革开放以来，要素驱动和投资驱动支撑我国经济 40 余年的高速增长，中国特色社会主义进入新时代，传统数量扩张的外延式增长带来的不平衡、不协调、不可持续问题凸显，经济增长面临着资源约束趋紧和动力衰退问题，经济转型迫在眉睫。进入经济高质量发展阶段，我国经济增长模式必须转换到依靠创新作为根本动力的内涵式发展模式上，以科技创新创业作为经济发展的主要动力。创新驱动与高质量供给是一脉相承的发展战略，科技创业是两者间的动力机制。创新驱动将创新作为引领经济发展的第一动力，通过创新的知识和技术改造物质资本、提高劳动者素质和进行管理创新，从而对经济增长产生比要素投入更为强大的推动力（洪银兴，2013）。由此可见，创新对经济增长的影响主要是在供给端发力，通过科技创业对生产要素进行创新性重组及改良，同时对管理及制度进行创新，加大创新要素资源投入，提高产业生产效率，提升产品质量，增加产品和服务的附加价值，形成高质量供给，更好地满足市场需求，最终实现经济动力变革、质量变革和效益变革，实现经济的高质量发展。一系列相关政策的出台，标志着创新驱动、高质量供给和实现需求牵引供给、供给创造需求的更高水平动态平衡成为关乎国家发展的百年大计。在创新驱动发展战略下，科技创业通过对要素实现新的组合、创造新的增长要素、提高全要素生产率、增加产品的附加价值和高质量供给，从而引领和创造新需求。

"创新驱动—科技创业—高质量供给—新需求"螺旋上升、动态平衡的经济系统是经济高质量发展的最优态势。因此，创新驱动通过科技创业形成高质量供给、引领和创造新需求、形成经济新优势是经济高质量发展的重要动力机制，这种动力机制主要基于以下几个方面的事实依据。一是创新驱动通过技术创新、科技创业、新兴产业的发展等促进产业结构升级，增加高质量供给。科技创业通过知识溢出、促进新投资、扩大就业和增加收入等创造新需求。因此，科技创业成为引领经济发展的根本动力。二是综观国际经济体间的发展差异，创新创业水平差距成为决定经济发展水平差距的关键因子。三是依靠庞大人口基数和全球最大规模的中等收入群体，我国形成了世界上最全的产业体系和超大规模市场，这成为我国经济增长的禀赋优势，也为科技创业提供了巨大的市场支撑。因此，本书研究科技创业与经济增长规模和经济增长效率的影响效应和动力机制，有助于推动我国实现经济高质量增长目标。

1.2.2 理论意义

科技创业的经济增长效应是当前创新经济关注的重点领域，也是中国经济高质量发展阶段面临的重要问题。一方面，本研究在全面阐述科技创业内涵的基础上，从四个维度构建评价指标体系来准确衡量地区科技创业水平；另一方面，从经济增长规模扩大和经济增长效率提升两个维度研究科技创业对经济增长的影响，并进一步从创新效应、产业结构效应和就业效应视角切入，探究科技创业驱动经济增长的动力机制。本研究具有以下几个方面的理论意义。

第一，丰富了创业理论内涵。进入创业型经济社会，创业问题不仅仅是管理学问题，也是经济学领域关注的重点问题。梳理相关文献对创业的定义，通常认为创业包含创业动机、创业者、商业机会、资源配置和价值创造五个要素。根据不同的划分标准，可以将创业分为不同的类型。按照创业动机划分，将创业分为生存型创业和机会型创业；按照创业渠道划分，将创业分为自主型创业和企业内创业；按照创业周期划分，将创业分为初始创业、二次创业与连续创业；按照创业的风险程度和创新程度划分，将创业划分为复制型创业、模仿型创业、安定型创业和风险型创业。相关研究尚未对科技创业的分类进行系统研究，既有分类中的机会型创业和风险型创业与科技创业的概念和内涵具有相似之处，但也存在较大差异，需要进一步专门针对科技创业展开系统而全面的研究。本书对科技创业的内涵进行系统的阐述，对科技创业的特征进行深刻的分析，同时构建科技创业评价指标体系来全面衡量科技创业水平，其研究结论有助于进一步丰富和拓展创业理论研究。

第二，研究经济增长视野下的科技创业经济增长效应是对经济增长理论的拓展。在主流经济增长理论中，认为外生的资本、劳动力和内生的技术进步和制度等是影响经济增长的重要因素，尚未将创业因素纳入经济增长分析框架。但在现实经济实践中，"欧洲知识悖论"现象的存在进一步表明主流经济增长理论存在一定的局限性。在内生经济增长理论中，假设生产的知识会自动溢出并完全投入于中间产品生产，最终扩大最终物品的生产规模，从而实现经济的增长。基于这一前提假设所构建的经济增长理论并不能解释现实中创新能力强和经济增长缓慢共存的矛盾现象。因此，有学者提出知识创造和经济增长之间存在知识过滤，即创造的新知识并不完全作用于经济增长，只有穿透知识过滤的知识才是有用的经济知识，才会对经济发展产生正向驱动作用。科技创业正是促进创新知识穿透知识过滤的主要途径，科技创业通过将实验室研发产生的创新技术成果商业化、市场化和产业化，最大程度地实现创新成果的经济价值，推动科技创新成为经济增长的内生动力。特别是进入经济高质量发展阶段，科技创新将成为提高社会生产力、提升经济增长效率和实现经济高质量发展的战略支撑，而科技创业是科技创新促进社会生产力提高和驱动经济增长的最重要渠道之一。科技创业不仅仅通过技术创新改变供给结构，同时也能创造新的需求，从供给侧和需求侧同时发力，激发科技创新促进经济增长的乘数效应。因此，本书研究科技创业对经济增长的静态与动态驱动效应，将科技创业纳入经济增长分析框架，有助于拓展经济增长理论的研究边界和研究领域。

第三，构建了科技创业驱动经济增长的理论模型，为科技创业驱动经济增长奠定理论基础。进入经济高质量发展阶段，经济发展具有了新的形态，经济增长动力、发展模式和制度供给等都发生了变化，亟需新的经济发展理论来阐述高质量发展阶段的经济发展内涵、特征、机理和路径等内容，从而指导高质量经济发展实践。李湛（2013）指出进入创新驱动发展阶段，经济发展将主要依靠科技创业来驱动，并首次提出科技创业经济发展理论，用来阐释创新创业时代的经济发展动力问题。2018年，李湛等学者进一步就科技创业经济发展理论的内涵、特征做了阐述，并就科技创业对经济发展的作用机理与领域做了理论分析。在科技创新成果层出不穷的当今世界，制度、市场、资本和创新都已发展到一定的水平，只要存在有利于科技创业的外部环境，企业家能够依托科学技术创新知识建立生产组织，从而创造更大的市场价值和促进社会生产力发展。因此，创新经济发展的本质是企业家将创新知识转化为社会生产力、扩大高质量新供给和创造更多新需求的能力。在知识和技术越来越容易获得和扩散的时代，即将到来的新一轮科技革命和产业变革蕴含了大量的科技创业机会，也将开启科技创业型经济形成的窗口。在科技创业型经济中，科技创业能力成为决定各个国家经济增长的主要因素。因此，本书将构建科技创业驱动经济增长的数理模型，并进一步通过理论分析和实证检验科技创业驱动经济增长的静态和动态效应、动力机制和异质性特征等问题，有助于深化和拓展科技创业经济发展理论。

1.3　研究思路、研究方法与技术路线

1.3.1　研究思路

本书沿着事实分析、模型推演、机制分析、实证检验和归纳总结的思路展开研究。

第一，通过研究背景的阐述，提出本研究所关注和拟解决的主要问题。然后

系统梳理国内外相关研究文献，归纳、总结和评述既有文献的研究内容。一方面，寻找支撑开展本研究的理论基础和研究方法；另一方面，明确相关既有研究的进展，甄别既有研究存在的局限和可能存在的改进之处，阐明本书进一步开展相关研究的必要性，并确定本书的研究方向和领域。

第二，基于科技创业经济发展理论、创业经济理论和新经济增长理论等理论，进一步基于阿格因和豪伊特所提出的经济增长理论构建科技创业驱动经济增长的理论模型。同时，基于研究文献梳理结果和事实分析，进一步提出科技创业通过促进创新能力、知识溢出和穿透知识过滤的创新效应动力机制；促进产业结构合理化、产业结构高级化和产业动态能力提升的产业结构效应动力机制；促进就业规模增长、就业结构改善和劳动力资源优化配置的就业效应动力机制驱动经济增长。

第三，从历史逻辑和现实逻辑层面分析我国科技创业的现状和特征。一方面，将改革开放以来我国的创业演进划分为四个阶段，具体阐述四个阶段创业演进的动力、主要特征和演进规律，梳理创业的趋势性特点；另一方面，基于逻辑模型构建科技创业评价指标体系，并利用熵值法计算各地区的科技创业水平综合指数。进一步利用核密度估计方法研究考察期内我国各地区的科技创业发展状况、分布特征和全国范围内的科技创业动态特征，力求全面系统地把握我国科技创业的现状和特征。

第四，基于理论分析结果展开科技创业驱动经济增长的实证检验。实证分析主要包括：第一，构建面板数据模型检验中国科技创业驱动经济增长的程度和方向，深入研究科技创业对中国经济增长规模和经济增长效率的驱动作用，以及驱动效应的异质性特征和经济集聚的门槛效应；第二，实证检验科技创业驱动经济增长的动力机制，进一步回答科技创业如何影响中国经济增长这一关键问题；第三，基于前文研究结论，利用所构建的面板向量自回归（PVAR）模型，深入研究科技创业通过动力机制驱动经济增长的动态效应。

第五，对研究内容进行归纳和凝练，提炼出本书的主要研究结论。基于研究结论，结合经济高质量发展阶段我国经济发展的趋势性特征和战略目标，提出有助于通过科技创业促进经济高质量发展的政策建议。接着，结合研究内容和研究思考，归纳本研究的不足之处和后续研究有待拓展之处。

1.3.2 研究方法

1. 规范分析和实证分析相结合

在"科技创业→动力机制→经济增长"这一研究框架下，通过事实分析、文献梳理、理论模型构建和机制分析等方法对科技创业作用于经济增长的驱动效应和动力机制进行规范分析，并提出相应的理论假说。基于理论分析，利用2007—2019年中国省际面板数据构建面板模型，逐一检验本书提出的理论假说，通过规范分析和实证分析的有机结合，系统、全面地阐述科技创业对经济增长驱动效应和动力机制。

2. 定性分析与定量分析相结合

本书通过背景分析、特征事实阐述和文献梳理，初步定性研判科技创业对中国经济增长存在驱动作用，并进一步梳理了可能存在的动力机制，进而提出了本书的理论假说。在定性分析的基础上，基于本书所整理的省际面板数据开展计量分析，揭示科技创业对中国经济增长规模、增长效率的影响程度、效应和方向，并进一步通过定量分析检验和识别科技创业驱动经济增长的机制和路径。

3. 多种统计分析方法的综合应用

为了保证研究结果准确、稳健，增强研究结论对经济增长的解释力，本书使用了多样化的统计分析方法。在第4章中应用了指标体系法和熵值法测度各地区的科技创业水平，并运用核密度估计方法研究中国科技创业水平的动态演变规律；在第5章中，运用了最小二乘法（OLS）和两阶段最小二乘法（2SLS）进行面板模型估计，检验科技创业对经济增长的驱动效应，运用门槛模型估计方法分析不同经济集聚水平下科技创业经济增长驱动效应的演化特征；在第6章中，在应用两阶段最小二乘法的基础上，构建中介效应模型验证本书提出的动力机制，以期能够准确地把握科技创业如何影响经济增长规模和经济增长效率；在第7章中，运用面板向量自回归（PVAR）模型研究中国科技创业驱动经济增长的动态效应。

4. 对比分析方法

考虑到中国各地区的发展具有显著的非均质特征，本书将采用对比分析方法进一步探讨中国科技创业驱动经济发展的异质性特征。在研究中，本书不仅估计了全国科技创业对经济增长的驱动效应，还进一步按照地区、科技创业水平和经济集聚程度对样本进行分组检验，以系统掌握在不同条件下科技创业对经济增长的驱动效应和作用程度。通过比较分析研究，能够深入剖析科技创业驱动经济增长的条件、效应和作用机制，可以进一步得出准确的研究结论，从而针对中国经济发展的战略目标和发展禀赋优势，提出具有针对性、适用性和可操作性的政策建议。

5. 甄别问题与解决问题对策研究相结合

本书围绕科技创业如何驱动经济增长这一问题展开研究，出发点和落脚点都是更好地促进经济高质量发展。本书通过事实分析文献梳理，甄别出新时期科技创业对经济增长具有重大影响这一问题，并相继提出如何衡量科技创业水平、科技创业对经济增长具有什么样的影响和科技创业如何驱动经济增长等一系列问题。在甄别问题的基础上，本书采用上述多种研究方法，探寻所提出的一系列问题的答案，并最终提出如何更好地通过科技创业促进经济高质量增长的对策建议，为新时期实现经济高质量发展奠定理论基础和发挥实践指导价值。

1.3.3 技术路线

本书的总体技术路线为：研究背景分析与问题提出→文献评述与理论梳理→模型推演与理论假说→实证检验及结果分析→研究结论及对策建议，本书的研究技术路线图如图 1-2 所示。

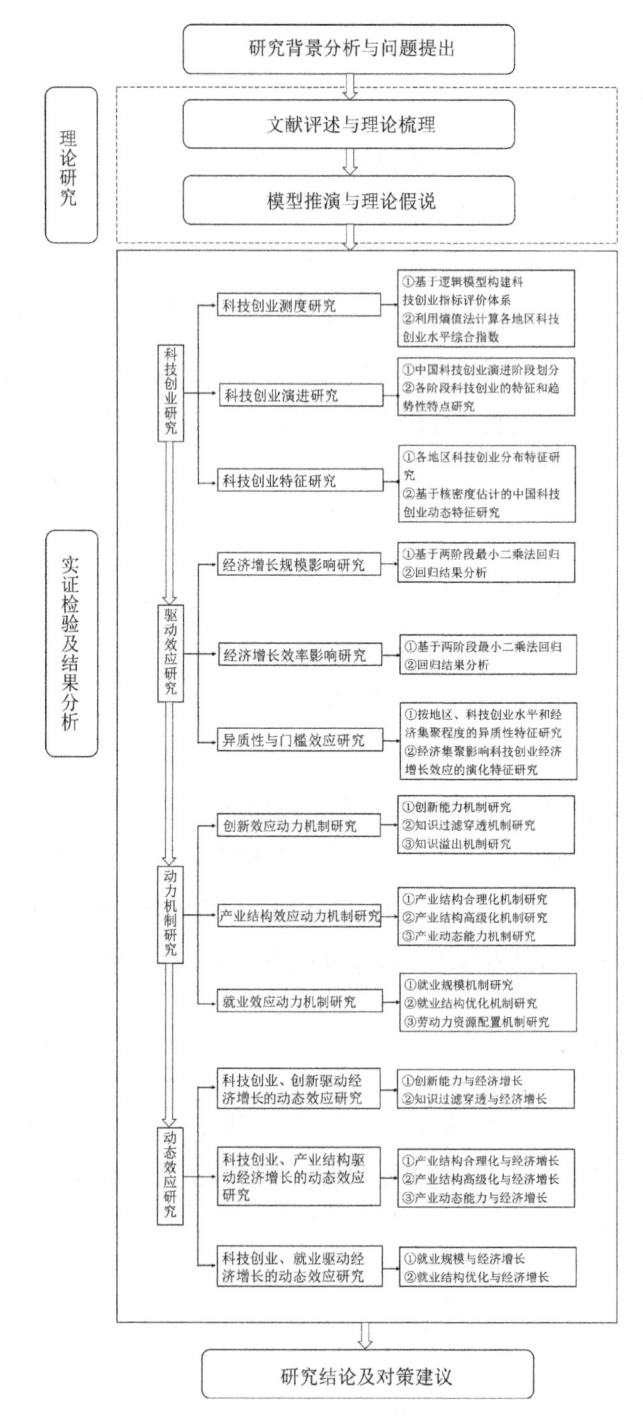

图 1-2　研究技术路线图

1.4 研究内容

本书基于背景分析和文献梳理，尝试在经济增长的理论分析框架下，纳入科技创业变量拓展新熊彼特经济增长理论模型，用来分析科技创业对经济增长的驱动效应，并利用2007—2019年中国省际面板数据进一步检验科技创业驱动经济增长的效应和方向、异质性特征及动力机制，本书主要研究内容如下。

第一，基于世界主要经济体经济发展脉络和中国经济实践特征、趋势性特点，甄别和提出本研究的研究问题。对相关文献进行梳理、归纳和总结，以把握相关研究的进展状况和凝练本研究的理论基础，明确开展本研究的必要性。

第二，在新熊彼特经济增长理论模型中引入科技创业变量对模型进行拓展，推导出科技创业驱动经济增长的数理模型，并结合创业理论、新经济增长理论、创业经济理论和科技创业经济发展理论的研究方法和理论观点，全面分析科技创业对中国经济增长的动力机制与路径，即从创新维度、产业结构维度和就业维度系统分析和归纳科技创业驱动经济增长的动力机制。

第三，基于逻辑模型构建科技创业水平评价指标体系，并采用客观赋权的熵值法计算各地区的科技创业水平，以全面了解我国科技创业水平的现状和特征。具体而言，一方面，将改革开放以来中国科技创业演进划分为四个阶段，并分析每一阶段的演进动力和特征。另一方面，按照所计算的科技创业水平综合指数，将我国各地区划分为科技创业高水平地区、科技创业中水平地区和科技创业低水平地区，详细分析三类地区的科技创业演进态势。同时，采用核密度估计研究中国科技创业发展的动态特征。

第四，结合理论分析，基于2007—2019年中国省际面板数据，利用各种计量分析方法检验中国科技创业对经济增长规模和增长效率的影响程度和方向，并进一步分析其异质性特征、门槛效应和动力机制。另外，通过构建面板向量自回归（PVAR）模型，研究科技创业驱动经济增长的动态效应。通过系统而全面的理论分析和实证检验，进而回答科技创业对经济增长影响程度如何和如何影响这两个关键问题。

第五，归纳总结本书的研究结论，基于研究结论提出具有适用性和可操作性的政策建议，并指出本书的不足和待进一步研究之处。

本书共包括8章。

第1章是绪论。本章是本书的总体概括部分，主要分析本书的选题背景，提出研究问题，归纳本研究的理论意义和现实意义，总结文章的研究思路和研究方法和主要内容，以及本研究可能存在的创新之处。

第2章是文献综述。本章对相关文献进行较为全面系统的梳理，并归纳本研究的主要理论基础。一是科技创业的内涵、特征与影响因素，对科技创业的定义、要素、环境、影响因素及特征展开综述，并进一步归纳出科技创业的内涵及特征；二是科技创业与新型经济形态研究综述，主要对科技创业与新型经济形态的关系、特点展开综述；三是科技创业与经济增长研究综述，主要从科技创业与经济增长的线性关系和非线性关系展开综述；四是科技创业对经济增长的作用方式综述，对既有研究中科技创业影响经济增长方式的文献展开综述；五是国内外研究动态与发展现状评述。对所梳理的文献进行评述，归纳相关研究的进展，并指出既有研究存在的不足和局限，进而明确本书研究的方向和开展研究的必要性；六是科技创业与经济增长的理论梳理，包括对创业理论、新经济增长理论、创业经济理论和科技创业经济发展理论等理论的观点、结论和方法的归纳和描述。

第3章是科技创业驱动经济增长的理论模型与动力机制分析，将科技创业变量纳入新熊彼特经济增长理论模型，结合本书研究内容对模型进行拓展，推导出含有科技创业变量的经济增长数理模型，通过理论模型分析科技创业对经济增长的驱动效应。在理论模型的研究基础上，结合文献综述内容，进而提出科技创业驱动经济增长的可能存在的动力机制。

第4章是中国科技创业的度量及分布特征，构建科技创业评价指标体系来计算各地区科技创业水平和分析中国各地区科技创业发展现状。本章主要内容包括三部分内容：一是基于逻辑模型构建了包含科技创业资源、科技创业投入、科技创业产出和科技创业环境四个维度的科技创业评价指标体系，并用熵值法计算各地区2007—2019年的科技创业水平，按照测算的科技创业指数值将各地区分组研究；二是从宏观层面和历史逻辑视角，将改革开放以来中国创业演进划分为四大阶段，分别为第一阶段（1978—1991年）、第二阶段（1992—2000年）、第三阶段（2001—2009年）和第四阶段（2010年至今），并分析每一阶段创业的演进动力、变化特征和趋势性特点；三是基于核密度估计分析考察期内中国科技创业的动态特征。

第5章是科技创业驱动经济增长的实证研究，主要是基于中国省际面板数据，进一步采用合适的计量方法研究科技创业的经济增长驱动效应。本章包含三部分内容：一是寻找合适的工具变量解决科技创业与经济增长由于因果关系导致的内生性问题，利用两阶段最小二乘法从经济增长规模和经济增长效率两个维度分析科技创业对经济增长的驱动作用；二是进一步按照地区、科技创业水平和经济集聚程度将样本分组，利用最小二乘法检验科技创业驱动经济增长的异质性特征；三是因为经济集聚在科技创业影响经济增长过程中发挥影响作用，进一步利用门槛效应模型研究经济集聚影响科技创业经济增长驱动效应的演化特征。从多个层面实证分析科技创业对经济增长的影响，以期能够系统、全面地把握科技创业与经济增长的关系。

第6章是科技创业驱动经济增长的动力机制研究，主要是对科技创业驱动经济增长的创新动力机制、产业结构动力机制和就业动力机制的检验和分析。本章以第3章的理论分析和第5章的实证回归结果为基础，实证分析科技创业影响经济增长的动力机制，主要包含四部分内容。一是研究科技创业影响经济增长过程中创新效应动力机制。将创新效应具体分为创新能力、知识过滤穿透和知识溢出，基于中国省际面板数据分别检验科技创业对创新能力、知识过滤穿透和知识溢出的影响，基于中介效应模型检验创新能力、知识过滤穿透和知识溢出在科技创业影响经济增长过程中是否发挥中介效应，并对检验结果做深入分析。二是研究科技创业影响经济增长过程中的产业结构效应动力机制。将产业结构效应具体分为产业结构合理化、产业结构高级化和产业动态能力，基于中国省际面板数据分别检验科技创业对产业结构合理化、产业结构高级化和产业动态能力的影响，基于中介效应模型检验产业结构合理化、产业结构高级化和产业动态能力在科技创业影响经济增长过程中是否发挥中介效应，并对检验结果做深入分析。三是研究科技创业影响经济增长过程中的就业效应动力机制。将就业效应具体分为就业规模、就业结构优化和劳动力资源优化配置,基于中国省际面板数据分别检验科技创业对就业规模、就业结构优化和劳动力资源优化配置的影响,基于中介效应模型检验就业规模、就业结构优化和劳动力资源优化配置在科技创业影响经济增长过程中是否发挥中介效应,并对检验结果做深入分析。四是在前文的研究基础上,分别检验创新能力、知识过滤穿透和知识溢出在科技创业驱动经济增长规模和经济增长效率中是否发挥多重中介效应;产业结构合理化、产业结构高级化和产业动态能力在科技创业驱动经济增长规模和经济增长效率中是否发挥多重中介效应;就业规模、就业结构优化和劳动力资源优化配置在科技创业驱动经济增长规模和经济增长效率中是否发挥多重中介效应。最终梳理出科技创业驱动经济增长规模和经济增长效率的动力机制。

第7章是科技创业驱动经济增长的动态效应研究。本章结合第5章和第6章的研究结论,建立面板向量自回归(PVAR)模型进一步研究科技创业驱动经济增长的动态效应,主要包含四部分内容:一是对样本数据进行单位根检验和协整检验,以检验变量的平稳性和选择适合的估计模型,并利用 AIC、BIC 和 HQIC 方法来选择最优自回归滞后阶数;二是根据检验结果进行面板向量自回归(PVAR)估计,并进行脉冲响应函数分析和方差分解分析,研究科技创业、创新效应驱动经济增长的动态效应;三是根据检验结果进行面板向量自回归(PVAR)估计,并进行脉冲响应函数分析和方差分解分析,研究科技创业、产业结构效应驱动经济增长的动态效应;四是根据检验结果进行面板向量自回归(PVAR)估计,并进行脉冲响应函数分析和方差分解分析,研究科技创业、就业效应驱动经济增长的动态效应。

第8章是研究结论、启示与展望。本章对全文的研究内容进行梳理、归纳和总结,具体分为三个部分:一是对本书的研究内容进行全面而系统的梳理,从而凝练出本书的主要研究结论;二是基于本书的主要研究结论,结合经济高质量发展阶段中国经济发展的国情和战略目标,提出依靠科技创业塑造经济发展新优势的政策建议;三是基于本书的研究内容和研究思考,提炼出后续深化本研究的方向和领域。

1.5 研究可能的创新之处

本书将科技创业与经济增长纳入统一的分析框架，系统研究中国科技创业对经济增长的驱动作用和动力机制。在系统测算各地区科技创业水平基础上，基于理论分析结果，利用2007—2019年中国省际面板数据构建面板数据模型，实证检验科技创业对中国经济增长的驱动效应，从而厘清中国科技创业和经济增长之间的逻辑链条，并探究科技创业驱动经济增长的动力机制。

本书可能存在以下几点创新之处。

一是在新熊彼特经济增长理论模型中纳入了科技创业这一变量，推理科技创业驱动经济增长的理论模型。在主流经济增长理论中，忽略了创业因素对经济增长的影响，更关注资本、劳动力、技术进步和制度等因素对经济增长的影响。20世纪80年代，德鲁克认为美欧经济体系已发生深刻变化，从"管理型"经济转向了"创业型"经济，创业已成为美国经济增长的主要动力，美国已进入创业型经济阶段，并提出"创业型经济"这一概念。由此，创业与经济增长的关系引起了学者的关注，Acs 和 Audrestch（1988）等经济学家对创业与经济增长的关系展开了深入的研究，并获得了丰富的研究成果。但这些研究将总体创业作为研究对象展开研究，导致不同学者的研究结论存在差异。不同类型创业由于其创业主体、发展模式和企业性质等不同，决定其对前后关联产业的影响有所差异，即不同类型创业的经济增长动能有强弱之别。科技创业以科技创新为依托，以推动科技创新成果商业化和产业化为主要形式，在创新驱动发展阶段，其具有最强的经济增长驱动动能，但当前专门探讨科技创业驱动经济增长的文章较少，部分研究创新与经济的文章中部分内容间接涉及科技创业与经济增长，但不够深入和全面。因此，本书将聚焦科技创业与经济增长的逻辑机理，基于新熊彼特经济增长理论，在该理论模型中引入科技创业变量并对其拓展，从理论层面论证科技创业驱动经济增长的逻辑机理。

二是基于逻辑模型构建科技创业评价指标体系，并利用熵值法测算各地区的科技创业水平。在既有关于创业的研究中，通常采用单一指标衡量创业水平，包括自我雇用比率、企业或商业所有权比例、企业的进入和退出比率、市场参与创业人数和GEM（The Global Entrepreneurship Monitor）所提出的整体创业活动率（每100名18岁至64岁成年人中参与创业活动的人数）等指标。单一指标的采用，通常只能反映地区科技创业水平的某一方面，并不能全面综合和准确衡量地区的科技创业水平，这导致不同学者的研究结论存在差异，研究成果对现实经济实践缺乏令人信服的解释力。本书认为科技创业是一个系统，地区科技创业是系统内环境、资源和创业主体共同作用的结果，需要综合测度地区的科技创业水平。本书基于逻辑模型，从科技创业资源、科技创业投入、科技创业产出和科技创业环境四个维度构建科技创业评价指标体系，力求能系统而准确地衡量地区科技创业水平。同时，采用客观赋权法中的熵值法测算各地区的科技创业综合指数。本书关于科技创业的测度和计算具有一定的创新之处。

三是分别从经济增长规模和经济增长效率两个维度来刻画经济增长，并分别研究科技创业对经济增长规模和经济增长效率的驱动效应。在既有经济增长相关研究中，大多侧重于研究地区生产总值的增长或人均GDP的增长，即更关注经济增长的规模。部分研究也关注经济增长效率问题或经济增长质量问题，在经济发展的研究中也更强调经济增长质量问题，而将经济增长规模和增长效率相结合研究的文献不是太多。进入经济高质量发展阶段，将经济高质量发展作为发展目标，力求提高经济增长效率，但抛开经济增长规模而只关注经济增长效率可能造成经济发展失衡问题。因此，既要提高经济增长效率，同时也要保障经济规模持续扩大。本书认为，科技创业对经济增长的影响不仅体现在规模扩大层面，也体现在增长效率提升层面，随着科技创业水平的提升，科技创业对经济效率的影响可能更大。本书将从经济增长规模和经济增长效率两个维度研究科技创业对经济增长的影响，具体深入分析科技创业对经济增长规模和经济增长效率的驱动作用、方向和机制，以及是否存在异质性特征，能更为全面地厘清科技创业驱动经济增长的逻辑机理。

四是研究了经济集聚在科技创业驱动经济增长过程中的门槛效应。新经济地理学理论中，认为经济集聚水平会影响地区的科技创业，经济集聚的规模经济、外部性、知识溢出等效应有助于提升地区创新创业水平。同时，创新创业通过正反馈机制也能促进地区的经济集聚水平。但是，随着经济聚焦程度的进一步提高，经济集聚的拥挤效应对创业产生负向影响。因此，经济集聚在科技创业驱动经济增长过程中可能具有门槛效应，即在不同经济集聚程度下，科技创业对经济增长的影响程度和方向不同。根据所整理的文献发现，尚未有文献关注科技创业驱动经济增长过程中经济集聚的门槛效应问题。本书以非农经济密度（单位面积的非农产业产值）衡量地区经济集聚水平，利用Hansen所提出的门槛回归模型研究科技创业驱动经济增长过程中经济集聚的门槛效应，检验结果显示经济集聚在科技创业驱动经济增长过程中存在门槛效应，且不同地区的门槛值不同，随着经济集聚程度的变化，科技创业对经济增长的驱动效应也呈现不同的演化特征，这也是本书可能存在的创新之处。

五是系统厘清科技创业驱动经济增长的动力机制。文献综述发现，当前部分文献探讨了创业对经济的作用，并取得了较为丰富的研究成果，但专门研究科技创业驱动经济增长的文献较为缺乏，少有的相关研究更加关注创业通过知识溢出效应和知识过滤效应影响经济增长。杜尔玏（2019）关于科技创业通过就业规模、创新能力和产业结构高级化三种机制影响经济增长，尚不能全面反映科技创业驱动经济增长的动力机制。因此，本书结合理论分析，从创新效应、产业结构效应和就业效应三大维度提出了科技创业驱动经济增长的动力机制。创新效应机制包括创新能力、知识过滤穿透和知识溢出三方面；产业结构效应包括产业结构合理化、产业结构高级化和产业动态能力三方面；就业效应包括就业规模、就业结构优化和劳动力资源优化配置三方面。如此，能够更为全面地衡量科技创业对经济增长的动力机制，有助于准确回答科技创业如何影响经济增长这一核心问题，这是本书的重要创新内容。

六是研究了科技创业驱动经济增长的动态效应。根据本书对科技创业内涵的阐述，认为科技创业是一个动态过程。在相关研究中，普遍认为企业与生命体一样具有生命周期，因此初步研判科技创业对经济增长的驱动效应应该具有动态特征，即科技创业不仅仅会影响当期的增长，对未来的经济增长也应该具有影响。但梳理文献发现，当前关于创业与经济增长关系的研究绝大多数都是从静态视角展开分析，对于科技创业驱动经济增长的动态效应鲜有涉及，导致研究内容不够深入，研究结论也有一定的局限性，因此对科技创业与经济增长的关系认识不够全面。本书将借助面板向量自回归（PVAR）模型，通过PVAR模型回归、脉冲效应函数和方差分解分析，进一步探讨科技创业通过动力机制驱动经济增长的动态效应，以及内生变量之间的动态关系及影响程度。通过动态效应研究，力求能够更为全面地厘清科技创业对经济增长的驱动效应，有助于准确回答科技创业对当前经济增长影响如何和怎样影响这两大核心问题，也有助于丰富和深化本书的研究内容。

第 2 章 文献综述

中国经济进入新的发展阶段，亟须寻找和培育新的动力来支撑经济高质量发展。参考欧美发达国家的经验，每一次以科技革命引领和推动形成的产业革命，都会带动大量基于科技创新技术成立的新企业，推动经济结构的蜕变和经济的腾飞，并促进生产力水平向更高层次演进，表现为在经济系统中，伴随着部分企业被淘汰，新的企业不断出现，并在原有的基础上不断替代、创新和蜕变，推动经济系统螺旋上升。20 世纪 80 年代，美国学者德鲁克提出了"创业型经济"这一概念，由此，创业与经济增长的关系引起了学术界的关注，并取得了丰硕的研究成果。本章首先将总结创业和科技创业的内涵、特征与影响因素，并对创业和科技创业进行概念界定。其次，对科技创业和经济增长的相关文献进行梳理和综述，以明确本书的研究领域和开展研究的必要性。最后，对科技创业与经济增长的相关经典理论进行梳理和阐述。

2.1 国内外研究综述

2.1.1 科技创业的内涵、特征与影响因素

1. 创业的内涵

创业是人类社会基本的经济活动之一，特别是进入资本主义社会以来，随着市场经济的发展，经济生产活动的专业化和复杂化程度逐渐加深，创业活动日益成为市场经济活力的源泉。关于创业，并没有统一的定义，《现代汉语词典》将创业定义为"开创建立基业、事业"，强调开创新局面，突出了创业的拓荒性质。在英文中，通常用"Venture"和"Entrepreneurship"表示创业。

"Venture"在创业领域指代的是实际的创业行动，通常带有冒险创建企业的含义。"Entrepreneurship"是一种泛指的创业概念，是一种整体意义上对于创业的指代。法国经济学家 Richard Cantillon 最早将"Entrepreneurship"一词作为专业术语引入经济学领域。熊彼特（2020）认为创业就是将生产要素重新组合的活动，是一个"创造性破坏的过程"，创业将会推动经济偏离均衡状态，实现经济发展。我国学者张青（2009）将创业定义为"创业者通过创造性劳动将创业机会、资源和其他环境因素（如文化、制度）进行有效整合的过程"，创业的关键表现为创新和机会开发。由于研究的领域和方向的侧重点不同，学者从不同角度阐述了创业的概念和内涵。总的来看，狭义上通常将创业看作从零开始创建新企业，具有"白手起家"的含义，如 Acs 等（2016）认为创业就是创建新企业的过程；广义上创业内涵的外延更大，不仅仅是指创建新企业，更是指一种新价值的创造活动，如威廉·萨尔曼等（2005）认为，创业过程就是根据所掌握的各种资源，利用外部各种创业机会，创业者的交易行为在环境影响与制约下相互影响并发生作用的过程。

综合学者对创业内涵的界定，主要从两个角度来阐述。第一，将创业视为一种行为，创业活动是一个需要创业者识别并抓住创业机会，并持续投入资金、技术和精力等建立经济组织的过程。例如，Kirzener（1973）从盈利角度阐述创业的内涵，认为创业并不依赖于知识、技术方面的资源优势，而是个体在经济运行中利用所掌握的信息发现可能获利的商业机会、把握机会并获利的过程。第二，从价值创造角度来阐述创业的内涵，认为创业不仅仅是创建新企业，更是一个不断创造商业化价值的过程。例如，德鲁克（2018）将创业明确界定为一种能够创造出具有价值的、与众不同的新事物的活动。Gregory（2008）认为创业是指创业者在面对市场不确定性和其他市场摩擦时发现或创造商业机会，通过制定决策来实施资源配置和组合，把自己的创意转化为市场价值的过程。

综合既有研究的结论，本书认为创业包含五个要素：创业者、创业动机、创业机会、配置资源和创造价值。创业是创业者基于自身所掌握的资源，在经济运行中识别、抓住商业机会并承担相应风险，创办企业并创造新价值的过程。

2. 科技创业的内涵

科技创业是创业的一种特殊形式，是伴随着科学技术进步而产生的一种创业活动。当前对于科技创业概念的界定，学术界尚未形成权威的定义，学者多是基于对创业的深入认识，并结合科技创业的特性来界定科技创业的概念。在既有研究中，科技创业的内涵主要从科技创业者、科技创业过程和科技创业价值创造等角度来阐述。

从科技创业者角度来看，进行科技创业的创业者通常都是科技人才。Yoo（2003）把科技创业定义为以科学技术和高素质科技人才为支撑，从事科技产品的研发和生产的创业活动，科技创业通常具有较好的发展前景。赵涛和刘文光（2011）从科技创业者的角度来定义科技创业，认为科技创业是科技创业者将创新知识与人才、物质资本和信息等要素相组合，并向市场提供更具有市场竞争力的产品和服务的活动。姚晓芳和张宏（2008）更强调科技创业者的特质，认为科技创业是科技人员创办或者以科技人员为主体创办企业的行动，科技创业企业通常能向市场提供具有高技术含量和具有市场潜力的产品。

从科技创业过程角度来看，普遍认为科技创业是通过技术创新和资源分配，建立新企业的过程。Stewart（2011）更关注科技创业的过程，认为科技创业是科技创业者在市场中识别创业机会，依托所掌握的新技术或创新捕捉创业机会并成立新的生产单位的过程。Fuller 和 Rothaermel（2012）将科技创业定义为基于科技创新专利发明商业化而成立新企业的行为。Garud 和 Karnoe（2003）认为科技创业是通过技术创新和资源分配，将创新想法转化为商业用途的过程，与传统创业相比，科技创业通常是一个更大的过程，涉及更多领域的参与和合作。此外，还有学者将科技创业视为科技成果市场化和商业化的过程。例如，迟建新（2010）认为科技创业是基于原创性技术，以促进科技成果商品化为目的而建立企业的行为。苗文斌和贺元启（2007）认为科技创业就是依托科技创新知识商业化建立企业，成功的科技创业能够在市场上为消费者提供优质的产品和服务，并在市场上获取经济利益。Nacu 和 Avasilc（2014）将科技创业定义为在科技创新领域将新商业理念开发和商业化，并承担风险的活动。Beckman 等（2012）在比较全面而系统地归纳学术界对科技创业定义的基础上，从更综合的角度来阐述科技创业的内涵，将科技创业视为依靠技术创新优势捕捉创业机会和建立企业，进而开拓新市场和新行业，并促进产业发展的过程。

从科技创业价值创造角度来看，科技创业通过利用科技创新知识创造价值。蔡莉等（2008）认为科技创业是创业者抓住商业营利机会，组合社会资源，把新技术、新知识转化为具有市场潜力和价值的产品或服务，以创造和实现其应用价值，并获取财富回报的科技创新活动。夏太寿和倪杰（2006）借鉴学者对创业内涵的定义，将科技创业视为一个创造价值的过程，是科技创业者通过新建生产组织并将科技创新知识市场化、产业化和创造财富的过程，这个过程具有动态特征。Tony Bailetti（2012）在梳理1970年以来科技创业研究文献的基础上，将科技创业定义为对一个集合科技创新知识、专业人员和异质性资产的项目的投资，科技创业的目的是创造和获取丰厚价值。

一些学者还从其他角度来阐述科技创业的内涵。Shane 和 Venkataraman（2003）将科技创业与传统创业相比较，认为科技创业更专注于创造知识流和减少不确定性，具有更加稳定的制度环境和技术系统，更容易受到互补资产和专利保护的影响。一些文献将科技创业视为一个由创新要素和创业要素构成的系统，例如，原长弘和张树满（2019）将科技创业视为一个系统，这个系统是由人才、资本、科技创新等组成的综合体。另外，Yeganegi（2021）等认为任何科技创新研发密集型产业的创业都属于科技创业。李湛等（2018）从冒险精神角度阐述科技创业的内涵，认为科技创业是创业者依托科技创新所发起的创业活动，科技创业通常需要承担一定的风险。

通过上文分析，不同学者从不同角度对科技创业的内涵进行阐述，并对科技创业这一概念做了界定，虽然学者们的研究角度和侧重点有所区别，但都有一个基本共识：科技创业的内核为科技进步与技术创新。这是科技创业的生命基础，亦是科技创业活动与一般性创业活动的根本差异之所在。归纳和借鉴学者们的研究结论，并结合本书的研究特点，本书将科技创业的内涵界定为：科技创业是创业者以科学技术知识为核心，创造、识别和捕捉潜在的创业机会，投入资源建立能够改善原有产品、服务或提供具有市场竞争力的新产品或新服务的企业组织，实现技术和知识的市场价值和获取经济利益的动态过程。

3. 科技创业的特征

关于科技创业的特征，通常是与传统创业相比较而得出的。Beckman（2012）将科技创业与传统创业相比较研究，认为科技创业更关注技术创新、新兴市场和新产品。Bailetti（2012）认为科技创业具有三个明显的特征：一是科技创业与科技创新相互依存，科技创业通常是基于科学技术未来远景和价值而产生的创业行为，因此，技术变化会影响科技创业企业创造和获取价值的时间、方式等；二是科技创业聚焦于价值创造，科技创业的本质是如何利用体现科学和技术进步的资源来创造和获取价值；三是科技创业是一种联合生产现象，与传统创业相比，科技创业需要多个领域的专业化人才组成的团队，以协同合作的方式朝着创业目标而努力。赵涛等（2012）认为，科技创业企业的要素构成与一般企业没有显著差别，但具有三大方面的特征：一是在构成要素特征方面，科技创业企业的核心要素是技术创新，科技创业企业的经营围绕这一核心要素组合和配置资源；二是科技创业者和创业团队具有较高的综合素质，科技创业团队成员通常受过高等教育，具有较强的风险意识和学习能力，了解企业技术和行业发展方向，具有较强的创新能力和创新精神；三是科技创业企业运作具有高风险性。

由于科技创业企业通常属于技术拓展的前沿，创业过程中面临着更高的不确定性。技术的探索性和创新性决定了科技创业的较高风险性，科技创新产品的市场接受不确定性增加了科技创业的风险性。这些因素都导致了科技创业的高风险性。蔺雷和吴家喜（2016）认为科技创业有着巨大的价值创造潜力，同时也具有"双高"的特点。一是难度高，科技创业的新技术市场化周期长、投资大、投资回报周期长，对创业者的市场认识和敏感性高，诸多因素叠加决定了科技创业的高难度；二是价值高，科技创业以新技术产生和应用为基础，新技术的产生和应用都必然引起"链式反应"，创造与新技术配套的创业机会和就业岗位，形成巨大的社会价值。

4. 科技创业的影响因素

科技创业在经济系统中受到诸多因素的影响，既有文献主要分析了社会文化氛围、制度、信息和科技创业者个体特性等影响因素，这些因素都会对科技创业产生一定的影响。

（1）社会文化氛围对科技创业的影响。社会文化具有地域、民族或群体特征，对社会群体具有广泛作用，也会显著地作用于创业。梳理既有研究发现，敢于冒险、包容失败的文化有助于促进创业，而传统保守的文化对创业具有抑制作用。硅谷发展经验表明，敢于冒险、包容失败和鼓励创新创业的文化，是硅谷科技创业取得成功的重要因素之一（Lee，2000）。Freytag 和 Thurik（2007）利用欧盟 25 个成员国和美国的数据研究创业文化与创业之间的关系，研究表明，国家特定的创业文化解释了创业偏好。具体而言，创业文化越浓厚的国家，其创业偏好越强，生产性创业活动也越多。Nathan 等（2013）基于英国 2005—2007 年 7600 家公司的数据，研究了企业文化多样性与创新和创业之间的关系，研究发现企业文化多元的企业对新技术和新产品的接受意愿更高，创业团队成员的多样性也对创新、创业具有显著的促进作用。因此，文化多样性具有显著的社会效益，同时也是一种经济资产。Kibler（2014）基于奥地利和芬兰等 65 个国家和地区的样本数据，研究了文化氛围与地区创业信念和创业意图的关系，地区的社会文化氛围对地区的创业信念和创业意图具有重要影响作用，创业友好文化浓厚地区的创业意愿和创业信念越强，其创业成功率也越高。Hechavarria 和 Reynolds（2009）在研究不同国家文化差异和特征对创业活动的影响时，研究结果显示传统保守主义文化对创业具有抑制作用，而世俗理性文化与创业之间呈现正相关关系。

但一些学者通过研究得出了不同的结论，发现社会文化对创业的影响具有不确定性，在不同地区，其影响效应也不尽相同。例如，我国学者赵向阳等（2013）发现文化对创业的影响具有地区异质性，发达国家传统主义对创业活动具有抑制作用，但在发展中国家，传统主义却促进了创业活动发展。同时，现代主义文化（绩效导向、未来导向和不确定性导向）对于创业数量没有显著影响，但却促进了创业质量的提升。

（2）制度对科技创业的影响。制度是影响经济发展的内生变量，同时也是影响创业的重要因素，国家间的创业活动和创业绩效主要取决于国家的制度环境（Acs 等，2008）。杨勇和王志杰（2014）通过多 Agent 系统的建模方法，建立了一个可以用来研究地区制度政策对科技创业影响的区域科技创业生态的模型，研究发现，有利于科技人才创业、科技创业中介服务机构和创业金融机构的制度政策对科技创业具有显著影响。同时，政府的科技创业资金支持和科技创业政策制定的完整性和执行力也有利于地区科技创业水平的提升。

良好的制度环境有助于提升企业家的创业积极性，对创业具有显著的促进作用。李新春等（2004）认为制度是影响创业的重要因素，特别是保护市场交易秩序的法律和产权制度决定了企业家的创业积极性，并通过实证分析证明了这一观点。FuenteIsaz等（2015）从不同维度研究了制度与创业的关系，研究发现制度对创业具有显著的影响作用，良好的产权保护制度、商业制度、就业制度、资本市场制度和教育制度对机会型创业有促进作用，而更多的财政对生存型创业有正向的影响，然而更多的教育支出却降低了生存型创业率，这可能是因为受过更高教育的劳动力拥有更好的就业选择。有学者进一步指出，良好的制度有助于促进高素质创业。Henrekson和Sanandaji（2014）将创业分为以自主创业为代表的低质量创业和以《福布斯》白手起家亿万富翁为代表的高质量创业，研究发现制度对不同类型的创业的影响效应有所差别，在制度良好、信任度更高、税收更低和监管不严的国家，高素质创业率更高，而低质量创业数量少。

一些学者指出国家的监管制度也会影响国内的创业活动，过高的监管水平不利于创业。例如，Ardagna和Lusardi（2010）调查了37个发达国家和发展中国家的创业活动的决定性因素，发现个体特征和国家监管差异决定了国家间创业活动的差异。在个体层面，个人特征，如性别、年龄和劳动力中的地位是影响创业的决定性因素。监管在个人从事创业活动以追求商业机会并创办新企业的决策中发挥着关键作用，监管过严限制了社交网络和商业技能的发挥，加强了风险规避对创业的影响。在监管水平高的国家，创业成功率更低。

（3）信息对科技创业的影响。信息在整个创业过程中被使用，在新企业创建初始、启动和成长阶段都发挥着重要作用。在创业早期，需要依靠信息获得和验证商业想法，并识别创业机会（Baron，2017），然后在事实和分析的基础上确定令人信服的商业计划和令人信服的商业模式（Blank，2013）。此外，随着时间的推移和环境的变化，获取新信息仍然是商业决策的关键因素（Burgelman和Grove，2007）。Shane和Venkataraman（2003）研究显示，信息获取能力影响科技创业，因为及时地获取科技创业所需的信息有利于科技创业的成功，通常信息可获得性强的国家其科技创业水平将会更高。同时，信息可获得性对科技创业的影响在一定程度上取决于知识产权等机构的效能，这些科技中介机构决定了创新的扩散程度。Bhimani等（2018）的研究结果表明，信息对科技创业异常重要，随着信息技术的发展，信息与科技创新之间的联结越来越紧密，社交媒体通过让更多异质性的参与者加入，增强了共同创新和开放创新效应。例如，分析客户需求的帖子可以帮助开发新产品，社交媒介可以让科技创业更快速地获取客户反馈信息和影响企业发展的环境变化。Cantwell和Salmon（2018）认为，信息获取能力的增强可以提高科技创业技术创新的能力，并拓宽其渠道，当今世界技术创新的想法和知识积累超越了传统社会仅依靠政府、大学和企业的局限，科技创业资源的来源也越来越全球化和多样化。杨永峰（2014）研究发现，市场信息获取和利用对技术创业机会的识别和捕捉有正向影响，也对技术创业企业的战略柔性提升具有正向促进作用。李德辉等（2019）指出，信息作为一种稀缺资源，并非对称且均匀地分布于整个市场中，而获得信息优势的企业意味着掌握了具有潜在经济价值的信息资源，有助于企业避免影响创业的非积极因素，从而对企业的创业具有明显的激励作用。

（4）科技创业者个体特性对科技创业的影响。科技创业者作为科技创业的主体，其经验、人力资本水平、学习能力和预期等个体属性特征对科技创业的策略选择、创业的发生率和存活率都有重要影响。

科技创业者的受教育程度和人力资本水平对科技创业具有重要影响。Brush（2000）认为创业者所受教育水平对科技创业企业经营绩效具有显著的促进作用，甚至企业的现金流也被证明与创业者的受教育水平呈正相关。Cooper（2009）研究表明，在越发达的经济体中，创业者的人力资本水平影响着科技创业成功的各项指标。例如，教育所提供的智力培训和职业社会化，对创业企业的生存和成长都有积极的影响。教育通过提供知识和解决问题的能力，可以帮助创业者克服他们在创业中面临的战略和运营挑战。Wright（2007）研究指出，大学教育能够为创业者提供更多资源，并帮助创业者建立和培养网络关系，这有助于科技创业企业的成功，还指出具有更高人力资本水平的企业家，在创业过程中具有更强的学习能力。Brown 和 Mason（2014）认为，科技创业的价值创造取决于创业者如何在公司内部管理资产，并对资源组合做出正确的策略选择，创业者的受教育程度对于创业者的策略选择至关重要。因此，教育可能与技术投资相互作用，共同影响科技创业。Siqueira 和 Bruton（2010）研究了巴西创业者受教育程度和技术投资对科技创业的影响，发现受教育程度和技术投资都对科技创业具有积极正向影响作用，同时创业者的受教育程度还对技术投资影响科技创业具有正向调节作用。

个体的认知能力会影响其创业意愿，从而对地区的创业水平产生显著作用。李涛等（2017）研究了个体的认知能力与创业的关系，取得了较为丰富的有价值的研究成果，研究结果表明，对于管制程度更低的行业而言，随着个体的综合认知能力提高会促进其创业意愿提升。其研究进一步将个人认知能力划分为字词能力、数学能力和记忆力三个维度，发现个体的数学能力能够显著促进创业水平。

学者们也对创业者的其他属性对创业的影响展开了研究。例如，任胜钢和舒睿（2014）研究了创业者的社会网络能力对创业的影响，发现创业者的社会网络能力对创业机会的识别和开发具有重要影响作用。周键等（2017）研究发现，创业者的自我效能、创业警觉性、先前经验、创业激情、网络相关能力和机会相关能力等社会特质对创业和创业企业成长绩效具有显著的促进作用。汤淑琴（2015）、张秀娥等（2017）研究了创业者的创业经验与创业的关系。程聪等（2014）探讨了创业者的政治技能与创业绩效的关系，发现随着创业者的政治技能提高，将有助于提升其创业绩效，并且创业导向在创业者政治技能影响创业绩效过程中发挥中介作用，而组织公正起到调节作用。单标安等（2017）对创业人格特征与创业产出的研究进行了梳理和探析。

2.1.2 科技创业与新型经济形态研究

1. 科技创业催生新的经济形态

20 世纪 80 年代，德鲁克首次提出"创业型经济"概念。他认为 20 世纪 70 年代美欧经济体系已经发生深刻变化，创业型经济开始兴起并成为主要经济形态，支撑经济高速增长的动力已转化为创业，创业企业是吸纳就业的主要力量。高水平的创业活动不断改变要素的组合方式，从而催生出新型经济形态。Bygrave

（1998）对美国经济发展模式进行系统分析，认为创业型经济是一种由创业精神和高水平创业活动驱动的经济形态，也是美国经济最重要的战略优势。Thurik 和 Audretsch（2013）的研究结果支撑这一观点，他们将创业型经济定义为一种由新企业的出现和增长推动创新和经济绩效的经济形态，新企业的持续涌现不仅提升了经济绩效，还改变了经济发展的模式。

随着我国创业浪潮的兴起，我国学者也对创业型经济展开了大量的研究，研究结论一致认为创业活动是经济增长的内在源泉，有助于形成新型经济形态。李殿伟等（2009）认为创业型经济是一种依靠创新、创意和创造力作为经济增长动力的经济模式，创业成为经济长期增长的内在源泉。创业者以创业为核心要素，捕捉潜在的商业机会，不断地创造价值。因此，创业型经济可以视为一个价值创造经济系统。例如，景杰（2018）认为创业型经济是一个以创业者为主导，以创业精神为核心要素，将潜在商业机会转化为可持续的价值创造的经济系统。以创业为核心的价值创造经济系统是一种新型经济形态，科技创业将引领新型经济形态的产生和发展。特别是以技术为核心的创业活动，转变了经济增长的动力，有助于形成新的经济形态。黄敬宝（2008）将创业型经济定义为基于企业家的创意和创新，以创业为主要途径，微观上实现企业家个体价值，宏观上促进国家经济发展的一种经济形态。张茉楠（2007）将创业型经济定义为一种以"技术—经济"范式为主导的新社会经济形态，创业活动催生了创业型经济的出现。姚毓春（2009）认为创业型经济是以创业机制作为经济发展主要动力的经济形态，这种经济形态以知识和创业家精神为核心生产要素，以中小企业作为经济基础。李剑力（2010）将创业型经济定义为以创新经营与新创企业为基础的一种经济形态，这种经济形态依靠创新创业推动经济的发展。

2. 新型经济形态的特点

创新创业发展所形成的新型经济形态可称为创业型经济。创业型经济将依靠创业在系统内持续创造价值，不断改变经济增长模式。Bygrave（1998）认为创业经济存在收益增加、低准入门槛和正反馈等特点，在创业型经济形态下，人的想象力和脑力取代传统原材料成为稀缺资源。Thurik 和 Audretsch（2013）

认为创业型经济的特点就是将保障企业活动促进知识创造和知识商业化的体制与政策有机结合起来。张茉楠（2007）以美国硅谷创业型经济发展为例，分析了硅谷创业经济发展的模式，认为创业型经济存在三大特征。第一，创业型经济是一种"生态系"的更高水平经济形态。以硅谷为例，硅谷形成了由高水平的高等院校、风险资本、高素质劳动力等要素组成的创业生态系统。第二，创业型经济围绕主导技术形成技术系统、企业集群和新兴产业集群。第三，经济增长模式转变，形成以创新和创业为主要动力的经济发展模式。姚毓春（2009）认为，从增长动力上来看，创业型经济中创业的动力作用日渐重要。从经济结构上看，可持续的创新型产业成为创业型经济的主体结构。从产业层面看，创业型经济更容易催生新兴行业的产生。从运行机制上看，创业型经济形成了围绕着促进创业、创新、创造和科技成果转化的独特运行机制。Audretsch 和 Thurik（2001）从多个维度对比了管理型经济与创业型经济的异同，从而归纳和总结出创业型经济的特征。他们认为与管理型经济相比，创业型经济在外部环境层面具有不稳定性、多样化和异质性等特征；在企业运营层面具有以激励为主、市场交换、竞争与合作和灵活性等特征；在政府政策层面具有推动政策为主、投入目标化和地方性等特征。李剑力（2010）认为与传统经济形态相比，创业型经济具有创业、创新、自组织、多样化和企业网络发达等特征。景杰（2018）认为创业型经济具有三个方面的主要特点：创业型经济的核心要素是创业精神；创业型经济是创新活动的商业化；创业型经济是可持续发展经济。

2.1.3 科技创业与经济增长的研究

文献梳理发现，虽然当前关于直接研究科技创业驱动经济增长的文献资料仍然不多，但部分学者对创业和创新创业与经济增长的关系展开了研究，在相关研究中直接或间接地涉及了科技创业的经济增长效应内容。并且，科技创业属于创业的一种特殊形式，梳理创业与经济增长的相关文献也有一定的参考价值。因此，本书主要梳理创业与经济增长之间的关系。自德鲁克提出"创业型经济"概念以来，创业与经济增长之间的关系成为学术界研究的热点问题。学者从不同的维度、使用不同的方法，对不同的国家和地区创业与经济增长之间的关系展开了研究，虽然研究结论有所不同，但创业对经济增长具有重要影响效应成为学界的共识。

1. 创业与经济增长的线性关系

文献梳理结果显示，在既有研究中，部分学者认为创业与经济增长存在线性关系，即创业对经济增长的边际作用不存在正负的变化。

一些学者认为，创业对经济增长具有正向促进作用。一是创业可通过重新组合生产要素，日益成为支撑经济增长的重要动力。熊彼特（2020）将创新创业引入了经济增长分析框架中，认为创业有助于实现生产要素的新组合，从而利用新的生产方式生产新产品或提供新服务，进而实现经济实质的发展。德鲁克（2018）最先提出了"创业型经济"概念，认为数量众多的创业型企业成为支撑现代经济发展的动力，中小企业创造了美国90%以上的新增就业岗位，随着市场经济的发展，在市场经济发达的国家，创业对经济增长的促进作用会日益增加。Audretsch等（2002）认为创业不仅对创新和竞争力提升做出了巨大贡献，实证分析结果也表明，创业是影响经济增长的一个至关重要的决定因素，对经济增长有着显著的促进作用。二是创业通过促进知识溢出，不断推动经济持续增长。Acs（2003）等认为内生经济增长理论中，知识与经济增长之间存在过滤机制，而创业可以促进知识溢出进而促进经济增长。随着创业型经济的发展，由前沿性科技创新派生出来的新兴行业又会促进生产率提高，从而促进全国性的经济增长，这种对经济增长的促进作用在新企业创办活跃地区表现得更为明显。Carlsson等（2007）探讨了美国150年来知识创造、创业和经济增长之间的关系，研究表明，20世纪70年代以后，美国越来越依靠创业促进知识溢出而推动经济增长。

围绕创业与经济增长的关系，各国学者做了大量的实证研究，研究结果普遍证明创业有助于促进经济增长。Berthold 和 Grundler（2012）基于国际面板数据研究创业与经济增长的关系，研究结果表明创业水平的提高有助于促进经济增长。Rupasingha等（2013）基于美国的县域面板数据分析创业与经济增长的关系，研究结果表明创业是经济增长的动力，创业活动有利于推动经济增长。王立平和陈琛（2009）结合研究内容对知识过滤模型展开了研究，基于2001—2005年我国数据，利用空间计量经济学方法研究创业与经济增长的关系，研究结果表明创业能够通过促进知识穿透过滤推动经济发展。李宏彬等（2009）基于中国 1983—2003 年的省际区域面板数据研究创新创业与经济增长的关系，研究结论显示，创业有助于经济增长。白洁和雷磊（2018）对创新创业与经济增长的关系展开了深入研究，发现创新创业生态是地区经济增长的重要动力，随着创新创业生态完善，其对经济增长的边际促进效应呈现加速递增的趋势，创业园区与科技中介结构等因子是推动区域经济高质量发展的重要引擎。Zwan 等（2013）基于全球创业观察数据分行业研究创业对经济增长的影响，研究结果显示，科技创业对经济增长的促进作用最强。从 20 世纪下半叶开始，高科技产业是促进全球经济增长的最大引擎之一成为全球共识（Frenkel，2012）。硅谷的经济发展表明，科技创业推动科技企业数量的增长，推动地区经济成为最具活力、最具竞争力的区域经济发展模式（Delgado，2010）。

然而，有部分学者的研究结果并不支持上述研究结论，他们的研究结果显示创业与经济增长不存在明显的相关关系，即创业对经济增长的作用不显著。一些学者考虑到了不同类型的创业和不同发展阶段下，创业与经济增长之间存在不同的关系。地区的经济发展程度不同，创业活动对经济增长效应也有所差别。例如，Derakhshandeh（2013）用实证分析方法研究伊朗创业活动与经济增长之间的关系，研究结果表明创业与经济增长的回归结果没有通过显著性检验，说明创业并未明显地促进伊朗的经济增长。Shane（2009）基于研究结论，认为通过支持创业来促进创新和经济增长的政策是不可取的，因为初创企业创造的就业机会和财富很少，并不能真正促进经济增长，而应该支持质量高、发展潜力大的在位企业发展。宋来胜和苏楠等（2013）基于我国省际面板数据，构建模型研究地区创新创业能力与生产效率的关系，发现在创业和创新能力低的地区，创业对地区的生产效率没有影响。

2. 创业对经济增长的非线性关系

部分学者认为创业对经济增长的作用具有复杂性特征，并不只是存在简单的线性关系，而是存在非线性关系。Naudé（1965）基于全球众多国家经济发展数据研究创业与经济增长的关系，研究结果表明创业与经济增长之间存在着复杂的非线性关系，一些国家创业与经济增长呈现典型的 U 型或 L 型的关系。Wennekers（2010）的研究结论也支持这一观点，认为创业与经济增长之间存在典型的 U 型关系，并且具有显著的阶段性特征，在创业水平较低的时候，创业并没有促进经济增长，反而对经济增长具有一定的抑制作用，但当创业水平和经济增长发展到一定程度时，创业水平的提高有助于推动经济增长。Acs 等（2015）通过构建全球创业和发展指数（GEDI）来描述创业与经济增长的关系，发现创业与经济发展呈现 S 型关系。

不同类型的创业对经济的影响作用也有差别。Baumol（1990）认为创业可分为生产性创业、非生产性创业和破坏性创业，将创业资源投入非生产性创业并不能够促进经济增长。Sautel（2011）认为，经济的发展更多依赖于系统创业，即创业企业具有较长的生产链条、广泛的合作网络和资源平台，并具有较强的创新和动态适应能力；相反，以个体经营为主的局部创业对经济发展的作用十分有限。

在不同类型的国家，创业对经济增长的作用也不一样。Yan 和 Storey（2004）以全球创业观察（GEM）项目所提供的 TEA 指数来衡量地区的创业活动，并基于 TEA 指数研究创业与经济增长之间的关系，发现创业活动与经济增长之间存在明显的非线性关系，在发达国家，创业对经济增长具有正向影响，而在发展中国家，两者之间呈负相关关系。Stam 和 Stel（2011）的研究也支持这一观点，在高收入国家，创业对经济增长具有促进作用，但在低收入国家，创业活动对经济增长影响不显著。

随着创业的发展，不同阶段的创业对经济的影响也不一样。Carrce 和 Thurik（2008）研究了经济合作与发展组织（OECD）国家创业与经济增长的关系，发现创业对经济增长的作用效应存在时期异质性特征。在第一阶段，创业对经济增长具有正向影响；第二阶段，由于创业失败，会对经济绩效产生不利影响；第三阶段，随着创业企业的发展和扩大再生产，会促进经济绩效的提高。Carree 等（2002）的研究结论显示，创业活动并不是无条件地促进经济增长，对于处于相应经济发展阶段的任何国家而言，都存在一个最优的创业活动比值，如果创业活动偏离了这个最优创业活动比值将会对经济增长产生抑制作用。

关于中国创业与经济增长的关系，我国的一些学者指出，中国创业与经济增长呈现非线性关系。例如,张建英(2012)研究发现中国创业活动对经济增长的影响具有复杂性,呈现出明显的非线性关系。汤勇和汤腊梅(2014)将创业资本纳入经济增长模型,采用中部地区省际面板数据研究我国创业与经济增长的关系,研究结果显示,山西、湖南的创业资本对经济增长没有明显的影响,而其他地区的创业资本有助于驱动经济增长。

2.1.4 创业对经济增长的作用方式

大多文献认为地区创业活动和创业水平会对经济增长产生影响,那么,创业是通过什么样的方式作用于经济增长是值得关注的问题。在既有研究中,认为创业可以通过影响创新、就业和产业发展等多条路径影响经济增长水平。

1. 创业对创新的影响

近年来,在研究创业问题时,通常是与创新联系在一起的,科技创业可以将创新实体化和商业化,将创新成果转化为社会生产力,实现其经济价值。创业水平也体现了地区的创新水平,创业会促进地区的创新能力提升,从而促进经济增长。一是创业能够促进生产率的提高。例如,Geneva(2004)认为创业活动通过提高生产率和扩大新的利基和产业,激发了地区经济的生产潜力。二是创业能够提高产品和服务的多样性。Audretsch(2007)认为创业进入的过程就是一个"创造性创新"的过程,该过程是实现经济增长的重要微观机制。一方面,新企业进入市场会增加市场竞争程度,同时也会提高产品和服务多样性,进而促进经济增长;另一方面,新企业的进入具有替代效应,新企业通常具有技术创新优势,新企业进入会淘汰生产效率较低的生产组织,促使市场上保留更多生产效率更高的企业或生产组织,有利于提升社会创新能力,从而提升市场经济效率。Brenkert(2008)从演化经济学的角度考察了企业家对经济增长的影响,认为企业家能够在市场中引入创新,并通过市场上企业间的竞争促进经济产出的增加。同时,在经济系统中的创业者,产品的创新或行业的创新会溢出到其他生产部门或行业,实现经济和创新的正外部性,有助于促进产品的生产效率和产品多样性的增加,从而驱动经济发展(Gries 和 Nande,2009)。

一些实证研究也表明,创业通过促进创新推动了经济增长。Carre 和 Thurik

（2008）实证研究显示，从宏观上看，若新进入的小企业具有高于在位企业的生产率和增长率，则会对生产率的提高和GDP的增长带来持续的贡献。庄子银（2007）认为创业具有知识溢出效应，创业企业的创新不仅会帮助自身在市场上营利，也能促进关联企业的创新能力提升，从而提高生产要素资源的配置效率和使用效率，进而提高整个社会的创新能力和生产力水平。米建华等（2010）利用中国省际截面数据考察了创业投资、技术创新作用于经济增长的逻辑机理，研究结果表明三者之间存在"创业投资→技术创新→经济增长"的逻辑链条，即创业投资通过提高地区的技术创新水平，进而驱动地区的经济增长。

2. 创业对就业的影响

就业状况是一国经济发展的重要体现，也是劳动力资源配置状况的最直接反映，是关系国家繁荣和社会稳定的最重要因素。根据既有文献梳理的结果和相关数据统计，中小企业已经成为创造就业和吸纳劳动力的主力军，成为支撑地区经济发展的重要力量。因此，持续的创业活动已经成为动态解决就业问题的关键，对地区就业规模和就业结构产生了重要影响。关于创业对就业的影响，主要体现在两个方面。一是创业通过创造就业岗位影响就业规模和就业结构。Robson和Gallagher（1994）的研究结果指出，20世纪70年代，英国的新增就业岗位主要由中小企业所提供，中小企业成为创造就业的主力军。Audretsch（2003）研究创业活动与经济增长绩效之间的关系，发现OECD（Organization for Economic Co-operation and Development）成员方的不同样本在不同时期都得出了一致的结果，即创业活动的增加会明显地降低地区的失业率。Acs（2006）探索了创业如何影响经济这一重要问题，认为创业家创建新企业，新企业的成立和发展会创造更多的就业机会，从而影响地区经济增长。张车伟和蔡昉（2002）的研究结果表明，科技创业是以专业技术知识为内核的创业活动，科技创业能够创造大量的就业岗位，从而有助于解决社会就业问题。创业活动受到区域总体环境和创业环境两个主要因素影响，创业最终通过建立新企业与发展新企业来创造就业机会和创造社会财富，从而提升经济发展水平（湛军，2007）。董志强、魏下海和张天华（2012）基于VAR模型考察了广东省创业与失业的影响关系，研究表明创业能够带动就业，通过创业可以有效地解决失业问题。

二是创业影响就业报酬。在创业型经济的模式下,创业不仅能创造就业岗位,还能促进工资的增加,在实现高就业的同时还实现了更高的劳动报酬。Baldwin和Picot(1995)对加拿大的创业与就业关系展开了研究,发现新创企业与小企业在不确定性中运动,通过以知识为基础的产业创新来创造更多的就业机会,同时又能支付更高的薪水。李剑力(2010)指出,在创业型经济下,通过创业水平的提升可以实现高工资与高就业的统一,高水平的创业活动可以促进生产力水平的提高,进而促进劳动者报酬增加。李政和李玉玲(2005)认为,在管理型经济模式下,面临着提高工资水平会增加失业率的政策困境,但在创业型经济模式下,可以通过促进创业活动突破这一困境,创业通过促进创新不断提高社会生产力水平,从而在创造大量就业岗位的同时实现工资水平的提升。

但也有研究发现,创业对就业的影响并不完全是促进作用,随着条件的变化,创业对就业的影响存在异质性效应。卢成镐(2012)对中国创业活动经济效应展开了深入实证研究,指出创业带动就业或减少失业是有条件的,创业率并非越高越好,过高的创业水平对经济发展有可能是不利的。辛胜阻、肖鼎光和洪群联(2008)指出,创业政策存在创业融资难、风险规避机制不健全、扶持机制低效和服务体系不完善等问题,导致创业活动难以有效开展和成功,从而扭曲了创业的带动就业效应。李长安和谢远涛(2012)用广义线性模型研究了经济增长与要素价格的变动对创业人数和创业带动就业人数的影响,发现不同行业的创业活动和创业带动就业的效应有所区别。其中,社会服务创业带动就业的效应最大,而建筑业创业带动就业的效应最小。

3. 创业对产业发展的影响

以科学技术为核心的科技创业企业具备技术优势和人才优势。一方面,科技创业企业通常具有一定的人力资本储备,具有较高的技术创新能力,能更有效地促进知识转化为经济有用知识,从而带动社会生产力水平的提升,一些成功的创业企业能不断地在市场上提供具有高附加值的产品,引领新兴产业发展。Baumol等(2007)指出,在企业家型资本主义中,创业者从事前沿性或突破性的创新并使之商业化,不仅改变了人类的生活方式和生活水平,也逐渐提高了生活劳动生产率。很多前沿性的创业引发了一个行业的诞生，并不断地派生出新的行业，从而推动产业发展和促进全国性的经济增长。刘文光（2012）认为科技创业能够实现科技成果的商业价值，通过整合各种资源并发挥其综合效能，从而促进整个产业结构的转型升级，进而推动区域经济向知识经济转变。科技创业对产业发展的影响主要体现在两个方面。第一，科技创业活动将持续创建新的科技企业，当科技企业数量达到一定规模以后，将会深层次地改变经济系统的产业构成，形成大量推动产业革新和蜕变的新兴企业；第二，科技创业将助力于促进创新知识穿透知识过滤转化为经济有用知识，推动技术创新成果商品化和产业化，改进传统产业的生产方式和提高其生产效率，促进产业结构的转型升级。倪星等（2020）利用广东省地级市2005—2016年面板数据研究创新创业与地区经济增长的关系，实证分析结果表明，创新创业水平的提高能促进地区非农产业的发展。方世建和桂玲（2009）研究指出，创业能够增加产业的多样化和高级化，随着创业活动的发展和新创企业数量增加，创新创业孕育了新的产业，如通信、网络购物和现代服务产业等，创业者也依靠所掌握的科技创新技术优势在产业演进中不断识别和捕捉创业机会，从而推动产业在动态演进中不断调整和发展。新创企业能够灵敏地捕捉到创业机会，能够灵活地适应甚至是创造市场需求，不断挖掘新的经济增长点，持续的高水平创业将不断加强经济发展的广度和深度。

另一方面，科技创业企业存在大量的高技术人才，可以吸引大量的资本进入，从而快速地将科技创新成果商业化和产业化，促进产业发展。张青（2009）认为无论是创办新企业，还是企业创业，都是市场新进入行为，都要凭借新产品和服务或现有产品进入新市场，或者把新产品和服务导入已有市场，创业者通过新技术生产更具有市场竞争优势的新产品或提供新服务，从而通过创造新市场获取经济利益。创业者的进入将会在市场上改变市场结构，形成新的要素组合，进而推动产业结构的演进。朱子婧等（2019）认为，创业活动和创业企业的发展将突破性地促进知识溢出和提高科技成果商业化效率，颠覆性地改变社会经济生产要素组合方式，改善经济发展的资源约束，推动产业结构不断向高层次演进。创业活动中以技术创新为基础的创业企业比例增加，会促进技术密集型产业发展，进而促进产业结构的转型和升级。创业不仅改变了产业的产值结构，还会进一步改善管理模式、组织形式和技术结构等，全方位地促进产业发展。

2.1.5 国内外研究现状及文献评述

上述文献梳理显示，早在 18 世纪已有学者关注创业现象。之后，学者相继对创业的主体、内涵、特征、影响因素和环境等展开了研究，但这些研究多是在管理学角度下进行研究的，在经济学领域，却一直没有重视创业与经济增长的关系。在主流经济学中集中关注两种经济增长源泉：一是要素（资本和劳动）投入；二是创新和技术进步（全要素生产率）。后续也有学者关注制度对经济增长的影响，并在经济增长分析框架中将制度因素内生化。20 世纪 80 年代，德鲁克提出"创业型经济"概念，并认为欧美国家的经济已由"管理型经济"转向"创业型经济"，创业已成为驱动经济的主要动力，随着市场经济的发展，创业对经济的驱动作用日益增强。自此，创业与经济增长的关系引起了经济学家的关注，并就此展开了丰富的研究，取得了诸多具有价值的研究成果。本章对国内外创业、科技创业的内涵、特征、影响因素以及与经济增长的关系等方面的研究文献做了比较系统的梳理，发现已有研究仍具有可改进之处。

第一，对科技创业的研究大多从管理学的角度开展。当前主流经济学对创业问题的重视程度不够，在经典经济学理论中，以企业自动进入或退出为前提条件，而忽视了企业的形成过程和其经济效应。管理学领域通常从创业者的特质、创业团队、创业企业管理、创业投资和影响创业因素等方面对创业问题展开研究，对创业的经济效应鲜有涉及，导致研究内容不够全面和深刻。企业作为经济系统中重要的生产主体和需求来源，其形成过程对经济具有重要影响。特别是以科学技术创新为内核的科技创业，在科技企业创建和发展过程中涉及技术创新知识的商业化、创新资源配置、就业岗位创造和产业发展等经济活动，是经济系统演化的重要推力，必定对地区经济发展产生重要影响。但当前对创业与经济增长的研究仍然不够，相关研究更多从规范性研究和计量检验来研究特定地区创业水平与经济增长的关系，在实证分析中变量选取的主观局限、研究方法的差异和研究主题侧重点有所不同，致使研究结论差异较大。同时，当前研究也缺乏从基础理论层面阐释科技创业作用于经济增长的效应和作用机制，导致对两者之间的关系的认识不够深入和全面，从而不能从理论层面把握两者之间的逻辑关系。因此，需要从经济学角度切入，在经典经济学理论中引入科技创业变量，进一步从理论高度分析科技创业与经济增长的关系。本书将基于新熊彼特经济增长理论，进一步在模型中纳入科技创业变量对模型进行拓展，推理出科技创业驱动经济增长的理论模型。

第二，对科技创业的衡量不够全面。在既有关于创业与经济关系的实证研究中，大多采用单一指标衡量地区科技创业水平，即通常采用自我雇佣比率、企业所有权比率、企业进入和退出比率、市场参与创业人数等指标来衡量地区的科技创业水平。但是，单一指标只能反映创业特征的某一方面，并不能准确衡量地区的综合创业水平。在创业或科技创业的内涵阐述文献中，学者更多倾向于将创业看作一个过程或者一个系统。因此，在研究中应该综合衡量地区的科技创业水平。单一指标的局限性导致一些实证分析文献的研究结论差异较大，或与现实经济发展实践不符，缺乏令人信服的研究结论，对现实经济现象缺乏解释力。与一般性创业相比，科技创业又具有独特性，其创新技术特性决定了科技创业在经济增长中将发挥独特作用。当前，专门研究科技创业驱动经济增长的文献资料较少，少量相关研究中也缺乏对科技创业水平的准确衡量。例如，杜尔玏（2019）在研究高新区科技创业与经济增长的机理关系中，采用高新区企业数量来衡量科技创业水平。也有学者在创新创业研究中，尝试构建指标体系来反映创新创业水平。例如，刘亮（2008）在企业家精神与区域经济增长关系研究中，从创新产出、创新潜力、创新投入、创业投入和创新与创业环境维度构建了创新创业的度量指标体系，较为全面地反映了地区的创新创业水平。科技创业与创新创业虽然在概念和内涵上有相似之处，但并不完全等同。因此，有必要进一步选择合适的研究方法准确衡量地区的科技创业水平，这将有助于获得正确的研究结论，也利于正确地认识科技创业与地区经济增长的关系。

第三，更多关注创业与经济增长规模的关系。20世纪80年代以后，经济学界开始重视创业与经济增长的关系，以Acs、Audretsch和Thurik等为代表的国外经济学家对创业与经济增长的关系展开了较为丰富的研究，构建了创业与经济发展的框架模型，提出了知识过滤等理论。国内经济学者李政、庄子银等也研究了中国创业与经济增长的关系。但文献梳理发现，既有的国内外相关研究更多关注的是创业与经济增长规模的关系，尚未系统地分析创业对经济增长效率的影响。经济效率研究是一个符合中国国情且具有重大理论意义和实践价值的问题。中国经济已经度过了以追求经济增长规模为首的阶段，进入了经济高质量发展阶段，在追求经济增长规模的同时也重视经济增长效率。特别是在创新驱动发展战略实施背景下，作为技术创新实体化的科技创业将承担着支撑经济高质量发展的重任。科技创业以技术创新为内核，这意味着科技创业不仅仅影响经济增长规模，对经济效率和社会生产力水平也将产生重要影响，科技创业将是经济增长效率提高和社会生产力水平提升的主要来源。只考察创业或者科技创业与经济增长规模的关系，可能会导致研究内容不够全面，也不够深入。因此，本书在研究科技创业驱动经济增长的效应及动机机制过程中，不仅仅深入研究科技创业驱动经济增长规模的效应和作用机制，也将研究科技创业驱动经济增长效率的效应和动力机制，力求全面厘清科技创业驱动经济增长的逻辑机理。

第四，异质性效应分析不够。经济增长是系统内各要素共同作用的结果，系统内每一个变量都会影响其他变量对最终产品产出的影响。同时，其作用于最终产品产出时也会受到其他变量的影响，即在经济系统内，影响经济产出的各个变量之间互为条件。因此，经济发展外部条件的变化会影响核心变量对经济增长的驱动效应，具体体现在经济发展条件非均质导致创业对经济增长影响具有异质性。在已有研究中，学者也分析了创业对经济增长的异质性效应。例如，有学者指出在不同经济发展水平下创业对经济增长的影响效应不同，也有研究显示在不同创业阶段，创业活动对经济增长的影响效应有所差异。国内学者也考虑了我国创业对经济增长的异质性，但在研究中基本上只考虑了创业在影响经济增长过程中的地区异质性。例如，齐玮娜和张耀辉（2014）按照创业活跃水平将中国30个省、自治区和直辖市的样本数据分为创业高度活跃区域、创业一般活跃区域和创业不活跃区域，并分别研究了不同样本组中创业对经济增长的影响；杜尔玏（2019）按照传统经济区划将中国样本数据划分为东部地区和中西部地区两个样本组，并分别研究和比较两个地区的科技创业作用于经济增长的效应。在文献梳理中发现，影响科技创业的一个重要因素是经济集聚。新经济地理学理论指出，创业者更倾向于选择在经济集聚程度高的地区创业，因为经济集聚程度高的地区具有创新、外部性和规模经济等优势，经济集聚区的产业集群也有利于降低创业的交易成本、加强信息共享和强化创业企业与前后关联产业的联系。但经济集聚程度进一步提升又会带来拥挤效应，这将不利于企业的发展。因此，仅仅按照经济区划分区域研究科技创业驱动经济增长的效应并不能全面反映科技创业驱动经济增长的异质性特征，需要进一步考察在不同科技创业水平下和不同经济集聚水平下科技创业作用于经济增长的效应和方向，进而比较全面地考察科技创业驱动经济增长的异质性特征。

第五，对科技创业与经济增长的关系研究不足。经典经济增长理论在研究经济增长问题时尚未重视科技创业的作用，少量相关文献中也更多地关注经济增长中创新创业发挥的作用，专门研究科技创业对经济规模和经济效率影响的文献仍旧稀缺。一些学者将创新创业作为一个整体，并探讨经济发展过程中创新创业所发挥的作用，且更加强调经济增长中创新维度的作用。虽然创新创业与科技创业的内涵有相似之处，但并不完全等同。当前，对科技创业与经济增长的关系研究的不足主要体现在三个方面：一是尚未准确地衡量地区科技创业水平；二是关于科技创业与经济增长的理论研究和实证研究都比较少；三是尚未比较系统地提出科技创业驱动经济增长的动力机制。前两点在文中已有所说明，此处不再赘述。关于科技创业驱动经济增长的动力机制，相关研究中着重强调科技创业通过创新效应动力机制驱动经济增长，显然并不能全面回答科技创业如何驱动经济增长这一核心问题。科技创业作为一个系统，需要劳动力、资本、技术创新、市场和制度等共同发力。因此，科技创业涉及经济系统的多个层面。杜尔玏（2019）提出了科技创业影响经济增长存在就业效应（就业规模）、创新效应（专利授权数）和结构优化效应（产业结构升级指数）三大机制，但尚不能全部解释科技创业对经济影响的作用路径。因此，仍需进一步通过理论分析和实证检验找出科技创业驱动经济增长的作用路径与动力机制，进一步拓展和深化经济增长研究。

2.2 科技创业与经济增长的理论梳理

2.2.1 创业理论

法国经济学家 Cantillon 早在 18 世纪就关注到了创业对社会发展的影响，1755 年，他在 *An Essay on Economic Theory* 中将"Entrepreneur"一词作为专业术语纳入经济学分析范畴，他认为由于面临着市场竞争和消费者偏好变化，创业是在不确定性中从事交易，存在着不确定性风险。相对应地，创业者是在不确定性中从事交易的人，是勇于在市场中寻找机会和承担风险的群体，同时也是资源的主要管理者。由于 Cantillon 在研究中更多关注的是创业者的谋生问题，与经典经济学主要探寻影响财富增长的因素有所差异，因此并未引起传统经济学家的重视。最早形成较为系统的创业理论的是 Jean Baptiste Say（1964），他阐述了企业家的重要性，进一步拓展了创业理论，提出创业获利与资本回报具有本质上的差别，认为创业过程是一系列独立的经济活动。但创业研究并未引起经济学界的重视，直到 20 世纪 80 年代以后，德鲁克（2018）提出了"创业型经济"这一概念，他认为中小企业已成为支撑美国经济持续增长的最主要支撑力量。他把创业界定为社会创新精神，这种精神是企业家区别于一般经营者的根本特征，由此创业引起了经济学界的关注，学者围绕创业与经济发展之间的关系展开了一系列研究。Stevenson 等（1994）从管理学角度阐述创业，将创业视为一种管理方法，该方法包括战略导向、资源获取、资源控制、机会捕捉、组织管理和薪资政策等六个方面内容。进入 20 世纪 80 年代，全球市场经济蓬勃发展，叠加经济全球化拓展了企业发展的空间范围，各行业新创企业呈几何倍数增长，创业对于经济增长的重要作用日益显现。创业引起了经济学、管理学、社会学等各个领域的关注，逐渐成为学科交叉研究领域。学者基于不同学科背景、不同层面、不同角度对创业机理、影响因素等进行了研究，这些研究可划分为"领导派""认知派""社会派""战略派""机会派""创新派""风险派""管理派"等八个学派。结合本书主题，本部分主要介绍"创新派"的学术观点。

2.2.2 熊彼特创业理论

熊彼特（1990）在其经典著作《经济发展理论》中将创新引入了经济增长研究

范畴，对经济发展理论和创业理论带来了颠覆性的革新。熊彼特把生产要素新组合的实现称为"企业"，创业者的职能就是实现生产要素新的组合，故在熊彼特创业理论中，赋予了创业者以创新的功能。因此，创业者或者企业家与传统的厂商经理、工业家或者资本家存在本质区别，只有当其真正实现了"生产要素新组合"时，才能被称为一个企业家。为此，"企业家"的称呼具有时效性，当创业者安定下来经营所创办的企业的时候，他就与一般经营者没有区别。此外，熊彼特也较早关注到科技创新与经济增长的关系，认为如果发明没有进行商业化，即没有得到实际的应用，那么发明对于经济增长的影响就是不起作用的，而企业家正是促进发明对经济起作用的关键。创业就是实现创新实体化的过程，创新就是创业的本质和手段。在熊彼特的创业理论中，更加强调在生产活动中的创新属性特征，创新不仅仅包括科学技术创新，也包括开拓新市场。因此，熊彼特认为创业是采用新的科学技术生产新的产品或改进原有生产方式的过程，也是开发原材料供应市场或开拓产品消费市场的行为。同时，熊彼特还专门强调创业不等同于发明，创业的目标是促进创新成果市场化和商品化，最终实现其市场价值。创业者的主要目的不在于发明和创造，而是推动发明和创造实现市场价值，进而转化为社会生产力。在熊彼特经济发展理论中，创业才是经济发展的源动力，创业活动打破原有的经济平衡，促使经济内在结构发生根本性变化，从而实现新一轮的经济增长和繁荣。经济发展的本质并不是数据的变化，而是质上的革新。创业会消灭旧的生产组合和企业，采用新的生产技术改变生产方式和开拓新的市场，从而推动经济偏离均衡，实现经济的增长。

2.2.3 新经济增长理论

在新古典经济增长理论中，研究了经济按照固定不变速度增长所需要的均衡条件，但假设技术进步率是固定的，即有效劳动是外生的。1980年以后，以著名经济学家Paul M. Romer和Robert E. Lucas等为代表的学者将技术进步内生化，提出了新的经济增长模型来解释经济增长问题，形成了新经济增长理论。新经济增长理论又可分为四个理论模型，分别是知识溢出理论、人力资本积累理论、产品多样化理论和产品质量升级理论。结合本书的研究主题，重点描述知识溢出理论、产品多样化理论和产品质量升级理论。

1. 知识溢出理论

美国经济学家 Romer（1986）在 *Increasing Returns and Long-Run Growth* 一文中，把知识作为内生变量引入经济增长研究范畴形成经济增长的知识溢出理论。在经济增长的知识溢出理论中，引入了新知识生产部门，认为经济增长仅由技术进步驱动，而技术进步是经济体的知识生产过程。知识生产具有典型的溢出效应和外部性特征，即研发部门所生产的新知识不仅仅会提高知识所属部门的生产效率，还会通过溢出效应对整个经济系统的生产力产生正向促进作用，同时，当前的知识积累会增强未来的知识生产能力。由于知识具有溢出效应，知识的生产和积累有助于提高社会整体收益率，因此，社会收益率比知识所属企业的收益率高。如果不存在外部力量（通常是政府部门）的介入改变这一状况，企业倾向于减少生产知识的投入，这并不利于经济体的社会和经济发展，知识生产投入的减少会直接导致经济的均衡增长率偏离社会最优经济增长率。正外部性和知识溢出效应赋予知识生产准公共物品属性，这就决定了要维持社会经济最优增长，就需要政府部门的干预。一是政府部门通过提供补贴或税收政策维持企业生产知识的积极性，给予进行知识生产的企业相应的补贴，同时也可以对享受知识溢出获利的生产部门课税；二是出台政策激励企业加大生产知识投入，吸引生产知识投入从物质生产部门流入知识研发生产部门，促进知识产生和溢出来提高社会经济增长率和社会福利水平。

2. 产品多样化理论

知识溢出理论是建立在完全竞争假设条件下的理论，其对现实经济增长缺乏解释力。Romer（1990）进一步对知识溢出理论进行了拓展，他认为技术进步来自专业化中间产品的种类增加，因为创新增加了消费的多样性或增加生产的专业化。产品多样化理论假设社会由知识生产部门、中间产品生产部门和最终消费品生产部门组成，知识生产部门负责生产新知识，中间产品生产部门投入劳动力和资本与新知识结合生产中间投入品，最终消费品生产部门投入劳动力、资本和中间投入品生产最终消费品。新知识的生产增加了中间产品生产部门的新知识投入，从而使中间产品部门生产的中间产品种类和数量增多，增加了经济主体的选择范围，中间产品又通过最终消费品生产部门使得整个社会生产增加。在产品多样化理论中，技术进步体现为产品的多样化，具体体现在生产和消费两个领域的产品种类的多元化。在罗默模型中，最终求解结果显示经济增长率与人力资本规模和人力资本生产效率成正比。因此，在一个经济体中，投入研发的人力资本越多，研发部门的生产效率越高，其经济增长速度越快。

3. 产品质量升级理论

与新古典经济学的总量分析、均衡分析不同，产品质量升级理论关注经济增长中的"创造性破坏"，即强调经济增长从量变到质变的分析，更加关注动态的非均衡。在经济市场中，创新产品的出现会取代旧的产品，而在产品多样化理论中并未考虑这一点。经济学者Philippe Aghion和Peter Howitt（1992）针对这一问题，提出了产品质量升级理论，这一理论又被称为新熊彼特经济增长理论。产品质量升级理论认为经济增长是由一系列产品质量改进带来的，新的产品生产技术必然会取代旧的产品生产技术，这体现了熊彼特"创造性破坏"思想。产品质量升级理论将劳动力分为一般劳动力和技术劳动力，技术劳动力可用于生产和研发中间产品，而一般劳动力只能用于生产最终产品。新技术会完全取代旧技术，而新技术的生产会获得未来市场租金，每一次创新都是旨在占据未来市场租金的创造活动。拥有新技术的中间产品生产者会成为中间产品的垄断者，直到下一次创新产生更先进的新技术，这种垄断才会消失。中间产品创新的结果会使最终产品生产阶段的生产率获得提高，推动社会生产力水平发展。在新熊彼特经济增长理论中，最终求解的平均经济增长率与创新规模和研发人员规模成正比。因此，在一个经济体中，投入研发的劳动力越多，创新频率越高，其经济增长速度越快。本书也将基于产品质量升级理论纳入科技创业变量对模型进行拓展，推导科技创业驱动经济增长的理论模型。

2.2.4 创业经济增长理论

在主流经济增长理论中，尚未将创业因素直接引入经典经济增长模型分析经济增长问题。经济学者Wennekers和Thurik等尝试构建模型来解释创业与经济增长的关系。Wennekers等（1999）首先提出了创业与经济增长的初步研究框架，认为创业活动产生于个人层次，由个人态度或动机、技能和精神禀赋所引发，但受到社会文化制度、商业环境和经济宏观形势影响。个体企业家将创业能力和抱负转化为新创企业。所有创业活动在市场上形成竞争，竞争的结果是企业优胜劣汰，市场呈现多样性和灵活性。同时，创业活动通过提高劳动生产率，竞争胜出的企业不断发展壮大，最终促进经济的增长。Thurik等（2002）在Wennekers所构建的模型基础上，进一步探讨创业与经济增长的关系，提出创业与经济绩效的模型框架（图2-1）。创业与经济绩效模型认为创业者创建企业以后，新企业进入市场后，新创企业将会影响社会的创新，进而促进企业绩效提升。新创企业进入市场也会引起市场经济的重构，如新创企业所带来的市场竞争会导致一些在位企业退出、蜕变或者通过再创业重塑市场优势。新创企业层面的变化将逐渐地产生累积效应，由量变到质变进而导致产业结构的演进。产业结构的变化将会促使部门、地区和国家经济层面的产业结构重构和经济系统调整。产业结构作为经济结构的重要体现，其调整将会带动经济系统内各经济主体、各行业和各经济部门等发生重构，会激发市场竞争，增加市场上产品多样性，从而提升市场上存活企业的经营绩效，进而带动宏观层面的经济发展和创业者层面的物质回报。产业结构调整和国家层面的经济发展会进一步对社会创业活动带来影响，促进更多的创业者从事创业活动。

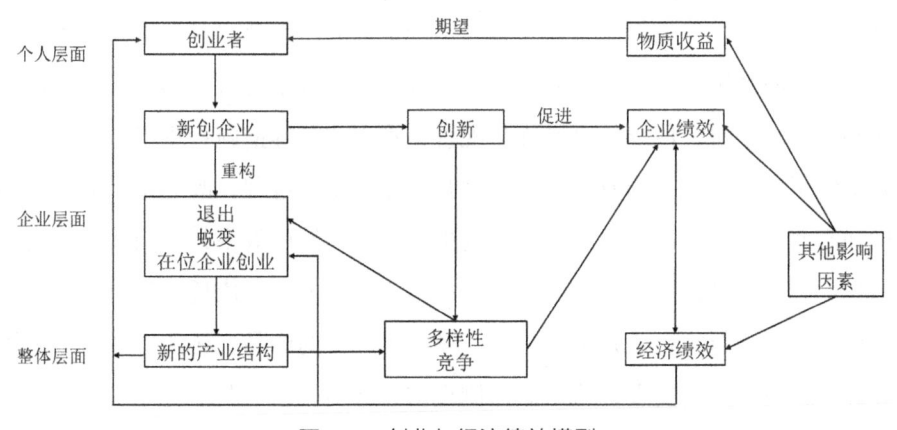

图2-1 创业与经济绩效模型

资料来源：Thurik R, Wennekers S, Uhlaner L. Entrepreneurship and economic performance: a macro perspective[J]. Scales Research Reports, 2002, 1(1): 25-65.

2.2.5 科技创业经济发展理论

随着经济发展进入新的发展阶段，经济系统内的联系机制和外部发展环境处于不断调整的过程中，经济、科技、产业、市场等方面已经发生了巨大的变化，经济的平衡状态一再被打破，传统的经济增长依赖于资源投入的相关学说面临着一系列的挑战。因此，需要新的理论学说（假说）来对创业经济时代的新现象、新规律进行解释。随着知识经济的深入发展和科技创新创业热潮的兴起，科技创业时代已经到来，科技创业逐步成为驱动经济发展的主要动力和实现经济发展提质增效的依托。由此，李湛（2013）认为科技创业源于技术创新，是技术创新的系统化和深化，新时期经济增长将主要依靠科技创业来驱动。科技创业在创新创业时代具有四个主要特征：一是科技创业的比例不断增加；二是科技创业提供的就业比重越来越大；三是科技创业的环境已经形成并不断完善；四是科技创业推动经济发展的作用非常明显。在科技创业逐渐成为常态的情况下，需要用科技创业经济发展理论来解释经济增长问题。李湛（2013）又进一步论述了科技创业经济发展理论的内涵、特征、机理与范畴，认为科技创业通过多种路径驱动经济增长。首先，科技创业将推进技术创新，带动创业风险投资的发展，在促进产业结构调整和促进经济发展等许多方面发挥着重要作用。其次，科技创业是创新过程中生产要素重新组合的过程，改变了原有的生产要素组合方式，促使新兴企业的比例增加。最后，科技创业有助于提高生产要素的使用效率。在生产技术不变的情况下，经济系统中生产要素使用效率的改进措施效果是有限的，当资源使用效率达到一定水平时，传统的要素优化配置、管理改革等措施将难以进一步提高生产要素使用效率。科技创业将科学技术知识注入生产过程，改变生产方式、资源结构和产业形态等，推动生产要素实现更高水平的使用效率，从而实现新的高质量增长。总而言之，在科技创业经济发展模式下，创业者依托科学技术优势捕捉创业机会，建立新的企业并生产具有市场竞争优势的产品，科技创业势必利用技术优势重新组合生产要素，从供需两侧重构经济结构，不断培育驱动经济增长的动力体系，从而提升社会生产力水平。从科技创业经济发展模式来看，基于科技创业驱动经济增长的模式是以技术资本化和要素重组为本质的经济形态，是一种

"创造性破坏"的经济增长模式。

2.3 本章小结

本章首先梳理了创业、科技创业的内涵、特征与影响因素；其次，进行了科技创业与新经济形态研究，对创业型经济的内涵、特点进行归纳总结；再次，对科技创业与经济增长的关系做了比较系统的综述；同时，探讨了创业对经济增长的作用方式；此外，对国内外科技创业的研究现状及文献评述做了阐述；最后，归纳和阐述了科技创业与经济增长的理论基础，为下文开展研究提供经典理论支撑。

创业是人类社会基本的经济活动之一，随着市场经济的发展，经济生产活动的专业化和复杂化程度逐渐加深，创业活动日益成为市场经济活力的源泉。进入20世纪90年代以后，对创业的研究逐渐活跃起来，并取得了丰富的研究成果。关于创业的内涵，主要分为两类。第一类将创业视为一种行为，创业活动是一个需要创业者识别并抓住创业机会，持续不断投入资金、技术和精力等的连续性过程；第二类更关注创业的价值创造，认为创业不仅仅是建立新企业，更是一个不断创造商业化价值的过程。针对创业的研究文献梳理结果，本书认为创业主要包含五个要素：创业者、创业动机、创业机会、资源配置和价值创造。

科技创业是创业的一种特殊形式，是伴随着科学技术进步而产生的一种创业活动。学者主要从科技创业者、科技创业过程和科技创业价值创造等角度来阐述科技创业的内涵，其内涵主要包括四个方面：科技创业主要是由科技人才开展的创业活动；科技创业是通过技术创新和资源分配建立新企业的过程；科技创业通过利用科技创新知识创造价值；将科技创业视为一个创新创业系统。

科技创业受到社会文化氛围、制度、信息和科技创业者个体特征等因素影响。与一般性创业相比，科技创业具有三个明显的特征：一是科技创业与科技创新相互依存；二是科技创业聚焦价值创造；三是科技创业是一种联合生产现象，科技创业需要多个领域的专业化人才组成的团队，以协同合作的方式朝着创业目标而努力。

本章借鉴已有研究的结论，并结合本书的研究特点，界定了科技创业的概念和内涵。

美国经济学家德鲁克最早提出"创业型经济"概念，之后，这一概念引起经济学者的关注。学者普遍认为创业型经济是一种由创业精神和高水平创业活动驱动的经济形态，创业型经济以知识和创业家精神为核心生产要素，以中小企业为经济基础，而科技创业有助于催生这种经济形态。创业型经济存在三大特征：第一，创业经济高级形态中包含着"经济生态系"；第二，围绕主导技术形成技术系统、企业簇群和新兴产业集群；第三，经济增长模式转变，经济发展由传统要素投入支撑转变为依靠创新和创业驱动的经济发展模式。

20世纪80年代以后，创业已成为支撑经济高速增长的主要动力。学者开始关注创业与经济的关系，相关研究结论可以归纳为两大方面：一是创业与经济增长存在线性关系；二是创业与经济增长存在非线性关系。学者也对创业对经济增长的具体作用方式开展了研究，如研究了创业对创新、就业和产业发展等的影响，并取得了丰硕的研究成果。但既有研究仍存在一定的局限性，主要表现为：一是对科技创业的研究大多从管理学的角度分析，而从经济学角度开展的研究仍然不够；二是对科技创业的衡量不够全面，相关研究中通常采用单一指标衡量科技创业水平；三是更多关注的是创业与经济增长规模的关系，缺乏创业与经济增长效率的研究；四是异质性特征分析不够，既有研究中主要探讨的是科技创业经济效应的地区异质性；五是对科技创业驱动经济增长的动力机制研究不足，更多关注创业影响经济增长的创新效应，对其他作用机制研究比较缺乏。这些也是本书拟开展研究的方向。

通过对经典经济增长理论的梳理，本章将基于新熊彼特经济增长理论和科技创业经济发展理论作为基础理论，研究科技创业驱动经济增长的效应及动力机制。同时，在具体问题研究中，本章还用到创业理论、熊彼特创新理论、知识溢出理论、产品多样化理论、产品质量升级理论和创业经济增长理论的研究方法、研究思路和理论观点，以支撑本书研究的开展。

第 3 章 科技创业驱动经济增长的理论模型与动力机制分析

随着知识经济的深入发展和科技创业热潮的兴起，纵观主要经济体的经济发展实践，科技创业企业正成为引领经济发展的主要引擎。科技创业将深刻地改变经济发展模式，实现生产要素的新组合，带动市场需求和技术创新，不断培育经济增长的动力源。根植于技术创新的科技创业，以更高的效率将技术创新转化为经济生产力，从而促进经济、社会、科技等各领域的变革。

在新经济增长理论中，假设生产的新知识可立即转化为经济知识，且知识会自动溢出，从而实现经济的内生增长，但这一基本假设难以解释现实经济发展中的"知识悖论"现象。例如，欧洲一些高研发投入国家的经济增长率不高，这与新经济增长理论的理论观点不符。因此，在知识经济时代，需要构建新的理论来阐述科技创业、创新与经济增长的逻辑关系。本章将基于新熊彼特经济增长理论模型，引入科技创业变量对模型进行拓展，以此分析科技创业与经济增长的关系。在理论研究基础上，本书结合文献梳理结果进一步提出科技创业通过创新效应（创新能力机制、知识过滤穿透机制和知识溢出机制）、产业结构效应（产业结构合理化机制、产业结构高级化机制和产业动态能力机制）和就业效应（就业规模机制、就业结构优化机制和劳动力资源优化配置机制）驱动经济增长，并提炼出相关的理论假说，为后文的计量研究奠定理论基础。

3.1 科技创业驱动经济增长的理论模型推理

科技创业是经济运行中的重要活动，是将技术创新知识转化为社会生产力的关键环节。一些前沿性的科技创业将深层次地改变经济发展方式和人们生活方式。

例如，在信息技术发展大背景下创建的谷歌、亚马逊、阿里巴巴等科技企业，已成为支撑经济发展和推动全球化的主要力量。那么，科技创业是如何驱动经济增长的？其对经济增长的驱动效应如何？这些都是值得深入探讨的问题。1992年，Aghion和Howit共同研究形成新熊彼特经济增长理论来解释创新对经济增长的作用。本章将在新熊彼特经济增长理论模型中纳入科技创业变量对其进行拓展，推理出科技创业驱动经济产出的理论模型，论述在市场机制作用下，科技创业作用于经济产出的效应。

假定在一系列的离散时期 t（$t=1, 2, \ldots$）。每一期都存在固定数量 L 的个体，这些个体构成总的劳动供给，且各个个体可提供一单位的劳动力。经济体中只有中间投入品、最终消费品和劳动力可在市场上交易。劳动力包含技术劳动力和非技术劳动力，其中，技术劳动力可用于研发知识和生产中间投入品，非技术劳动力仅能够投入生产最终消费品，两类劳动力的规模分别为 N、M。每个个体的生命是无限的，且具有固定的时间偏好率 r（$r>0$）。假设消费者的边际消费效用固定不变，那么，r 也可代表利率水平。

生产最终消费品的劳动力数量是固定的，最终消费品的生产函数遵循柯布—道格拉斯生产函数：

$$Y_t = (A_t M)^{1-\alpha} x_t^{\alpha} \tag{3.1}$$

其中，Y_t 是时期 t 消费品的产出，x_t 是时期 t 中间投入品的使用数量，A_t 是时期 t 中间投入品的生产率的参数。系数 α 介于 0 和 1 之间，非技术劳动力 M 都用于最终消费品生产。与新古典模型一样，$A_t M$ 为时期 t 的有效劳动供给。

中间投入品只能由技术劳动力生产，中间投入品生产与技术劳动力之间呈线性关系：

$$x = L \tag{3.2}$$

L 是中间部门投入生产的劳动力数量。

研发能促使一系列创新的产生。假设经济体的创新发生概率服从泊松分布，即创新发生率为 $\lambda\varphi(n)$。n 是用于研发的技术劳动力的数量，λ 是反映科研部门生产率的常数参数，φ 是一个规模报酬不变的凹函数，λ 和 φ 都是由研发部门技术水平给定的。当前的创新不受以前的研究状态影响，只决定于当期的研发投入，并且假设技术劳动力是研发的关键因素，即 $\varphi(0) = 0$。

时间是连续的,下标 $t(t=0,1,...)$ 表示从第 t 次开始创新到第 $t+1$ 次创新前的区间,创新区间的长度是随机的,每一个创新区间的价格和数量是不变的。如果在时期 t 投入 n_t 个技术劳动力用于研发,那么时期 t 的创新发生率就为 $\lambda\varphi(n_t)$。

每一次创新都会创造一种新的中间投入品,与原来的中间投入品相比,新的中间投入品所蕴含的生产力水平更高,使最终消费品的生产更有效率。例如,电力、计算机和互联网技术的产生,使全社会最终消费品的生产更有效率。

假设中间投入品的生产率 A 按照以下形式生成:

$$A_t = A_0 \gamma^t \quad t=0,1,... \tag{3.3}$$

其中,A_0 是最初期的中间投入品生产率,由最初历史条件决定,$\gamma>1$。

一个成功的创新者可以创新专利获得中间投入品的垄断,直到下次新的创新产生。新的创新将使垄断易位,当期的中间投入品将被下一次成功创新所取代。除了中间投入品市场是不完全竞争的,其他市场都是完全竞争。

1. 最终消费品生产商的决策问题

在研究过程中,除了中间投入品部门,其他市场都是完全竞争市场,既定创新专利排他性的使用权由中间投入品垄断者所拥有,垄断者按固定价格向最终消费品生产商提供所生产的中间投入品。为了简化研究问题,本书中不考虑价格歧视问题,也假设不存在复杂合同等情形。最终消费品由竞争性厂商使用非技术劳动力和中间投入品生产,把中间投入品价格看作给定的。竞争性厂商按照其边际成本来出售其最终消费品,并且在竞争市场上的经济利润为零。

在给定的中间投入品价格下,假设最终消费品生产商使用的非技术工人的数量和工资是不变的,最终消费品生产商追求成本最小化。令 $p(x)_t$ 为中间产品生产商对中间投入品收取的价格,则最终消费品生产商的成本最小化问题为:

$$\min p(x)_t x_t + w_m M \quad s.t. (A_t M)^{1-\alpha} x_t^{\alpha} = y \quad x_t \geq 0 \tag{3.4}$$

不考虑角点解的特殊情况,且每个条件 $x_t \geq 0$ 都不束紧的话,构造生产厂商的拉格朗日函数:

$$L(\lambda, x_t) = p(x)_t x_t + w_m M - \lambda((A_t M)^{1-\alpha} x_t^{\alpha} - y) \tag{3.5}$$

计算式(3.5)的最小值一阶条件,可得:

$$x_t = \frac{\alpha \lambda y}{p(x)_t} \quad (3.6)$$

式（3.6）表明，在既定产量 y 的条件下，中间投入品生产商面临着向下倾斜的投入品需求曲线。在均衡条件下，由于生产最终消费品的生产商面临的每种投入品的成本不变，并且生产函数规模不变，因此，边际成本就等于平均成本，其结果是最终消费品生产厂商的利润为零。

2. 中间投入品厂商的决策问题

当期的中间投入品由垄断厂商做决策，且前期的潜在竞争不会影响其当期的决策，此时，该垄断厂商追求的是预期收益的现值最大化。假设中间投入品垄断厂商每期的创新是给定的。

x_t 是时期 t 的中间投入品产量，由式（3.2）可知，x_t 也等于投入中间产品生产的技术劳动力数量。由于垄断厂商对商品具有定价权，且其均衡价格等于边际产品价值。因此，中间投入品的价格等于中间投入品投入在最终消费品部门的边际产品，按照最终消费品生产函数，这一边际产品等于：

$$p_t = Y_t' \quad (3.7)$$

对于中间投入品垄断厂商而言，给定 A_t，非技术劳动力数量 M 和用于生产中间投入品的技术劳动力的工资 w_t 情况下，将追求最大利润，中间投入品垄断厂商的利润函数为：

$$\max \left(Y_t' - w_t \right) x_t \quad (3.8)$$

对式（3.8）进行一阶求导并令其等于 0，可得：

$$w_t = Y_t'' x_t + Y_t' \quad (3.9)$$

令中间投入品厂商的利润为 π_t，那么，其在时期 t 的利润为：

$$\pi_t = -Y_t'' x_t^2 \quad (3.10)$$

由式（3.1）（3.7）（3.9）（3.10）可知：

$$p_t = \alpha (A_t M)^{1-\alpha} x_t^{\alpha-1} \quad (3.11)$$

$$w_t = \alpha^2 (A_t M)^{1-\alpha} x_t^{\alpha-1} \quad (3.12)$$

$$\pi_t = \alpha(1-\alpha)(A_t M)^{1-\alpha} x_t^\alpha \tag{3.13}$$

由式（3.11）和式（3.12）可得：

$$p_t = \frac{w_t}{\alpha} \tag{3.14}$$

由式（3.11）和式（3.14）计算可得：

$$x_t = (A_t M)\left(\frac{w_t}{\alpha^2}\right)^{1/(\alpha-1)} \tag{3.15}$$

根据以上推导可得，市场均衡时中间投入品的价格、技术劳动力的工资和中间投入品垄断厂商的利润都受到生产率参数和投入中间投入品生产的技术劳动力的数量影响，在技术劳动力数量给定的情况下，生产率参数的提高会增加垄断厂商的利润。因此，增加研发创新可以促进垄断厂商获得超额利润。中间投入品的生产受到生产率参数和技术劳动力工资水平影响，而劳动力市场属于完全竞争市场，当劳动力市场达到均衡时，技术劳动力的工资水平不变，劳动力均衡市场下中间投入品生产数量取决于生产率水平。因此，研发创新水平的提高有助于促进中间产品的供给规模。

3. 创新部门的决策问题

假设同期研发创新中不存在创新溢出效应，在 t 时期创新部门分别雇佣 n_t 名技术劳动力投入研发创新，时期 t 的研发创新的泊松实现率为 $\lambda\varphi(n_t)$。在完全竞争市场下，创新部门追求创新预期收益最大化，即：

$$\max \lambda\varphi(n)V_{t+1} - w_t^r n_t \tag{3.16}$$

其中，V_{t+1} 是第 $t+1$ 期创新的价值，w_t^r 是投入研发的技术劳动力的工资率，n_t 是第 t 期投入研发的技术劳动力。因为 φ 是规模报酬不变的，$\varphi(0)=0$，对其求一阶导可得 $\varphi'(n)>0$，求二阶导可得 $\varphi'(n)<0$。根据 Kuhn-Tucker 条件，要使式（3.16）在（0，N）内有最优解，w_t^r 必须满足如下一阶条件：

$$\lambda\varphi'(n_t)V_{t+1} = w_t^r \tag{3.17}$$

科研创新部门的科研套利条件为：

$$\lambda\varphi(n_{t+1})V_{t+1} = \pi_{t+1} - rV_{t+1} \tag{3.18}$$

由式（3.18）计算可得：

$$V_{t+1} = \frac{\pi_{t+1}}{r + \varphi(n_{t+1})} \tag{3.19}$$

上式可理解第 $t+1$ 期创新的价值，由于 r 固定不变，因此，创新价值由当期的利润和创新概率所决定。

4. 消费行为分析

假设经济个体的生命无限，r 为利率，ρ 为贴现率。经济个体的瞬时效用函数为对数函数。因此，代表性经济个体的终生效用函数可以表示为：

$$U = \int_{t=0}^{\infty} e^{-\rho t} \ln C_t dt, \ \rho > 0, \tag{3.20}$$

其中，C_t 是经济个体在时期 t 的消费。经济个体的消费受到预算约束，假设消费者除了劳动收入不存在其他财富和收入，那么消费者的终生消费的现值小于或等于终生劳动收入的现值。如果利率不变，那么其收入水平取决于劳动报酬，预算约束为：

$$\int_{t=0}^{\infty} e^{-rt} C_t dt \leq \int_{t=0}^{\infty} e^{-rt} w(t) dt \tag{3.21}$$

$w(t)$ 是时期 t 的工资，r 为利率，假设经济个体的消费路径相同，最终消费品的唯一用途是消费，产品市场均衡时有：

$$C_t L = Y_t \tag{3.22}$$

由式（3.21）可知，在劳动力市场均衡条件下，从事中间投入品生产的技术劳动力的工资与从事研发的技术劳动力的工资相等，否则在没有初始财富的情况下，工资不同引起预算约束不同将导致效用存在差别，从而会促使技术劳动力向更高的工资水平部门移动，直到工资水平相同。

5. 均衡分析

由上述分析可知，当经济处于均衡时，最终消费品生产部门的利润为零，中间投入品生产数量取决于生产率水平，创新价值由当期的利润和创新概率所决定，从事创新研发和从事中间投入品生产的技术劳动力的工资率相等。综合式（3.12）（3.13）（3.17）（3.19），通过运算可得：

第 3 章 科技创业驱动经济增长的理论模型与动力机制分析

$$\frac{\alpha^2(A_t M)^{1-\alpha}(N-n_t)^{\alpha-1}}{\lambda\varphi'(n_t)} = \frac{\alpha(1-\alpha)(A_{t+1}M)^{1-\alpha}(N-n_{t+1})^{\alpha}}{r+\lambda\varphi(n_{t+1})} \quad (3.23)$$

化解得：

$$\frac{\alpha(N-n_t)^{\alpha-1}}{\lambda\varphi'(n_t)} = \frac{(1-\alpha)(\gamma)^{1-\alpha}(N-n_{t+1})^{\alpha}}{r+\lambda\varphi(n_{t+1})} \quad (3.24)$$

令式（3.24）左边为函数 $f(n_t)$，$n_t \in (0,N)$，右边为函数 $h(n_{t+1})$，$n_{t+1} \in (0,N)$，分别对 $f(n_t)$ 和 $h(n_{t+1})$ 求一阶导，可得 $f'(n_t) > 0$，$h'(n_{t+1}) < 0$，说明在定义域内，$f(n_t)$ 是单调递增的，而 $h(n_{t+1})$ 是单调递减的。

假设式（3.24）的均衡解为 $\hat{n}$。因为 n_t 的取值本质上是经济系统对技术劳动力在中间投入品生产部门和创新研发部门的配置，所以，当 $f(0) > h(0)$ 时，研发部门的最优雇佣劳动力为 0，即 $\hat{n} = 0$，研发创新将停止增长。此时是不稳定的，因为 $\lambda\varphi(0) = 0$，最终消费品增加将取决于中间投入品，研发部门的边际创新产出将获得更大的收益。因此，创新研发部门有雇佣劳动力的激励，故 $f(0) < h(0)$，且必有 $\hat{n} > 0$ 均衡解，即：

$$\frac{\alpha(N)^{\alpha-1}}{\lambda\varphi'(0)} < \frac{(1-\alpha)(\gamma)^{1-\alpha}(N)^{\alpha}}{r} \quad (3.25)$$

研发部门的最优雇佣劳动力数量变化，如图 3-1 所示，均衡状态下研发创新部门存在投入研发创新的技术劳动力 $\hat{n}$，$0 < \hat{n} < N$。

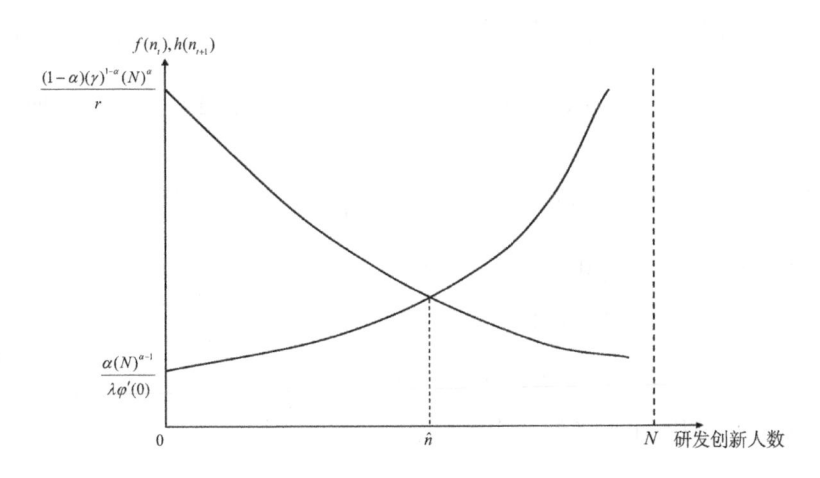

图 3-1 研发创新部门劳动力均衡图

将 $n_t = n_{t=1} = \hat{n}$ 带入式（3.25），化解得：

$$N - \hat{n} = \frac{\alpha(r + \lambda\varphi(\hat{n}))}{\lambda(1-\alpha)\varphi'(\hat{n})\gamma^{1-\alpha}} \quad (3.26)$$

式（3.26）左边即为均衡状态下，投入中间投入品生产的技术劳动力数量 $\hat{x}$，即：

$$\hat{x} = \frac{\alpha(r + \lambda\varphi(\hat{n}))}{\lambda(1-\alpha)\varphi'(\hat{n})\gamma^{1-\alpha}} \quad (3.27)$$

对最终产品生产函数两边同时取对数可得：

$$\ln Y_t = (1-\alpha)\ln A_t + (1-\alpha)\ln M + \alpha\ln x_t \quad (3.28)$$

在式（3.28）中，M 是不变的，对等式两边同时对时间取微分，因为变量取对数后的时间导数等于变量的增长率，故整理得经济增长率如下：

$$g_Y(t) = (1-\alpha)g_A(t) + \alpha g_x(t) \quad (3.29)$$

均衡状态下，$x_t = \hat{x}$ 不变，因此，$g_x = 0$，所以：

$$g_Y = (1-\alpha)g_A \quad (3.30)$$

由式（3.30）可知，均衡状态下经济增长率与生产率参数 A_t 的增长率成正比，因此，生产率参数 A_t 的增长率为：

$$g_A(t) = \frac{A_t - A_{t-1}}{A_{t-1}} \quad (3.31)$$

由此可知，因为研发创新是随机的，所以经济增长也是随机的。在每一期中，研发部门创新的概率服从泊松分布，创新的实现概率是 $\lambda\varphi(n_t)$，这将导致 $g_A(t) = \frac{\gamma A_{t-1} - A_{t-1}}{A_{t-1}} = \gamma - 1$；而研发部门创新失败的概率是 $1 - \lambda\varphi(n_t)$，研发失败意味着生产率参数不变，这将导致 $g_A(t) = \frac{A_{t-1} - A_{t-1}}{A_{t-1}} = 0$，得到了生产率参数增长率的概率分布。由上述分析可知，这一概率分布决定了 A 的取值，根据大数定律可得，生产率参数的增长率的均值计算如下：

$$g_A = E(g_A(t)) = \lambda\varphi(\hat{n})(\gamma - 1) \quad (3.32)$$

由此，可以算出经济的平均增长率：

$$g_Y = (1-\alpha)g_A = (1-\alpha)(\gamma - 1)\lambda\varphi(\hat{n}) \quad (3.33)$$

在经济平均增长率计算公式中，$(1-\alpha)$是有效劳动的产出弹性系数，$(\gamma-1)$是每一次创新带来的生产率增加比例，$\lambda\varphi(\hat{n})$是每一次创新的概率，同时也是长期的创新频率，即创新带来的生产率增加的比例。上述公式表明，长期来看，经济的平均成长率等于创新概率、每一次创新带来的生产率增加比例和有效劳动的产出弹性指数的乘积。

6. 科技创业驱动经济增长的分析

假设一个经济体市场上存在着一般企业和科技企业两种性质的企业，一般企业提供的产品和服务具有较大的同质性，且市场准入门槛很低，在市场上没有定价权。科技企业依靠技术知识优势对要素重组，能够提供具有市场竞争力和高附加值的差异产品，这赋予了科技企业垄断势力，在市场上具有一定的定价权。研发创新部门只存在科技企业内。经济体中企业总数为Q，一般企业数为Q_1，科技企业数为Q_2，$Q=Q_1+Q_2$，科技企业数占企业总数的比例为η，每一家科技企业雇佣相同数量s名技术劳动力投入研发创新。经济系统中研发创新的劳动力规模$n=\eta s Q$。当处于经济均衡状态时，$n=\hat{n}$，得：

$$\hat{n}=\eta s Q \quad (3.34)$$

由式（3.33）和（3.34）可得：

$$g_Y=(1-\alpha)(\gamma-1)\lambda\varphi(\eta s Q) \quad (3.35)$$

式（3.34）两边同时对η求一阶导，得$\dfrac{\partial g_Y}{\partial \eta}=(1-\alpha)(\gamma-1)sQ\lambda\varphi'(\eta s Q)$。因为$\alpha<1$，$\gamma>1$，$\varphi'(\cdot)>0$，所以，$\dfrac{\partial g_Y}{\partial \eta}=(1-\alpha)(\gamma-1)sQ\lambda\varphi'(\eta s Q)>0$，表明一个经济体中，科技企业的数量越多，该经济体的平均经济增长率越高。这也表明，地区的科技创业水平越高，其平均经济增长速度越快，科技创业能够显著地驱动地区经济增长，是经济发展的主要动力。

基于文献综述和理论模型推理结论，本节针对我国经济增长过程中科技创业所发挥的作用，试图研究我国科技创业作用于经济增长的效应，故提出以下理论假说。

假说1：科技创业能够驱动地区经济增长。

假说2：经济发展的外部条件差异使中国科技创业对经济增长的驱动效应存在异质性特征。

3.2 科技创业驱动经济增长的动力机制分析

由上一节模型推导可知，在新熊彼特经济增长理论模型基础上，纳入了科技创业变量，进一步推理证明科技创业对经济增长具有驱动作用。科技创业企业数量的增加，将会推动经济的平均增长率增加。科技创业成为技术创新生产化的组织化和资本化形式，助推技术创新跨越技术知识转化为社会生产力的鸿沟，提高社会经济生产能力，从而创造更大的经济价值。既然从理论层面已经论证科技创业有助于驱动经济增长，那么，下一步将打开科技创业驱动经济增长的"黑箱"，揭开科技创业驱动经济增长的作用机制，即回答科技创业如何驱动经济增长这一核心问题。

科技创业是一个动态过程，可以被视为一个系统，它不同于经典经济增长理论模型所描述的通过要素投入或是技术进步，就能实现经济的增长。由于具有系统属性的科技创业涉及经济系统内的就业、产业、技术进步、组织管理、资本市场等方方面面，各领域之间又存在着相互联系和相互作用的关系。因此，科技创业对经济增长的影响具有多元化、复杂化等特征。要挖掘科技创业的经济增长驱动效应"黑箱"背后的秘密，就不能只探讨科技创业与创新之间的单一机制，更不能忽略科技创业的系统属性和动态效应而仅仅基于科技创业企业去研究此问题。而是要基于科技创业与创新、就业、结构优化、资本市场等的角度切入，从多个领域考察科技创业影响经济增长的作用机制，从而发掘进入创新创业时代经济增长的内在动力和机制。

随着经济增长由要素驱动转向创新驱动，创新将成为支撑经济增长的主要引擎，特别是技术创新将内生地改变经济系统内的要素组合方式，提高生产效率，不断扩大经济增长的边界，突破经济增长的极限。科技创业依托技术创新内核形成新的组织形式与生产方式，带动市场资源的再配置，不断强化技术创新促进经济增长的动能，影响产业发展，从而带动就业市场的变革。从生产过程来看，科技创业作为一个动态过程，贯穿了生产、交换、分配和消费各环节，换言之，科技创业对经济增长的影响应是宽领域和深层次的。在综合梳理已有研究成果的基础上，结合第 2 章的理论基础和文献梳理内容，本节提出科技创业通过创新效应、产业结构效应和就业效应三大动力机制驱动经济增长，如图 3-2 所示。

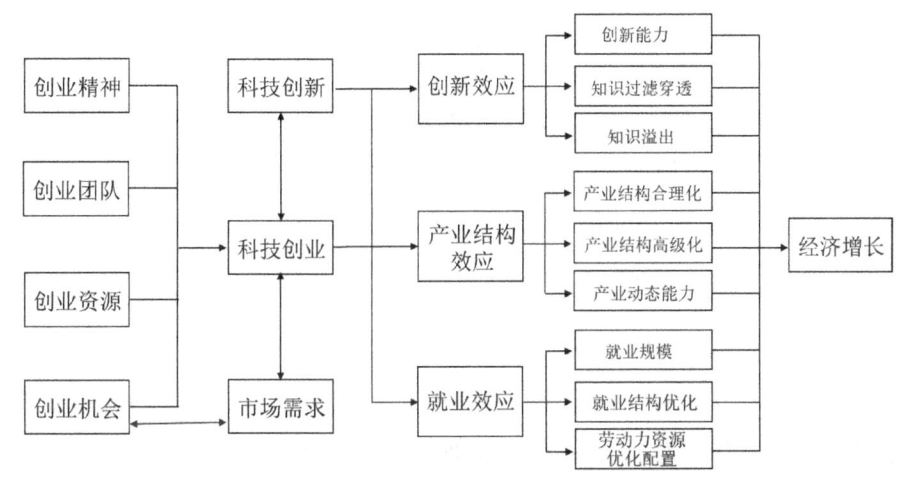

图 3-2 科技创业对经济增长的影响机制

3.2.1 科技创业驱动经济增长的创新效应

1. 促进创新能力提升驱动经济增长

科技创业是科学技术知识研发到科学技术实体化和产业化的连接过程。科技创业的内核是科学技术创新。科技创业创建的新企业是科学技术产业化的实体，也是技术生产的重要载体。当前，创新技术知识不仅仅由高校和科研院所生产，企业也已成为技术创新的重要主体，其中，科技创业企业扮演了重要角色。科技创业将整合创新资源并投入创新研发，创新成果商业化，最终实现创新成果的市场价值。与大企业相比，科技创业企业在颠覆性创新中具有优势。大企业由于具有生存压力，其创新属于可预见创新，更多是基于市场上消费者的需求，优先考虑产品的完善、提高产品的可靠性和使用的便利性，而不是更具想象力地创新突破。科技创业企业由于生存压力较小，创业者有无穷的动力进行创新，倾向于开展前沿性或颠覆性的创新并使之商业化。在经济发展过程中，大企业兼并科技创业企业层出不穷，通过兼并科技企业实现或维持市场上的垄断地位，足以证明科技创业企业的颠覆性创新能力。这些突破性创新不断改进和完善，不断派生出一些新兴产业,深刻地改变了人们的生活方式和经济发展模式。科技创业本身以技术创新为本,由高素质的创业团队构成,这些创业者的人力资本水平通常较高,他们既作为创业者,也作为技术创新研发者。因此,科技创业成立过程中,不断基于原有技术资源产业化和商业化,这个过程本身也是创新知识生产过程;在科技创业发展过程中,必须依靠技术创新维持企业的竞争优势;在科技创业企业经营过程中,初创企业的研发部门负责知识研发的创新。与科研院所的创新知识生产相比,企业内生产的创新知识与商业化之间隔阂更小,其商业化效率更高。因此,科技创业有利于创新知识的生产和创新能力的提高,进而促进经济实现内生增长。

2. 促进知识过滤穿透驱动经济增长

Arrow(1971)指出,企业所创造的新知识并不能全部产生经济效益,因为创新知识天生具有的不确定性、缄默性等属性决定了企业所创造的知识尚不能完全被用于经济生产,只有被商业化的知识才能产生经济效益。因此,Arrow将这些知识称为经济知识。在经济系统中,普遍存在社会经济知识小于所创造或者拥有的全部知识这一情况。由于普遍存在限制企业充分利用其知识的因素(机制、文化和制度等),在位企业存在知识利用效率较低的现象,阻碍了企业将所掌握的创新知识转化为经济有用知识。在企业创新过程中,新知识有效转化为经济有用知识之间普遍存在着由限制与障碍因素综合构成的半渗透过滤层,企业现有的能力、战略导向、组织文化、公司政策、路径依赖和知识转化机制等因素,都影响了在位企业的知识转化效率。Acs等(2003)将这种过滤层概念定义为"知识过滤"。知识过滤导致知识转化效率不高,而未被商业化的知识越多,则蕴含着越多的科技创业机会,就会激励在位企业员工通过人才流动的形式,依托未被商业化的知识创办科技企业。与在位企业相比,新创企业承担风险和不确定性的成本较低,他们更倾向于开发、应用和引进新技术创新知识,开发市场开拓型产品。并且新创企业不受路径依赖的约束,潜在市场进入者更倾向于以熊彼特"创造性破坏"方式与在位企业竞争和占领市场,以此来克服初创企业由于新进入和规模小所带来的"新进入者劣势"。因此,科技创业可以克服在位企业由于知识过滤导致的知识转化为经济有用知识的低效率,促进知识过滤穿透,从而提高技术创新知识的使用效率,促进科技创新知识转化为社会生产力，进而驱动经济增长。

3. 促进创新知识溢出驱动经济增长

在 Audretsch（2006）的知识溢出创业理论中，其假设前提是新知识所产生的不确定性和在位企业在不确定性下做出的决策行为。创新知识产生的不确定性特征使在位企业倾向于采取维持现状的决策，故在位企业不能完全利用所产生的新知识。一部分创新知识必须通过创业的方式得到应用。知识从生产新知识的组织中溢出，形成了内生的创业机会，促进了创业活动的开展，而创业活动也会促进创新知识溢出。新创知识具有高风险和隐性等特征，知识研发部门并不能够完全商业化和市场化所研发的新知识。通过在位企业的产业化并不能够完全推动新知识形成生产力，只有依托新知识形成新的组织，依靠新组织将新知识商业化实现其市场价值，才能最大化利用新知识。可以说，科技创业正是知识从研发部门或企业溢出的最有效途径，也是知识转化为生产力和创造市场价值的主要路径。科技创业不仅利用已产生的新技术创新知识，也会通过研发改进已有创新知识，甚至产生新的技术创新知识。成功的科技创业企业将产生正外部性，吸引人力、物力、财力、信息等生产要素聚集，带动关联产业发展，创造更多的市场机会，形成区域"连环创业者"创业，这有利于知识溢出，可以说知识溢出是科技创业活动的重要一环。科技创业带动知识从组织溢出，又会进一步增强社会的创新能力和创新意愿，通过科技创新知识溢出的乘数效应和加速效应实现更高的科技创新水平。科技创新知识溢出的乘数效应表现为，溢出的创新知识对社会科技创新的正向影响大于知识所属组织的正向影响，其创造的社会收益高于知识所属组织的个体收益。科技创新知识溢出的加速效应表现为，溢出的创新知识的广泛应用，将会引发社会收益的增加，而新创企业和在位企业会为了获得新的比较竞争优势而加大对技术创新研发的投入，从而促进整个社会的技术创新水平。溢出效应的存在有利于提高技术创新的社会收益。对获得溢出效应的企业而言，技术创新的溢出有助于降低创新所需的投资，提高技术创新能力，将创新转化为社会生产力和改进经济生产方式，从而生产出更加具有市场潜力和高附加值的产品。科技创业的技术溢出效应，一方面使技术创新知识的使用效率提高，另一方面提高了技术创新的社会收益效率。换言之，科技创业有助于促进科技创新知识从知识生产部门溢出，助推科技创新知识实体化和商业化，从而在市场上实现其经济价值，也增加了创新知识的社会收益。科技创业通过促进知识溢出，提高社会生产力水平，从而驱动经济增长。

基于文献综述和科技创业的动力机制分析，本节针对我国经济增长过程中科技创业所发挥的作用，试图构建科技创业驱动经济增长的逻辑机理，故提出以下理论假说。

假说 3：科技创业通过促进创新能力提升驱动经济增长。

假说 4：科技创业通过促进知识穿透过滤驱动经济增长。

假说 5：科技创业通过促进创新知识溢出驱动经济增长。

3.2.2 科技创业驱动经济增长的产业结构效应

1. 促进产业结构合理化驱动经济增长

产业结构合理化表现为各产业之间耦合质量提高和协调性增强，生产要素在产业间的配置更加优化和使用效率更高，产业结构更均衡和产业素质更高，具体表现为：供给结构和需求结构相互适应；三次产业以及产业内各部门之间发展相互协调；产业结构效应充分发挥。促进产业结构合理化的最终目的是形成更强的产业合力，提高产业间要素资源的配置效率和利用效率。

产业结构合理化能够通过产业之间的调整和互动，不断消除产业之间的不合理因素，产业之间合力孕育一种产业整体能力，这种整体能力有别于各产业能力的机械加总（苏东水，2002）。产业部门间的协调性增强将会强化产业的整体能力，形成更强的产业合力，从而促进产业结构不断合理化。因此，产业结构协调是产业结构合理化的核心内容，产业结构均衡是产业结构合理化的外在表现，但需要注意的是，产业结构合理不仅仅是指产业间的简单均衡，而是指产业间的互补关系，即产业间的相互转化能力和相互促进效能，产业结构形成更强大的聚合能量，实现产业结构整体效果的提升。

产业结构合理化具体包含三个层次内容。第一，产业素质合理化。产业素质非合理化表现为产业间存在技术水平和劳动生产率的较大差距，这种差距导致产业间存在较大摩擦。也就是说，如果产业间的技术水平和劳动生产率协调性越高，产业间的素质合理化程度就越高。第二，产业之间耦合关系合理化。产业之间并不是孤立存在的，而是存在相互依赖和相互影响的关系，产业之间共同组成相互依存的经济生产系统。耦合关系合理的产业之间存在着两个最主要的作用方式。一是相互服务，产业之间存在彼此支撑服务的关系，如农业生产为工业生产提供了原材料，反之，工业生产能为农业生产提供化肥、机械装备和先进生产技术等；二是相互促进，产业之间存在协同发展的关系，一个产业的发展能推动其他产业的发展，如一个产业结构合理的地区，其农业发展能为工业部门提供更多数量、更多种类和更高质量的原材料，有助于工业部门的发展，而工业部门的发展又能为农业部门提供更先进的机械设备，从而助推农业部门生产率的提高。第三，产业结构层次合理化。在一定的发展阶段，产业之间排列有序、主次分明和层次多样。

科技创业在产业结构合理化过程中发挥着重要作用。

科技创业能够消除产业间的不合理因素，促进产业结构自我调整和自我优化，改善产业之间的失衡状态。当产业之间存在素质、耦合关系和层次不合理的情况时，即产业结构合理化不足，表现为产业之间存在生产效率、边际收益不均衡等情况，对于生产效率低的部门和行业，反而存在边际收益递增的特征，即存在内生的科技创业机会。要促进产业素质提升、产业之间耦合关系强化和产业结构层次合理化，一方面，需要在位企业不断改革、创新和发展，采用新的生产方式、拓展新的生产业务和提高生产效率；另一方面，需要依托以技术知识为核心的科技创业，通过持续的科技创业活动推动产业结构合理化。与在位企业相比，科技创业在创新热情、路径依赖和创新成本等方面都具有比较优势，因此，其在推动产业结构合理化方面存在独特优势。在一个或几个行业中的一两个科技创业企业获得成功，将会吸引劳动力、企业家、其他的服务提供者和供货商，促进相关行业和部门竞争淘汰落后企业，通过知识溢出促进部门和行业革新和蜕变，带动生产要素在部门间流动配置，提高其使用效率，最终提高部门、产业之间的协调性。

科技创业打破产业之间的绝对均衡，需要推动产业结构动态调整，趋向更高水平的合理化。产业结构合理化并不等于产业之间的静态均衡化，产业结构合理化是处于动态调整过程中。科技创业推动产业动态均衡主要从两个方面发力。一是从需求侧发力，科技创业促进需求和需求结构的变化，从而促进产业结构调整。科技创业往往带动行业的变化和调整，创造就业和吸纳劳动力，既能提高消费者的消费能力和拓展消费市场，又能通过创业企业的生产和经营，带动和衍生出更多的新创企业，从而扩大需求规模和促进需求结构调整。科技创业往往以技术创新为依托，带动相关行业生产效率的提升，从而推动产业结构合理化。二是科技创业是供给侧改革的主要实现形式，从供给侧推动产业结构调整。科技创业以科学技术知识为基础投入资源建立新创科技企业，是科学技术创新知识资本化、产业化和实现市场价值的主要途径。科技创业成功的企业往往伴随着更高的生产效率，能为消费者提供更高质量或者新的产品或服务，带动上下游关联产业调整，形成产业内的"链式反应"，最终通过整体的高质量供给创造新的需求，实现产业间更高水平的动态均衡，促进产业结构趋向更高水平的产业结构合理化，从而驱动经济增长。

2. 促进产业结构高级化驱动经济增长

产业结构高级化是产业向更高层次结构形态演进的动态过程，是生产效率低的产业或低附加价值产业通过转型升级、结构调整和技术创新等实现产业整体效率和附加价值提高的过程。苏东水（2002）指出，产业结构高级化通常表现在以下方面。从三次产业划分来看，产业结构高级化是产业产值占比按照以第一、二、三产业为主的顺序发展；从产业对生产要素的依赖程度来看，产业结构高级化是产业向资本密集型产业和技术（知识）密集型产业发展的过程。

在经济全球化背景下，产业结构高级化是需求结构、供给结构、国际贸易结构和国际投资结构共同作用的结果，而这四种因素共同对产业结构起作用的内核则是创新，即创新是推动产业结构高级化的源动力。科技创业是创新的实体化形式，将推动创新转化为经济生产能力。众多的科技创业者是推动产业化创新的主要引导者群体，要将科技创新作为企业发展的核心动能（洪银兴，2019）。新创科技型企业也是创新最活跃的载体，平均每个新创企业雇员的创新比老企业要多得多（Acs 和 Audretsch，1988）。因此，无论是从促进创新角度还是从产业发展角度来看，科技创业都将对产业结构升级产生直接影响。

创业者选择开展科技创业是因为其认为所掌握的技术知识能生产新产品或者

改善原产品，这有助于新创企业在一定时期内在市场上处于垄断地位，从而获得经济租金。科技创业以创新为依托，当科技创业在市场上提供新产品或者改善原产品时，所提供的产品如果被市场接受，具有较大的需求弹性，在科技创业发挥带动作用推动相关行业变革时，就会吸引生产要素流入相关部门或行业。同时，一些基于前沿技术创新的科技创业将会共同改善社会生活水平，其程度超过人类的想象力，如汽车的发明和使用，直接改变了人类的出行方式。围绕一个前沿技术创建的科技企业，将会在其周围引发一个行业的诞生。科技创业企业提供的创新产品成为其他产品或技术赖以出现的平台，或是帮助创造和支撑很多"辐射品"的"中心"。例如，微软公司所提供的计算机操作系统，成为计算机发展和各种软件所依赖的平台；特斯拉和比亚迪等新能源汽车公司所提供的新能源汽车成为各种零部件生产厂商的中心。最终，通过促进创新和带动派生产业发展，推动产业向更高水平演进。

科技创业具有倍增效应，市场上成功的科技创业活动将产生正外部性，创新技术的溢出效应将创造更多的市场机会，从而带动其他创业者的集聚和创业，具有颠覆性科学技术优势的科技创业企业就会带动新兴产业的产生和发展。以科技创业企业为基点，将会吸引模仿者以增量式创新为基础创业。科技创业企业将会创造潜在的巨大需求和更高质量供给，这将吸引上下游关联产业的创业者进行创业，形成"连环创业者创业"，进而吸引要素、创业者和资本等的流入、汇聚，不断提升、延长和优化集群产业链，形成创业企业集群。以科学技术创新为依托的科技创业通常具有边际收益递增的特征，其所属的产业将获得更高的平均收益，高收益特征将吸引生产要素的流入，最终形成更强的产业结构升级驱动力，进而驱动产业结构高级化。产业结构高级化又促进了社会生产率提高，从而促进全国性的经济增长。

3. 强化产业动态能力驱动经济增长

产业结构演进不仅是经济发展的结果，产业结构也是经济发展的原因，以产业结构为主的结构动力是支撑经济增长的重要引擎。在经济发展过程中，产业结构总是处于动态调整过程中，且具有一定的发展规律。经济系统与生物系统类似，是一个不断演化的系统。与具有生命现象的有机体一样，产业也经历了孕育、出生、成长、成熟、衰老直至死亡的发展历程,即产业具有自身的生命周期(Michael 和 Steven,1982)。通常,学术界将产业的生命周期划分为导入期、成长期、成熟期和衰退期四个阶段。在导入期,产业所包含的企业数量少,产值比重低。当进入成长期时,企业数量快速增长,产业的产值规模和占经济总产出的比值也迅速增长。当进入成熟期时,市场需求和容量趋于稳定,企业数量和产业产值相对稳定。最终进入衰退期,技术相对落后且缺乏创新能力,市场需求萎缩和产出不断减小,产业产值占比不断降低。产业的生命周期并不是固定的,它与产业的竞争优势有关,如果产业能够长期维持较强的动态能力,就能避免产业进入成熟期和衰退期。产业的动态能力包括产业内部资源整合能力、产业整体结构更新能力以及产业创新扩散能力(陈思洁、宋华,2017)。产业生命周期是一系列产品生命周期的曲线的包络线(张会恒,2004),如图3-3所示。而产业演进中,无论产品是规模扩大、质量改进和多样化,还是动态能力提升的资源整合、结构更新和创新扩散,都离不开企业。因此,企业是产业动态能力提升的关键,而科技创业更是产业提升动态能力和延长产业生命周期的最关键环节。

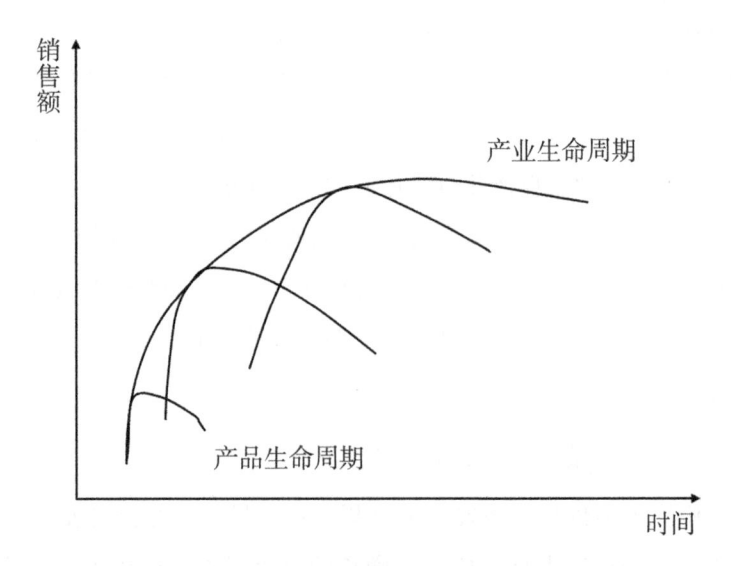

图 3-3 产业生命周期和产品生命周期关系

资料来源:张会恒.论产业生命周期理论[J].财贸研究,2004,(06):7-11.

科技创业提升产业动态能力体现在两个方面。一是科技创业通过提升产业动态能力，延长了产业的生命周期。通常，在位企业的创新只是增量上的创新，即对产品质量、性能和使用便利性的改进。受到颠覆性创新的不确定性及风险、创新成本和路径依赖等因素的影响，在位企业的突破性创新有限，导致其增量创新对产业生命周期的延长效应有限。而科技创业通常以实验室原始技术创新为核心，推进原始创新技术产品化和产业化，通常能够形成具有竞争力的新产品，促进产业自我革新和优化，进而强化产业的动态能力。二是科技创业提升了整体产业的动态能力，不断催生新兴产业和引领产业蜕变。"新技术→科技创业→新兴产业"成为产业变革的常见模式。进入创新经济时代，涌现越来越多的新兴产业，新兴产业正是由技术革新推动科技创业的产物。与传统产业相比，新兴产业的演进是一个长期而复杂的过程，具有高度的不确定性。新兴产业往往生产出科技含量高的产品，其对技术和创新的要求普遍较高。因此，新兴产业的进入门槛也普遍较高，只有具备一定的技术优势和人才优势的企业，才能进入新兴产业。在传统产业中，往往认为先进入者在产品生产中具有领导地位、市场占有和购买者的转换成本等优势，以至于后进入者处于竞争劣势地位。但在新兴产业中，技术创新是影响企业竞争优势的最关键因素。在技术更新快速的新兴产业中，在位企业面临极高的投资风险，与新创企业相比并没有优势，甚至处于劣势。新兴产业的技术创新快速特征和复杂产品特征，决定了科创企业是新兴产业结构演进的最主要推动力。持续的科技创业活动保障了产业长期保持动态能力，不断推动产业向更高水平演进，形成以点（科技创业企业）带面（产业）的经济发展模式，最终驱动整体经济快速增长。

根据上文对科技创业驱动经济增长过程中的产业结构效应进行分析，本节提出如下理论假说。

假说6：科技创业通过促进产业结构合理化驱动经济增长。

假说7：科技创业通过促进产业结构高级化驱动经济增长。

假说8：科技创业通过强化产业动态能力驱动经济增长。

3.2.3 科技创业驱动经济增长的就业效应

1. 科技创业带动就业规模扩大驱动经济增长

只要劳动力还是经济生产的投入要素，就业问题就会一直是经济发展需要重点考虑的问题。就业问题不仅关乎经济增长，也是影响社会稳定的主要因素。在市场经济中，存在雇佣就业和创业就业两种就业基本形式。从经济发展内在逻辑关系来看，创业就业是雇佣就业的前提和基础，没有创业就业所创造的企业，就没有雇佣就业所依赖的提供就业岗位的载体。与雇佣就业相比，创业就业带动就业具有倍增效应，突破了雇佣就业"一人一岗"的传统就业模式，形成"一人创业带动多人就业"的"链式"就业模式。因此，通过创业带动就业是解决就业问题的最有效方案。早在1985年，彼得·德鲁克（2002）就已注意到创业对美国经济增长的影响，并提出"创业型经济"这一概念，他认为创业已成为美国经济发展的主要动力，并提供了美国绝大部分的就业岗位。从我国经济发展情况来看，中小企业已成为经济发展的基本支撑面，占企业总数99%的中小企业创造了80%的全国城镇就业岗位（严卫中，2011）。就我国经济发展实践来看，1978年，我国就业人员数量为4.02亿人，到2019年这一数据为7.75亿人，增加了3.73亿人，如此庞大的就业规模的增加，仅仅依靠在位企业规模扩大吸纳就业是无法完成的，正是在各个经济发展阶段不断涌现的创业企业，创造了大量的就业机会，为迅速增加的劳动适龄人口提供了就业岗位。

有学者提出创业可能对就业没有影响，甚至认为创业对就业具有挤出效应。但从世界经济发展进程来看，自第一次科技革命以来，技术进步不断推动着新企业建立和旧企业淘汰，产业处于动态演进过程中，曾经的主导产业也不断衰落，在企业和产业兴起、成长和衰退的动态演进过程中，叠加人口快速增长，但世界各国并未遭受失业率大幅度增加的困境。相反，以科技创业为代表的创业活动不断创造新的就业岗位和就业形式，推动人类经济的螺旋式上升。以技术创新为核心的科技创业企业，直接或间接地创造了大量的就业。首先，在市场需求的拉动和技术创新的推动下，社会经济的不断发展激发出社会潜在新需求，这种新需求蕴含着潜在的科技创业机会，促使生产新产品和提供新服务的科技创业企业逐渐产生和发展起来，新创企业的生产活动必定需要雇佣一定数量的劳动力投入生产和参与管理。其次，科技创业企业是基于科学技术优势而建立的新企业，能够生产高附加价值产品并提供生产性服务，具备市场竞争优势，即创造了新需求。这种新需求一方面为现有企业创造了扩大生产规模的机会，另一方面又蕴含着新的创业机会，吸引潜在创业者进入创建新企业，无论是扩大现有企业的生产规模还是吸引新的创业，都会创造出新的就业岗位。最后，科技创业是一种具有正外部性的经济活动，科技创业的带动作用、创新溢出效应和创新扩散作用，都对其他创业企业或者现有企业产生影响，有助于通过学习效应、模仿效应和竞争效应等提高产业的整体生产率水平，促进产业发展，从而推动经济增长，而经济增长将会扩大经济活动的边界，创造出更多的就业岗位。例如，阿里巴巴的建立，不仅创造了大量的网络购物相关就业机会，同时也带动了快递产业的发展，间接创造了大量的快递行业就业机会。因此，科技创业会直接或间接地以一定的乘数创造远大于1的就业机会，成为就业扩大和促进经济增长的重要力量。通过创业带动就业增加就业规模，进而驱动经济增长。

2. 促进就业结构优化驱动经济增长

科技创业对就业的影响不仅仅是创造更多的就业需求，更重要的是创造了高质量的就业需求，直接或间接地促进了就业结构优化。以技术创新为依托的科技创业将技术创新应用于生产领域，在企业建立和发展过程中，需要配备新的生产设施、机器设备以及高素质劳动力，从创业、生产到扩大规模全过程，科技创业都能创造新的就业机会。与传统创业相比，科技创业企业往往需要受教育程度高的人才或技能型人才。因此，科技创业创造了大规模的高质量的就业需求。在创业资本市场快速扩张的背景下，创业资本推动了大量的新兴高技术企业建立和发展，科技创业企业创建之初通常只雇佣少量的高技术人员从事研究与开发活动，随着初创企业度过导入期进入成长期，逐渐需要大量研发、制造、管理、销售和其他专业人才，进而创造大量的高质量就业机会，推动就业结构升级。根据美国风险投资协会（NVCA）的统计数据，创业资本扶持的初创企业在第一个营业年度里平均创造了21个就业岗位，到第八个营业年度平均创造184个就业岗位，创造就业增长速度远高于一般性创业，科技创业带动就业具有明显的倍增效应。

同时，科技创业企业将创造新需求，且也有可能成为产业"中心"或其他企业产品的"平台"，这两种情况下都会促进相关企业投入生产和促进潜在创业者进行创业，从而发挥科技创业创造就业的乘数效应，直接或间接地创造更多的高质量就业岗位。

同时，科技创业将有助于淘汰一些旧岗位。科技创业依托技术创新组建新的生产组织，将技术创新应用于生产领域，依靠所掌握的技术创新优势，科技创业企业通常能够在市场上提供新的产品或服务，或者以更低的成本或更高的质量提供既有产品或服务。因此，掌握新技术的科技创业企业与原有生产相似产品或提供相似服务的企业相比，具有高生产效率优势。在市场机制作用下，具有竞争优势的科技创业企业将会使原有生产效率较低或产品与服务不具有竞争优势、不适应消费者新需求的企业萎缩或淘汰，即减少甚至淘汰生产效率较低的就业岗位。例如，机器设备的投入使用，减少了劳动密集型产业对就业的需求。科技创业往往具有较高的生产效率和高收入等特征，这会吸引生产要素的流入，促进以科技创业企业为代表的生产效率高的部门或行业发展，进而创造更多的高质量就业机会。因此，科技创业通过"高质量就业创造"效应和"低效率就业岗位淘汰"效应促进就业结构优化，有助于发挥高质量人才的人力资本优势，从而推动经济持续增长。

3. 促进劳动力资源优化配置驱动经济增长

劳动力要素是社会经济发展的基础。劳动力既是生产端投入要素，又是需求端商品和服务的需求者，更是经济系统循环的最重要主体。特别是高素质劳动力作为技术和知识的生产者和载体，是推动经济增长由外生向内生转变的关键因素。经济增长理论将劳动力作为关键变量纳入经济增长分析范畴，凸显出劳动力资源对经济增长的重要作用。在新经济增长理论中，特别是从舒尔茨在经济增长分析中引入人力资本概念以来，资本化的劳动力始终被视为经济增长的重要源泉。因此，不仅仅是劳动力数量的增长和质量的提高影响着经济增长的规模和速度，劳动力的就业结构和优化配置也对经济增长的速度和效率产生重要影响。同时，创业活动也会影响劳动力要素的流动，特别是以技术创新为依托的科技创业对提升高素质劳动力配置效率和使用效率具有深远影响。

科技创业对劳动力优化配置的影响主要体现在三个方面。

一是科技创业为劳动力流动提供了动力，促进了劳动力跨地区、跨部门和跨行业等配置。二元经济结构理论认为工业部门和农业部门的边际收益之差将会驱动劳动力由农业部门流向工业部门（Lewis，1954），部门间的劳动力流动将导致劳动力资源的再配置。Samuelson（1941）的均衡价格理论指出，生产要素及商品的市场价格是要素流动的决定因素，在市场价格机制作用下，生产要素通常流向价格相对高的部门或地区，直到区域或部门间形成平衡的生产要素价格。由此来看，无论是生产要素的边际收益率，还是生产要素的相对价格，都会引起劳动力在地区或部门间的流动和配置。经济学者专门研究了劳动力流动问题，将劳动力流出地区或部门的影响因素归纳为"推力"因素，将劳动力流入地区或部门的影响因素归纳为"拉力"因素，通常包括：工资率、就业机会、公共服务和制度政策等。科技创业企业的生产效率通常较高，一个成功的科技创业企业会吸引资本、技术、企业家等要素流入和集聚，最终形成创业集群，不断孕育新兴产业和推动经济高速增长。以创新为内核的科技创业突破了传统创业边际收益递减约束，因此，就业人员通常具有相对较高的报酬率，劳动生产率的提高和工资水平差距的扩大不断吸引劳动力从低生产率和低工资水平部门、行业或地区向高生产率和高工资水平部门、行业或地区流动。从中国经济实践经验来看，改革开放以后，我国劳动力呈现出从农业向非农产业流动、从农村向城市流动和从中西部向东西部沿海地区流动的大趋势。2020年流动人口规模高达3.76亿人[①]，与2010年相比，流动人口规模增加了70%。劳动力流动本身也是一种资源配置形式，劳动力流动配置效率的提高是中国经济高速发展的重要动力。

二是科技创业为高素质劳动力提供了更多的就业选择。从经济发展历史来看，一个国家或地区的科技创业活动越活跃，这个国家或地区的生产要素组合就越丰富，提供生产要素的就业行为就越多样化，劳动力也越容易寻找到匹配的工作。在技术创新推动和市场需求的拉动下，叠加创业资本市场的蓬勃发展，科技创业成为常态化，不断激发社会的潜在需求。这种潜在需求为以创新为内核的新供给提供了强大的市场拉力和发展空间。在众多因素综合作用下，生产新产品或提供

---

① 《第七次全国人口普查公报》，国家统计局网站（http://www.stats.gov.cn/tjsj/tjgb/rkpcgb/qgrkpcgb/202106/t20210628_1818826.html）。

新服务的科技创业企业蓬勃发展。随着经济的发展,特别是进入经济发展新时期,消费需求不断升级,消费领域不断扩大,消费内容日益多样化,消费结构逐渐多元化,消费行为更加个性化。同时,技术进步拓展了生产的可能性边界。在一定条件下,新的供给力量(创业企业)适应和满足市场需求变动的新趋势,甚至会创造新需求。多层次的需求结构为科技创业创造了大量的创业机会。市场需求与技术供给共同推动生产产品和服务呈现多样化和复杂化的特征。同时,企业不仅仅满足于需求,技术创新通过科技创业主动创造需求,这就势必导致新产品、新服务和新的行业不断涌现,而在这个过程中,很多都是由科技创业引发和完成的。一方面,科技创业企业创造了一定规模的就业岗位;另一方面,科技创业企业通过创造新需求、创新溢出和带动效应等路径,直接或间接地产生更大规模的就业机会,为劳动力提供更多的就业选择。如果劳动力的人力资本水平与就业岗位不匹配,就会造成劳动力资源的错配,劳动力资源错配与失衡会扭曲经济增长(袁志刚,2011)。而科技创业创造的新需求与引致新需求将会提供更多的就业选择,是劳动力优化配置的前提和基础,有助于市场上的劳动力搜寻到适配的就业岗位,进而提高劳动力的使用效率,最大化地发挥劳动力的生产效能,从而提升经济增长的速度和效率。

三是科技创业提升就业结构与产业结构的适配性。在传统经济理论分析中,更多认为劳动、资本(包括物质资本和人力资本)等生产要素投入和技术进步会影响产出增长,而忽视了结构因素对经济增长的影响。在经济系统中,生产率非均质化导致了生产要素在部门间、行业间和地区间的流动,因此,结构因素成为影响经济增长的关键变量。进入经济高质量发展阶段,向结构要动力成为培育经济增长动力的重要途径。

社会分工的不断深化、细化,使各行各业的科技创业更加活跃。以技术创新为核心的科技创业,将会推动生产率较高的企业产生和发展,通过竞争淘汰生产率低的企业和激励在位企业加大创新投入提高生产效率,科技创业的波及效应进一步带动其他创业企业发展,形成创业集群,最终催生出生产效率较高的新兴产业,并成为吸纳高素质劳动力的主要产业。因此,科技创业能进一步提高产业结构与就业结构的适配性,进一步提升经济增长效率,从而驱动经济高质量发展。

根据上文对科技创业驱动经济增长过程中的就业效应分析，本节提出如下理论假说。

假说 9：科技创业通过带动就业规模扩大驱动经济增长。

假说 10：科技创业通过促进就业结构优化驱动经济增长。

假说 11：科技创业通过促进劳动力资源优化配置驱动经济增长。

3.3 本章小结

本章主要利用理论模型来阐释科技创业驱动经济增长的效应和动力机制，从理论层面构建科技创业驱动经济增长的逻辑链条，从而基于经典理论的学术观点、研究方法和分析框架回答科技创业是否会驱动经济增长；如果驱动作用存在，那么驱动效应如何；以及通过什么样的动力机制驱动等重要问题，为后续的实证分析奠定理论基础。

首先，基于新熊彼特经济增长理论模型，结合本书的研究内容，引入科技创业变量对模型进行拓展，构建科技创业驱动经济增长的理论模型，用来分析在市场机制作用下科技创业驱动经济增长的逻辑机理。模型推理结果显示，在市场均衡条件下，假设其他变量不变，经济体的科技创业越活跃，其经济增长速度越快，科技创业对经济增长具有显著的促进作用。

其次，基于文献综述内容、模型推理结论和对中国经济实践的思考，本章凝练出科技创业的经济增长驱动效应主要表现为创新效应、产业结构效应和就业效应。根据科技创业影响经济增长的三大效应，提出科技创业通过创新能力机制、知识过滤穿透机制、知识溢出机制、产业结构合理化机制、产业结构高级化机制、产业动态能力机制、就业规模机制、就业结构优化机制、劳动力资源优化配置机制等 9 个动力机制作用于经济增长。

最后，基于理论研究结论和动力机制分析结果，提出本书的 11 个研究理论假说。

第4章　中国科技创业的度量及分布特征

当前，针对科技创业驱动经济增长的研究较少，少量相关研究多聚焦于创业对就业和GDP规模的影响。梳理文献发现，在研究创业问题过程中，学者们采用了不同指标来表征创业水平，常见的方法有两种。第一，从创业的组织角度寻找测度指标。通常选择区域内初创企业占企业总数的比值来衡量地区的创业水平（Acs和Armington，2004；Audretsch，2014）。第二，从创业者视角寻找测度指标。例如，全球创业观察（GEM）将三年以内的新投资者或经商者（年龄大于16岁而小于64岁）作为整体创业活动率，用该指标表征地区的创业水平，并基于该指标对全球创业活动展开研究，取得了丰硕的研究成果。

一些研究者从劳动力的雇佣关系出发，将劳动力自我雇佣视为创业行为，因此选择自我雇佣率来表征地区的创业水平（Vial和Hanoteau，2015）。还有一些研究者在研究中选择企业数量与总就业规模的比值来表征地区的创业水平，并采用该指标展开了一系列的实证研究（Thurik等，2008）。在既有研究中，专门研究科技创业的文献很少，在科技创业测度指标上尚未达成广泛共识。少量相关研究也倾向于采用企业数的规模或比值来测度地区的科技创业水平，但这只能反映科技创业的某一方面。

由于科技创业水平是创业环境、创业本身、产业水平、政策等多方面综合性的经济现象，所以仅选取新企业数量来衡量地区科技创业水平并不能够准确反映区域科技创业水平。本章拟解决已有研究的缺陷，力求更系统和更全面地衡量地区科技创业水平。首先，基于逻辑模型构建科技创业评价框架。其次，从科技创业资源、科技创业投入、科技创业产出和科技创业环境四个维度设计和选择基础计算指标，构建科技创业评价指标体系。再次，采用熵值法测算历年中国各地区的科技创业水平。最后,基于计算数据分析中国科技创业水平的演进阶段、空间分布特征和动态演化特征。研究成果为进一步研究科技创业与经济增长的关系奠定数据基础。

4.1 基于逻辑模型构建科技创业评价框架

4.1.1 科技创业评价框架的构建思路

在绩效评价中,首要任务是设计合理的评价框架,这是构建评价指标体系的基础和核心。只有形成合理的评价框架,才能提高评价指标体系的正确性与适用性。在评价框架设计中,要以评价目的为基础,以解决问题为导向。

首先,构建地区科技创业评价框架需要明确并围绕地区科技创业面临的问题和可能的影响因素。评价框架的建立是为了解决地区科技创业存在的问题,以提升地区科技创业水平,更好地通过促进科技创业发展驱动地区经济增长。因此,构建科技创业评价框架应尽可能地解决科技创业面临的问题和识别影响科技创业的因素。

其次,科技创业评价框架必须以合理的逻辑解释为基础,具备系统性,并且各维度之间应保持内在的逻辑联系。评价框架的各个子评估模块具有相对独立的功能,每一个子评估模块可以对应解决某一个问题,但各个子评估模块组合在一起又能形成一个科学完整的有机系统,且能综合反映科技创业的各个方面。

最后,以科技创业的历史逻辑、理论逻辑和现实逻辑为基础,结合地区科技创业特征,借鉴既有的相关领域评价框架思路,设计本研究的科技创业评价框架。本研究拟设计的科技创业评价框架将重点关注:科技创业资源,体现地区科技创业基础情况;科技创业投入,体现地区科技创业意愿情况;强调科技创业产出,体现地区科技创业效率情况;考虑科技创业环境,以体现环境对科技创业的影响。在既有相关研究中,逻辑模型被广泛用于评价框架构建中,模型的核心是事物层次之间的因果关系,直接将投入与产出结果联系起来。

本研究将以逻辑模型的分析为基础,以提升地区科技创业水平为导向,全面考察地区科技创业的投入和产出等内容。具体而言,是以评价地区科技创业水平为目标，厘清地区"资源禀赋—环境影响—科技创业投入—科技创业产出"这一逻辑链条上各维度的关键影响因素，构建出四个一级指标构成的科技创业评价框架。

4.1.2 理论基础——逻辑模型

逻辑模型（Logic model）是由美国国际开发署（USAID）于20世纪70年代所提出的一种项目评估方法，也被称为逻辑框架法。逻辑模型主要用于项目开发、制订计划和项目等环节。逻辑模型以解决核心问题为出发点和落脚点，逐层递进展开探寻问题产生的原因、影响和后果，为有效解决核心问题夯实基础。在项目评估中，逻辑模型可以较为清晰地分析复杂项目的内涵和关系，将项目开展可能存在的结果、造成的影响和实施战略等环节的相互作用概念化和具体化，提炼出项目各层次和各环节的逻辑链条，即在给定的条件（内外因素）下将如何发展。逻辑模型已被大量用于计划、管理和评价项目，也有学者将其运用于政府计划以及绩效评价中。

运用逻辑模型，可以将复杂评估问题简单化。逻辑模型由两个逻辑关系相连接，即计划工作和预期结果之间的逻辑联系。计划工作说明了需要投入什么资源来实现计划，以及将采取什么样的行动来实施计划和达到预期结果。预期结果（产出、结果和影响）即项目产出与经济、社会的直接变化间的关系，以及项目结果对地区或国家战略目标的贡献（齐晓娟，2014）。逻辑模型由六个模块组成，分别为情景、投入、产出、结果、假设和环境（图4-1）。情景是逻辑模型的前提条件，逻辑模型的分析是以特定情景为前提展开分析的；投入是在特定情景下的人力、技术、财务、时间等资源的投入；产出是指投入所带来的活动，包括活动过程的相关对象；结果是指项目的效果和作用，即产出所带来的短期影响、中期影响和长期影响；假设则是指各环节之间的逻辑关系，即情景、投入、产出和结果之间的因果关系；环境则是影响事物的所有外界因素，包括影响投入、产出和结果的经济、制度、文化、政治和政策等因素。逻辑模型展示出了各个环节的逻辑关系，将投入与结果联系起来，有助于直接了解组织行为发展的全过程。总而言之，逻辑模型厘清了事物发展的逻辑链条，将各环节的关系概念化并密切衔接起来，能够清晰地了解事物的逻辑关系，准确判断事物的"因"与"果"，从而找出核心问题的根本之所在，进而明确项目评价的关键步骤，设计出合理有效的评价指标体系。

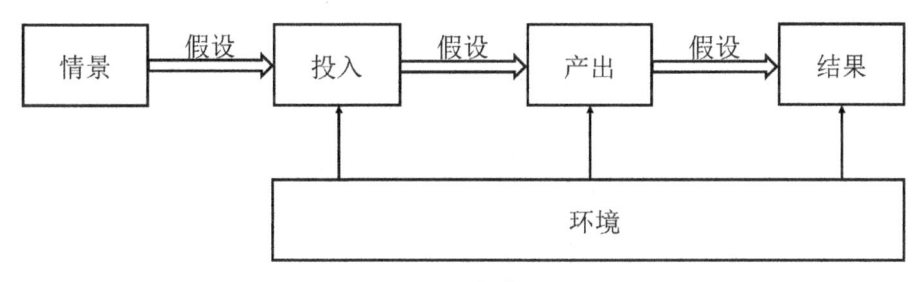

图 4-1 逻辑模型

资料来源：Kellogg Foundation W K. Logic Model Development Guide: Using Logic Models to Bring Together Planning, Evaluation and Action[M]. Battle Creek MI: WK Kellogg Foundation, 2004.

4.1.3 基于逻辑模型的科技创业评价框架设计

本研究基于逻辑模型的原理，从科技创业的特点和研究需求出发，结合上文所述的评价框架设计思路，提炼出各环节的关键要素，形成有效的科技创业评价框架。基于对科技创业的理论分析和实践经验总结，通过对模型中相应要素的合理选取与改进，最终提炼出科技创业资源、科技创业投入、科技创业环境和科技创业产出四个一级指标。四个一级指标存在着某种逻辑联系，共同组成了一个科技创业系统，构成了用于评价地区科技创业水平的分析框架，且各个要素之间相互关联、相互影响，展示了全面的科技创业水平的衡量结构。由此可知，科技创业评价框架是以逻辑模型为基础，由四个基本要素构成了一个逻辑关系密切的循环系统，能够将科技创业的各环节、科技创业的起点和终点连接起来。

本研究所涉及的科技创业评估框架（图 4-2）包括四个科技创业维度，分别为科技创业资源、科技创业投入、科技创业产出与科技创业环境。四个维度反映了科技创业的主要环节，共同构成了一个相互密切衔接且具有内在发展逻辑的系统，该系统能够全面反映科技创业的整体性和系统性，能够准确评价科技创业水平。

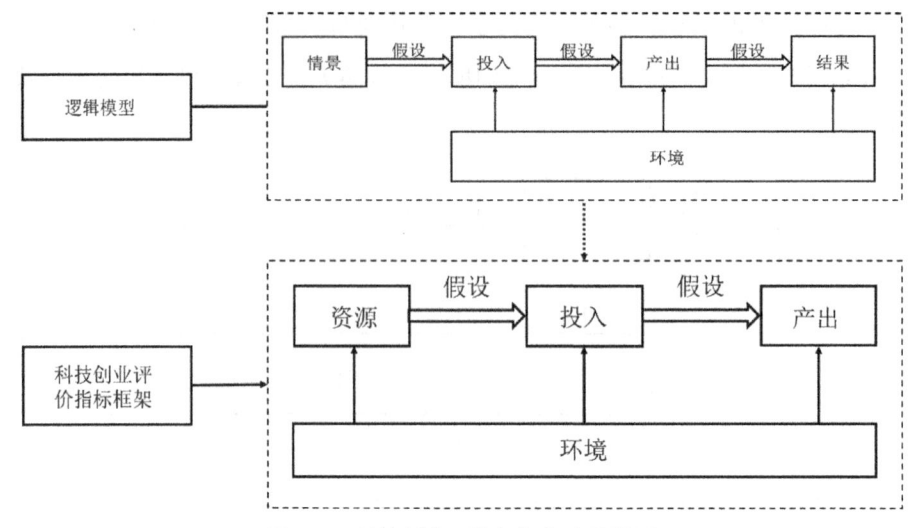

图 4-2　科技创业评价框架构建思路图

资料来源：作者绘制。

科技创业资源反映了区域各项要素对科技创业主体的支撑能力，是区域持续开展科技创业活动的基本保障。科技创业资源的集聚与交互为区域科技创业系统提供了更高水平和更活跃的科技创业的可能。科技创业资源通常包括科技创业人才、科技创业资本和科技创业平台等。

科技创业投入是开展科技创业的一个资源输入过程，是科技创业必不可少的环节。科技创业投入也是反映地区科技创业能力的重要指标，在构建科技创业评价指标时，应该关注科技创业产出和效果背后付出的成本和代价。科技创业投入一方面是衡量科技创业能力的重要指标，另一方面，也间接反映了科技创业的效率。在投入既定的情况下，科技创业产出越大，表明区域的科技创业效率越高。科技创业投入包括资金、人力、技术和物力等资源。

科技创业产出是区域科技创业的中间产出与经济社会结果，反映了区域科技创业的产出能力和实力，这也是科技创业评价的重点。实质上，实施科技创业评价，其出发点和落脚点都是为了找出影响地区科技创业产出的因素，从而提出促进地区科技创业产出的举措。在衡量科技创业产出中，包括科技创业载体规模、科技创业企业数量和科技创业企业收入等内容。

科技创业环境是区域影响科技创业的所有因素构成的集合，是区域科技创业的重要基础和保障。科技创业环境对科技创业活动和新创企业的生产、成长都有着重要影响，特别是科技创业环境异质性特征、难以预期性以及环境的持续变化所导致的科技创业环境的不确定性，与科技创业水平变化具有直接联系。科技创业环境包括制度环境、营商环境、创新环境和人才环境等。

综上所述，从科技创业资源、科技创业投入、科技创业产出和科技创业环境四个维度构建评价框架，是一个相互联系的系统，通过这个系统能够比较全面和准确地衡量区域的科技创业水平。由此，科技创业系统的四个要素组成的科技创业分析框架，如图4-3所示。

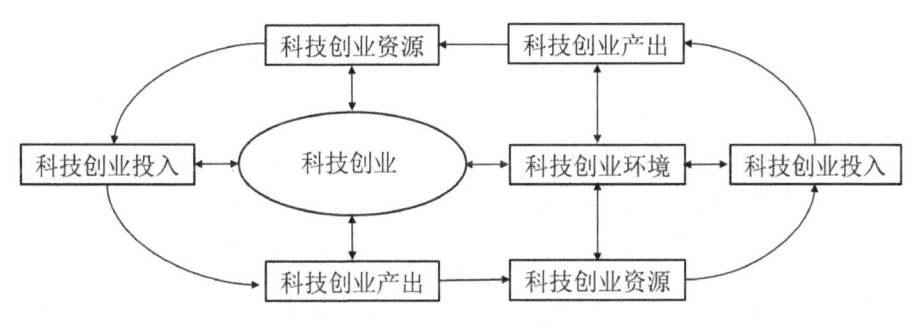

图4-3 科技创业评价框架

资料来源：作者绘制。

4.1.4 基于逻辑模型的科技创业评价框架的特征

从科技创业评价框架的构建思路、构成要素和框架结构来看，基于逻辑模型构建的科技创业评价框架具有系统性和动态性两大特征。

1. 科技创业评价框架是一个自我反馈的循环系统

本研究基于逻辑模型构建的科技创业评价框架，综合考虑了科技创业系统的各个维度，构建起了"科技创业资源—科技创业投入—科技创业产出—科技创业环境"四个维度的科技创业逻辑循环系统。四个维度之间存在紧密的内在逻辑联系，能比较全面地反映区域科技创业情况。在系统理论中，重点强调系统的稳定性，只有具有稳定性的系统才能够良好发展。因此，一个稳定的系统必须是系统内各要素逻辑关系紧密、具有自我反馈功能的闭环系统。从图4-3科技创业评价框架图不难发现，本研究的科技创业评价框架是一个闭环系统，该循环系统形成了一种有效的反馈回路，因此，此系统具备了较强的稳定性。本研究的科技创业评价框架能对区域的科技创业情况实施综合的、有效的和系统的评价，能够最大限度地衡量区域的科技创业水平。

2. 科技创业评价框架具备动态评价特征

科技创业是一个捕捉创业机会、整合和配置创业资源以及创造价值的过程。单纯的静态评价可能不能完全反映地区科技创业情况，会导致研究结果缺乏说服力，进而不能正确指导地区科技创业实践和推动经济增长。因此，在衡量地区创业时，有必要重视对其发展过程和动态变化的评价。本研究在设计评价框架时，对科技创业资源、科技创业环境等维度进行综合衡量，这是对科技创业静态特征的表征。同时，也注重对科技创业投入和科技创业产出的评价，体现出科技创业评价的动态特征。因此，本研究所设计的科技创业评价框架，既考虑了科技创业资源和科技创业环境，又考虑了科技创业投入和科技创业产出，有效地将静态评价与动态评价相结合，充分体现了科技创业的过程特征和动态特性，力求准确和全面地反映区域科技创业的实际情况。

4.2 科技创业评价指标体系设计

对区域科技创业评价是一个系统工程，涉及诸多方面，其具体指标选择也需要具有综合性，要能尽量反映地区科技创业的各个方面。本研究从四个维度出发，综合提炼与区域科技创业相关的变量，设计区域科技创业的二级指标。

4.2.1 评价指标体系的设计原则

在设计关于科技创业二级指标时，借鉴了 Covin 和 Slevin（1991）和刘亮（2008）等的指标体系构建思路，确立了本研究的评价指标体系的设计原则。一个有效的科技创业评价指标体系应该能够体现科技创业现象各个方面的重要特征，能够真实反映区域科技创业情况，因此，评价指标体系设计要遵循以下几项原则。

1. 指标的选择要遵循科学性和适用性原则

变量的选取并不是凭空选择，而是基于相关理论和实践经验选取，能够反映出指标的概念和内涵，这对正确建立有效的评价指标体系至关重要。同时，在指标选取的时候也需要综合考虑数据的可获得性和可靠性，最终评价的结果是各维度数据计算结果的综合反映，只有获取正确和可靠的数据，才能进一步得出比较准确的评价结果。

2. 指标选择应该能够准确体现四个维度

在科技创业评价框架构建过程中，科技创业资源、科技创业投入、科技创业产出和科技创业环境是一个密切联系的循环系统，四个维度之间存在内在逻辑关系。因此，选取二级指标也应尽可能体现出指标体系的系统性和整体性，所选择的指标要能准确反映四个一级指标的内涵，力求能够有效发挥科技创业评价框架的评估效果，准确反映地区科技创业水平。

3. 指标选择具有一定的系统性和层次性

科技创业是一个动态过程，也是一个涉及资源、投入、产出和环境的循环系统。在指标选取时，要能够反映科技创业的系统性和层次性，要能够准确反映科技创业的具体内涵和主要特征。同时，也要兼顾影响科技创业的主要因素，包括直接因素和间接因素。

4. 指标的设计和选择要考虑数据的可比性和针对性

评价指标体系的构建，不仅是为了衡量单个地区的科技创业水平，也是为了横向和纵向比较区域间的科技创业水平。通过比较、分析和梳理区域间科技创业的演变、结构和分布等特征，从总体、结构和时空维度上把握区域科技创业情况，进而能够促进研究的顺利开展和丰富研究内容。因此，评价指标的选择在时间、空间等方面具有可比性，在各维度的衡量上具有针对性。

5. 指标的选取要将静态和动态有机结合

本书所构建的科技创业评价框架反映了科技创业的动态性特征，因此，评价指标的选取也应该体现科技创业的动态性和评价框架的优势。将静态评价和动态评价有机结合，保证评价指标体系不仅能评价区域的科技创业状况，还能对有关内容预测，能够为地区政策制定和创业实践提供更有效的理论支撑，也能够更准确研究科技创业对经济增长的驱动效应和动力机制，能够更准确把握科技创业与经济增长的关系。

4.2.2 科技创业评价指标体系的构成

在上文所构建的科技创业评价框架的基础上，遵循二级指标选择的原则，结合科技创业的理论、内涵、特征和中国的国情及地区特点，分别从科技创业资源、科技创业投入、科技创业产出和科技创业环境四个维度，借鉴了2020长三角41城市创新生态指数研究课题组（2020）所设计的长三角创新生态指数指标体系等指标设计方法，建立了较为全面、数据可获得和能反映中国科技创业特征的科技创业指标体系，该体系共包括4个一级指标和16个二级指标。科技创业评价指标体系构成如表4-1所示。

表4-1　科技创业评价指标体系构成

一级指标	二级指标	指标说明
科技创业资源	高技术从业人员比重	高技术从业人员数/总就业人数
	每万人拥有在校大学生数	普通本专科在校学生数/总人数
	人均科技创业孵化基金额	孵化基金总额/总人数
	人均技术市场成交合同金额	技术市场成交合同总额/总人数
科技创业投入	每万人拥有高新技术企业R&D人员数	高新技术企业R&D人数/总人数
	每万名就业人员中科技创业就业数	科技创业企业就业人员/就业总人数
	人均科技新产品开发经费支出	新产品开发经费支出/总人数
	人均风险投资额	风险投资总额/总人数
科技创业产出	每万人拥有科技创业企业数	科技创业企业数/总人数
	每万人拥有高新技术企业数	高新技术企业数/总人数
	科技创新创业载体数	科技企业孵化器数与国家级大学科技园区数之和
	高技术企业主营业务收入占GDP比值	高技术企业主营业务收入/GDP
科技创业环境	政策环境	政府工作报告中科技创新与创业词频
	研究与实验发展经费投入强度	研究与实验发展经费/GDP
	人均科学技术预算支出	科学技术预算支出/总人数
	创新环境	国家级高新区数量

4.2.3 科技创业一级指标的具体说明

表 4-1 所构建的科技创业评价指标体系从科技创业资源、科技创业投入、科技创业产出和科技创业环境等四个维度综合测量科技创业水平，每一个维度的指标情况如下。

1. 科技创业资源指标说明

科技创业资源主要包括以下几个方面内容。

（1）科技创业人才资源情况。它包括高技术从业人员占比和大学生在校学生数占比。高技术从业人员和受高等教育学生是科技创业者的主要群体，能直接反映区域科技创业人才资源状况。

（2）科技创业资金资源情况。创业初期是创业企业的脆弱阶段，通常缺乏持续的营业收入，需要额外注入资金保障初创企业度过脆弱期。由于科技创业企业数尚未有准确的统计数据，在本研究中选取国家级孵化器内和国家级大学科技园区内在孵企业作为科技创业企业来计算科技创业企业数。因此，孵化基金对于创业载体内的在孵企业至关重要。

（3）科技创业技术资源情况。科技创业以所掌握的技术知识为内核，带有明显的技术特征（袁建明，2000）。因此，技术资源是科技创业的基础，考虑到技术资源的特征，采取人均技术市场成交合同金额衡量地区科技创业技术资源情况。

2. 科技创业投入指标说明

科技创业投入是科技创业的关键环节，也是科技创业资源整合和配置的过程，反映了地区科技创业的支撑能力，科技创业投入主要包括以下几个方面内容。

（1）劳动力投入。劳动力资源是科技创业重要的投入资源，在科技创业研发、管理和生产环节都需要投入相应的劳动力资源。科技创业劳动力资源投入也是科技创业在创业初期就业创造效应的体现。本研究选择每万人拥有高新技术企业R&D人员数和每万名就业人员中科技创业就业数来衡量科技创业劳动力投入。

（2）资金投入。资金投入也是科技创业的重要投入之一，处于脆弱期的科技创业企业，由于处于创新技术产业化或商业化初始阶段，或者其产品尚未占有市场优势，通常缺乏持续的营业收入以维持企业的正常经营。因此，需要不断投入资金维持初创企业生存，保障其能顺利度过脆弱期。科技创业资金投入包括两个方面的内容，一是创业企业本身的经营投入，二是企业外部资金投入。选择人均科技新产品开发经费支出衡量科技创业企业资金投入情况，选择人均风险投资额衡量外部资金投入情况。

3. 科技创业产出指标说明

科技创业产出是一个内涵丰富的概念。从狭义上来看，科技创业产出表现为科技企业数的增加。但从广义上来看，科技创业产出包含科技创业产生的影响，包含科技创业对产业升级、创造就业、促进创新和推动经济增长等的影响。鉴于数据可得性和篇幅限制，本研究从以下几个方面来衡量科技创业产出。

（1）科技创业企业数。创业企业数的变化是最能直接反映区域创业水平的指标，也是学者在研究创业相关领域时最常用来衡量创业活动的指标。科技创业产出不仅仅包含当前科技创业的产出，也应反映过去科技创业对当前产出的影响。因此，本研究选择每万人拥有科技创业企业数来衡量科技创业企业发展情况。

（2）科技创新创业载体数。科技创新创业载体是科技创业能力的重要反映，绝大多数科技创业企业产生于科技创新创业载体内，因为科技创新创业载体利用其平台、资源、资金和管理经验等优势，为初创科技企业创造一个适宜的成长环境，助力科技创业企业度过脆弱期，提高科技创业成功率。本书选择国家级科技孵化器和国家级大学科技园区作为科技创新创业载体数的衡量指标。

4. 科技创业环境指标说明

科技创业环境是一个系统概念，是影响科技创业的所有因素构成的集合。由图4-3可知，科技创业环境影响科技创业全过程，对科技创业资源、科技创业投入和科技创业产出都有重要影响，在科技创业系统中起着关键作用，是科技创业的基础和保障。因此，适宜的科技创业环境对科技创业具有显著的正向影响，不友好的科技创业环境将抑制地区科技创业的开展。通常，科技创业环境包含经济、文化、制度、政策等因素，本书主要衡量对科技创业影响最重要的政策环境和创新环境。

（1）政策环境。政策对科技创业具有重要影响，反映了区域对科技创业的引导和支持力度。在创新驱动发展战略下,通过政策鼓励、保护和激励来促进创业。本书选择政府工作报告中科技创新与创业词频来衡量地区的政策环境。

(2)创新环境。科技创业的本质是创新的深化和实体化,创业者通过捕捉机会和资源投入来实现创新的市场价值。技术创新需要资金的投入和相关功能载体提供保障。要进一步扩大科技创业的效能,需要具有承载和吸引各种科技创业企业、科技创业者和科技创业资源流入汇聚的载体,形成区域科技创业集群,进一步推动区域经济增长。本书选取研究与实验发展经费投入强度和人均科学技术预算支出来衡量创新的资金环境,选取国家高新区数量来反映创新创业的空间环境。

4.2.4 相关数据来源及说明

本书中科技创业评价指标体系的计算数据主要来源于官方公开统计年鉴,包括《中国统计年鉴》(2008—2020)、《中国火炬统计年鉴》(2008—2020)、《中国高技术产业统计年鉴》(2008—2020)、《中国科技统计年鉴》(2008—2020)和 Wind 数据库,也使用了各省市的统计年鉴对缺失数据进行补充,对于个别年份缺失数据值情况,采用前后年份平均值代替。

科技创业评价指标体系的 16 个二级指标的名称及含义如表 4-2 所示。

表 4-2 指标的名称及含义

指标名称	含义	单位
X_1	高技术从业人员比重	‰
X_2	每万人拥有在校大学生数	人
X_3	人均科技创业孵化基金额	元
X_4	人均技术市场成交合同金额	元
X_5	每万人拥有高新技术企业 R&D 人员数	人
X_6	每万名就业人员中科技创业就业数	人
X_7	人均科技新产品开发经费支出	元

续表

指标名称	含义	单位
X_8	人均风险投资额	元
X_9	每万人拥有科技创业企业数	家
X_{10}	每万人拥有高新技术企业数	家
X_{11}	科技创新创业载体数	家
X_{12}	高技术企业主营业务收入占 GDP 比值	%
X_{13}	政策环境	个
X_{14}	研究与实验发展经费投入强度	%
X_{15}	人均科学技术预算支出	元
X_{16}	创新环境	个

资料来源：作者整理。

各个二级指标具体说明如下。

（1）高技术从业人员比重：用高技术从业人员数除以总就业人员数再乘以 10000 得到，高技术从业人员数据来源于 2008—2020 年的《中国高技术产业统计年鉴》，就业人员数据来源于各省、市和地区的统计年鉴。

（2）每万人拥有在校大学生数：用普通本专科在校学生数除以总人数再乘以 10000 得到，数据来源于各省、市和地区的统计年鉴。

（3）人均科技创业孵化基金额：用科技创业孵化基金总额除以总人数得到，科技创业孵化基金额数据来源于《中国火炬统计年鉴》，由科技企业孵化器的孵化基金和国家级大学科技园区孵化基金加总所得。

（4）人均技术市场成交合同金额：技术市场成交合同总额除以总人数，数据来自《中国统计年鉴》。

（5）每万人拥有高新技术企业 R&D 人员数：用高新技术企业 R&D 人员数除以总人数再乘以 10000 得到，高新技术企业 R&D 人员数数据来源于《中国科技统计年鉴》。其中，2007 年和 2008 年只报告了科技活动人员，并未报告 R&D 人员数，根据《中国火炬统计年鉴》的数据，在高新技术企业中，科技活动人员中大约有63%是R&D人员，本书根据这一比例推算出各地区2007和2008年的高新技术企业R&D人员数。

（6）每万名就业人员中科技创业就业数：用科技创业企业就业人员数除以总就业人员再乘以10000得到，科技创业就业人员由科技企业孵化器和国家级大学科技园区内在孵企业就业数求和得到，数据来源于《中国火炬统计年鉴》。

（7）人均科技新产品开发经费支出：用高技术企业产品开发经费支出除以总人数得到，科技新产品开发经费支出用高技术企业新产品开发经费替代，数据由作者根据历年《中国高技术产业统计年鉴》整理所得。

（8）人均风险投资额：用风险投资总额除以总人数得到，风险投资数据来源于Wind数据库。

（9）每万人拥有科技创业企业数：用科技创业企业数除以总人数再乘以10000得到，科技创业企业数由科技企业孵化器和国家级大学科技园区内在孵企业数加总得到，数据由作者根据历年《中国火炬统计年鉴》整理所得。

（10）每万人拥有高新技术企业数：用高新技术企业数除以总人数再乘以10000得到，高新技术企业数据来源于《中国高技术产业统计年鉴》。

（11）科技创新创业载体数：科技创新创业载体数由科技企业孵化器与国家级大学科技园区数加总得到，数据来源于《中国火炬统计年鉴》。

（12）高技术企业主营业务收入占GDP比值：用高技术企业主营业务收入除以国内生产总值（GDP）得到，高技术企业主营业务收入数据来源于《中国高技术产业统计年鉴》，地区国内生产总值（GDP）数据来源于各省、市和地区的统计年鉴。

（13）政策环境：政策环境用政府工作报告中科技创新与创业词频来衡量，词频根据各地区历年政府工作报告整理所得。

（14）研究与实验发展经费投入强度：用研究与实验发展经费除以GDP所得，数据来源于《中国科技统计年鉴》。

（15）人均科学技术预算支出：用科学预算支出除以总人数所得，科学预算支出数据来源于《中国统计年鉴》。

（16）创新环境：用国家级高新区数来衡量，数据根据历年国务院印发的相关文件整理所得。

4.3 基于熵值法测算科技创业水平

4.3.1 熵值法简介

1. 熵值法的概述

在构建评价指标体系过程中，最重要的环节是确定评价指标体系中各指标的权重，常用的方法有主观赋权法和客观赋权法。主观赋权法指在赋权过程中的权重确定具有主观性，是研究者根据自身的知识储备、经验判断等赋予各指标相应的权重，如 Delphi 法和 AHP 法等属于主观赋权法；客观赋权法则不以研究者的主观判断来确定指标的权重，而是根据指标自身的信息和利用科学的数理方法来计算各指标的权重，如熵值法属于客观赋权法。使用熵值法来确定指标的权重，能够克服主观赋权法的主观影响，获得客观的指标权重，因而得到比较准确的评价结果，增强了评价指标体系的科学性和合理性。当前，熵值法已被广泛应用于各个研究领域。例如，靖学青（2018）利用熵值法计算长江经济带城镇化水平综合测度，王军等（2013）利用熵值法计算制度变迁测度，王军和朱杰等（2021）利用熵值法计算中国数字经济发展水平的测度。

熵，最初属于热力学概念，是对系统无序状态的一种度量。之后这一概念和思想被引入生物学、天文学等学科中。在社会科学研究中，熵值主要指信息熵，其计算方法和数理含义与热力学熵一样。假设某个信源有 n 个信号，第 i 个信号的信息量为 I_i，$I_i = -\ln P_i$，其中，P_i 为第 i 个信号出现的概率，那么这个信源的信息熵为 $-\sum_{i=1}^{n} P_i \ln P_i$，用来衡量信源的平均不确定性。信息熵值与系统结构的均衡程度相关，系统结构越均衡，那么信息熵值越大，熵值的大小反映指标体系中指标的变异程度。因此，利用熵值可计算出各指标的权重。

2. 熵值法的原理与计算步骤

信息论将信息界定为事物及其属性标识的集合，会对系统的有序状态产生影响；熵也被用来度量系统状态，主要测量系统"内在无序程度"。熵值法就是将"熵"应用综合指标构建的一种数学方法，具有一般原理：信息熵值能够度量系统的无序程度，如果信息熵值越小，系统结构就越无序，各指标的变异系数就更大，指标能够反映更多的信息量，应该赋予指标更大的权重。否则，应该赋予指标更小的权重。

基于上述一般原理，可以基于熵值法计算各指标的客观权重，具体的计算过程（郭亚军，2012）如下。

（1）对原始数据进行标准化处理

评价指标体系的各个指标来源于不同层次，各个指标值的量纲与数量级均有差异，只有消除指标值的量纲、量级差异，最终得到的合成指标才有横向的可比性与实用性。标准化处理步骤如下：

假设 x_{ij}（$i=1, 2, ..., n; j=1, 2, ..., m$）为第 i 年第 j 项指标的最初数据，最初数据所组成的矩阵如下：

$$X = (x_{ij})_{n \times m} = \begin{pmatrix} x_{11} & x_{12} & \cdots & x_{1m} \\ x_{21} & x_{22} & \cdots & x_{2m} \\ \cdots & \cdots & \cdots & \cdots \\ x_{n1} & x_{n2} & \cdots & x_{nm} \end{pmatrix} \quad (4.1)$$

在标准化过程中，指标大小的走向对评价系统的影响不同，当单个指标值越大对科技创业系统发展越有利，称之为正向指标，采用正向指标标准化计算方法：

$$r_{ij} = \frac{x_{ij} - \min x_j}{\max x_j - \min x_j} \quad (4.2)$$

当单个指标值越小对科技创业系统发展越好时，则该指标为负向指标，采用负向指标标准化计算方法：

$$r_{ij} = \frac{\max x_j - x_{ij}}{\max x_j - \min x_j} \quad (4.3)$$

其中，$\max x_j$ 为第 j 项指标的最大值，$\min x_j$ 为第 j 项指标的最小值，r_{ij} 为标准化后的值。

对各项指标数据标准化处理以后，评价指标构成的矩阵为：

$$R = (r_{ij})_{n \times m} = \begin{pmatrix} r_{11} & r_{12} & \cdots & r_{1m} \\ r_{21} & r_{22} & \cdots & r_{2m} \\ \cdots & \cdots & \cdots & \cdots \\ r_{n1} & r_{n2} & \cdots & r_{nm} \end{pmatrix} \qquad (4.4)$$

（2）计算指标值所占比值

计算第 i 年第 j 项指标值所占的比重，使用 ρ_{ij} 表示，计算公式如下：

$$\rho_{ij} = \frac{r_{ij}}{\sum_{i=1}^{n} r_{ij}} \qquad (4.5)$$

（3）计算熵值及冗余度

计算第 j 项指标信息熵，定义指标的信息熵为 e_j，计算公式为：

$$e_j = -\frac{1}{\ln n} \sum_{i=1}^{n} (\rho_{ij} \times \ln \rho_{ij}) \quad 0 \leq e_j \leq 1 \qquad (4.6)$$

其中，n 为评价年度，令指标信息熵的冗余度为 d_j：

$$d_j = 1 - e_j \qquad (4.7)$$

（4）计算指标权重

根据上式所得到的信息熵冗余度，可以求得第 j 项的指标权重，用 w_j 表示，计算公式如下：

$$w_j = \frac{d_j}{\sum_{j=1}^{m} d_j} \qquad (4.8)$$

其中，m 为评价指标项数，且 $0 \leq w_j \leq 1$，$\sum_{j=1}^{m} w_j = 1$。由此，可计算得到所有项指标权重 W，$W = (w_1, w_2, \ldots, w_m)$。

（5）计算综合指标

计算各个指标在总评分中的权重以后，就可以计算出第 i 年第 j 项指标的评分 s_{ij}，s_{ij} 等于标准化后的指标值与其权重的乘积，即：

$$s_{ij} = r_{ij} w_j \qquad (4.9)$$

计算出第 i 年每一项指标评分值之后，对每一项指标评分值求和即可得到综合指标的评分，令第 i 年的综合指标评分为 S_i，那么：

$$S_i = \sum_{j=1}^{m} s_{ij} \qquad (4.10)$$

4.3.2 科技创业指数计算

根据上文构建的指标体系和整理的各指标数据，利用熵值法测算出2007—2019年中华人民共和国30个省（自治区、直辖市）的科技创业水平指数（未收录香港、澳门、台湾、西藏的科技创业水平指数）。在对原始数据进行标准化处理以后，首先，计算各项指标所占比重，其次，计算各项指标的熵值（表4-3）、冗余度（表4-4）和权重（表4-5）。

表4-3　各项指标的熵值

指标名称	熵值	指标名称	熵值
X_1	0.9069	X_9	0.9325
X_2	0.9828	X_{10}	0.9111
X_3	0.7389	X_{11}	0.8487
X_4	0.7404	X_{12}	0.8875
X_5	0.9046	X_{13}	0.9748
X_6	0.6465	X_{14}	0.9572
X_7	0.8632	X_{15}	0.8901
X_8	0.9238	X_{16}	0.9447

数据来源：作者计算所得。

表4-4　各项指标的冗余度

指标名称	冗余度	指标名称	冗余度
X_1	0.0931	X_9	0.0675
X_2	0.0172	X_{10}	0.0889
X_3	0.2611	X_{11}	0.1513
X_4	0.2596	X_{12}	0.1125
X_5	0.0954	X_{13}	0.0252

续表

指标名称	冗余度	指标名称	冗余度
X_6	0.3535	X_{14}	0.0428
X_7	0.1368	X_{15}	0.1099
X_8	0.0762	X_{16}	0.0553

数据来源：作者计算所得。

表4-5 各项指标的权重

指标名称	权重	指标名称	权重
X_1	0.0478	X_9	0.0347
X_2	0.0088	X_{10}	0.0457
X_3	0.1342	X_{11}	0.0777
X_4	0.1334	X_{12}	0.0578
X_5	0.0490	X_{13}	0.0130
X_6	0.1816	X_{14}	0.0220
X_7	0.0703	X_{15}	0.0565
X_8	0.0391	X_{16}	0.0284

数据来源：作者计算所得。

根据表4-5中各项指标的权重，利用上述综合指标评分计算公式，可以计算出历年我国各地区的科技创业水平综合指数，限于篇幅，此处仅呈现2019年的科技创业水平综合指数，结果如表4-6所示。

表4-6 2019年我国各地区的科技创业水平综合指数

地区	评分	地区	评分
北京	71.6809	江西	12.0507
天津	21.6046	河南	8.1940

续表

地区	评分	地区	评分
河北	6.1435	湖北	14.3008
辽宁	8.3429	湖南	9.2741
上海	37.8283	内蒙古	3.5900
江苏	35.1355	广西	4.2803
浙江	23.3025	重庆	11.3962
福建	13.5046	四川	9.9002
山东	13.4924	贵州	5.1567
广东	39.2192	云南	3.2712
海南	4.9505	陕西	15.6133
山西	4.9275	甘肃	4.2689
吉林	7.9424	青海	7.0546
黑龙江	4.9459	宁夏	5.3542
安徽	10.0355	新疆	3.4931

注：此处未收录西藏、香港、澳门、台湾的科技创业水平综合指数，下文同。

4.4 中国科技创业的演进阶段及特征

上文基于评价框架构建了科技创业评价指标体系，利用熵值法计算出2007—2019年我国各地区的科技创业水平指数（详见附录1），并利用这些指数从横向、纵向和空间分布上进行对比研究，可以系统地把握中国科技创业的状况及特征。

4.4.1 中国科技创业的演进阶段

创业是一个捕捉机会和资源整合配置的过程，每一个时代的创业活动都受到所处时代的资源环境、技术条件和经济水平等影响，创业活动具有明显的时代特征。在创业演进过程中，具有其内在的演进规律。因此，有必要梳理中国创业演进过程，分析不同阶段下创业活动的历史条件和阶段特征，从历史逻辑上研究经济新发展阶段下创业活动的新特征及发展新趋势，有助于从总体上把握我国科技创业的发展规律和特征。

改革开放开启了我国经济体制改革的进程，资源配置体制机制发生了根本性变化，市场在资源配置过程中起到越来越重要的作用。当前，依靠市场为主导配置资源是我国推进改革的重要内容，市场在资源配置中的决定性作用地位进一步得到了巩固。改革开放以后，市场经济开始蓬勃发展，随着中国特色社会主义市场经济体制的确立，资源要素流动性的体制机制障碍逐渐消除，经济主体的能动性得到激发，市场催生出了大批的新建企业。从更宏观的角度来看，如果把中国视为一个经济主体，那么改革开放正是中国的一次伟大创业。创业活动伴随着整个中国经济发展史，各个时代不断兴起的创业活动，推动中国经济向更高水平发展。根据中国创业演进特征，自改革开放以来，中国创业发展进程可划分为四个阶段。

1. 第一阶段（1978—1991年）：制度改革和短缺经济开启了第一次创业浪潮

首先，农村家庭联产承包责任制极大程度地激发了农民的生产潜力，提高了农业生产效率，农业产出规模日益扩大，为非农经济的发展提供了良好的物质条件，奠定了产业的发展基础。

其次，农业生产率的迅速提高又使大量农村劳动力从土地束缚中解放出来，过剩的农村劳动力有"另谋出路"的内在需求和必然性，迫切需要发展其他产业予以吸收。在此背景下，一方面，"双轨制""市场短缺"和市场经济起步阶段带来了庞大的创业机会，另一方面，乡镇企业在全国各地广泛兴起，新创企业层出不穷，成为吸纳就业和促进经济发展的重要力量。

第一次创业浪潮是经济体制改革和短缺经济与进口替代共同作用的产物，一方面，经济体制改革消除了开展创业的制度性障碍，激发了创业活力；另一方面，存在短缺经济不能满足人民需求这一矛盾，从而内生了庞大的创业机会。例如，海尔、美的和格力等知名家电企业，都是为了满足当时市场对"冰箱、彩电、洗衣机"三大件的需求。联想、华为和中兴等科技企业则是诞生于国内计算机和通信供给短缺、国外进口昂贵这一大背景下。一系列创业企业不仅满足了国内需求、改善了国家短缺经济状况，也有效缓解了当时沉重的就业压力，成为推动经济迅速发展的中坚力量。这一时期诞生的很多企业当前已成为市场上引领创新、创造就业和驱动经济增长的重要力量。

2. 第二阶段（1992—2000年）：需求升级和市场化改革推动了第二次创业浪潮

20世纪90年代初，政府机构、科研院所和国有企业工作的知识分子纷纷"下海"创业。随着一系列市场经济体制改革和发展市场经济的政策法规的颁布，确立了民营企业的市场地位和提供了制度保障，为创业消除了制度束缚和提供更好的法治保障，由此掀起了改革开放后的第二次创业浪潮。

国内需求升级和市场化改革共同催生了第二次创业浪潮。进入20世纪90年代以后，人民可支配收入有了大幅度提升。在此背景下，一方面扩大了消费市场，另一方面促进了消费需求升级，消费的高级化、多样化和市场化趋势非常明显。这一时期，包括计算机等各类新型消费品走向市场，逐渐向国际消费潮流靠近[1]。消费市场规模扩大和消费结构升级给创业者提供了大量的创业机会，经济市场化改革给创业者提供了创业市场和更好的创业环境，这一阶段创业不仅仅满足了居民的日常消费需求，也在消费结构升级带来高水平需求的基础上催生了大量科技创业企业，这些科技创业企业基于技术整合和配置资源，向市场提供高新技术产品。

3. 第三阶段（2001—2009年）：互联网技术和资本驱动了第三次创业浪潮

中国加入世界贸易组织，互联网技术在全球范围内的兴起和发展给第三次创业浪潮带来机遇。互联网技术的兴起、发展和应用，深刻改变了产业形态和经济发展结构，打开了互联网创业的机会窗口，围绕互联网衍生出一系列新兴产业，

---

[1] 资料来源：中国社会科学院工业经济研究所课题组. 90年代以来的消费需求变动[N]. 中国经营报，2001-03-13（006）.

催生出以互联网企业为主导的科技创业浪潮。一批高学历人才捕捉到创业机会开展创业活动，推动了一批知识密集、技术含量高的创业企业兴起，腾讯、百度、阿里巴巴等互联网公司都是在这一阶段成立或发展起来的。

第三次创业浪潮是一次真正意义上的国际视野的创业实践，海归高学历人才借鉴美国"硅谷"创业模式，将美国先进的互联网创业理念和模式带回国内，利用国内庞大的尚未完全开发的互联网市场优势创建互联网企业，推动搜狐、携程和百度等互联网企业的建立和发展。当前，这些企业在互联网经济领域扮演着重要角色，也直接促进了国内互联网创业的发展。同时，国内高素质人才通过走出国门或利用信息渠道认识到互联网创业的机会和价值，及时抓住创业机遇创建了阿里巴巴、京东和腾讯等互联网企业。当前，这些企业都成为互联网经济的巨擘，直接推动中国互联网产业达到国际先进水平，促进互联网信息技术发展，并成为下一轮人工智能和物联网技术研发和使用的引领者。除了互联网技术以外，创投资本的兴起和发展也成为第三次创业浪潮的重要推手，国内互联网企业在创业和发展阶段，几乎都获得了创投机构的融资，创投资本的注入也促进了这些企业的发展。第三次创业浪潮中，国外创投资本正式进入国内资本市场，之后迅速发展，在创业领域发挥着越来越重要的作用，也直接带动国内创投资本的发展。创投资本成为科技创业不可或缺的支撑力量，推动着我国科技创业向更高水平和更高层次发展，促进我国电子商务、互联网支付、搜索引擎、平台应用等方面位居全球前列。

4. 第四阶段（2010年至今）：技术、制度、市场和资本共同助推第四次创业浪潮

进入21世纪第二个十年，随着技术、制度、市场和资本的演化，创业的旧秩序已被打破，创业者新阶层正在崛起，创业新生态正在形成，科技创业已成为推动国家经济高质量发展的新动力，科技创业型经济正逐步形成。与前三个创业阶段不同，第四阶段创业的驱动力更加多元和系统。第一阶段的创业浪潮源于制度的改革，第二阶段的创业浪潮源于制度改革与市场需求，第三阶段的创业浪潮源于互联网技术和资本，而第四阶段的创业浪潮是基于技术、制度、市场和资本

的共同驱动形成的。新时期技术、制度、市场和资本的驱动力量与以前相比呈现指数级增长。移动互联网、大数据、云计算和人工智能等技术的发展，为第四次创业浪潮提供了技术支撑。移动互联网是现代社会最重要的新型基础设施，它突破了行业、空间、国别等限制，具有明显的"时空压缩"效应，对社会各层面带来了深刻的影响。从创业角度来看，移动互联网同时又是一个高效的创业平台，使每个个体都有机会借助移动互联网进入创业领域，大幅降低了创业的门槛，提升了创业效率。当前，借助移动互联网兴起的网络购物、直播平台、自媒体和外卖等行业，已经成为人们日常生活的一部分。大数据、云计算和人工智能等新技术的发展和应用为科技创业打开了巨大的"机会窗口"，这一窗口比以往所有创业机会蕴含更巨大的创业价值。大数据、云计算和人工智能等新技术的发展不仅能形成新的业态，还能与传统产业相融合，开辟出更多新的有价值的创业方向，成为高质量科技创业的核心和代表。

政策的全面支持为第四次创业浪潮提供了制度支撑。党的十八大将科技创新提升到了前所未有的地位，将科技创新视为我国今后发展的战略支撑。政府已成为第四次创业浪潮的重要推手，不断推出创投引导基金等创业资助计划、各类创业人才计划，推动科技企业孵化器、创业苗圃和大学科技园区等科技创新创业载体发展，提供各类创新创业公共服务。同时，还通过简政放权、"做减法"和列负面清单等一系列措施，出台各类政策鼓励、引导和保障各类创业活动，促进市场主体的创业行为，推动科技创业浪潮全面兴起。

消费需求升级为第四次创业浪潮提供市场支撑。超大规模市场优势是中国经济发展和实现新发展格局的基础，也为广大创业者提供了巨大舞台和无限可能。经济发展进入新的发展阶段带动消费需求结构升级，过去以标准化、浅层次和粗线条为主的消费需求逐渐被个性化、深层次和精细化的消费需求替代。新旧消费结构转变、生产和消费领域垂直细分程度加深，叠加技术创新发展，创造了大量创业机会，直接推动"数量型"创业向"质量型"创业转变，推动一批又一批科技型创业企业的诞生。当前，基于移动互联网的各种新型商业模式在很大程度上替代和颠覆了旧商业模式，而"互联网+技术+资本"的创业模式也成为第四次创业浪潮的新趋势。

创投资本的发展为第四次创业浪潮提供了资本支撑。以往的创业中，创业者的启动资金几乎靠自筹。在第三次创业浪潮中，国外创投资本开始进入国内创业市场，但还未形成主流。在第四次创业浪潮中，创投资本已成为创业系统的重要构成，各类天使投资、风险投资等为创业者提供了更好的创业条件，只要有好的技术、好的团队，就可以启动创业。创投机构不仅可以为创业者提供资金支持，还能为创业者提供各类专业化服务，寻找所需的资源和帮助开拓市场，加速创业企业的发展。资本在第四次创业浪潮中开始发挥核心作用，推动科技创业呈现乘数效应。

技术、制度、市场和资本的质变，形成了一个更加系统、动能更强和效率更高的创业支持系统，最大限度地撬动创业资源，创造创业价值，带来了创业理念、行为、模式、生态的全方位重构，全面地通过创新引领科技创业，使商汤科技、依图科技、旷视科技、云从科技、大疆和小米等科技创业企业不断涌现，共同推动形成第四次创业浪潮。

改革开放后的四次创业浪潮的演变，是我国经济发展的缩影，体现了不同阶段经济增长的动力结构、制度环境、发展模式和需求结构等的蜕变，在每一个经济转型和腾飞阶段，大量涌现的创业企业都成为经济发展和转型的关键引擎。进入新的发展阶段，以科技创业为核心的第四次创业浪潮，将通过创新引领大规模创业活动，依靠科技创业创造高质量就业，促进产业结构升级，催生新的经济形态，为中国经济高质量发展提供更强大动能。

4.4.2 中国科技创业的空间分布特征

改革开放以来，中国经历了四次创业浪潮。随着创业的演进，进入第四次创业浪潮以后，基于技术创新的创业活动逐渐兴起，成为创业的重要构成。科技创业发挥的带动作用越来越强，一些地区科技创业型经济已初具规模。例如，深圳依靠科技创业成为经济增长最具活力的创新型城市；北京依靠雄厚的创新资源，形成高水平的科技创业生态系统；以上海为龙头的长三角地区正努力建设科技创新共同体，上海也正在推进国际科技创新中心和全球创新策源地建设。那么，从整体上来看，我国科技创业空间分布状况如何？

根据表4-6中计算的2019年中国各地区的科技创业水平综合指数（ste），本书将全国划分为科技创业高水平区域（ste≥20）、科技创业中水平区域（20>ste≥8）和科技创业低水平区域（8>ste），划分情况如表4-7所示。

表4-7 基于科技创业水平综合指数（ste）的区域划分情况表

类别	科技创业水平综合指数（ste）	地区
科技创业高水平区域	ste≥20	北京、广东、上海、江苏、浙江、天津
科技创业中水平区域	20>ste≥8	陕西、湖北、福建、山东、江西、重庆、安徽、四川、湖南、辽宁、河南
科技创业低水平区域	8>ste	吉林、青海、河北、宁夏、贵州、海南、黑龙江、山西、广西、甘肃、内蒙古、新疆、云南

资料来源：作者根据指标评价体系计算数据整理所得。

由表4-7可知，从总体上看，全国科技创业呈现不均衡态势，科技创业水平东高西低现象明显，地区间水平差异较大。

其中，科技创业高水平区域主要位于东部经济发达地区，全部处于京津冀、长三角和珠三角三大经济圈，这些地区市场经济发展良好、产业结构水平高、创新创业资源丰富。高水平区域内各地区的科技创业水平基本呈现递增趋势，尤其以北京市最为明显，北京常年处于我国科技创业水平最高地区，如图4-4所示。2009年以后，北京科技创业水平逐年快速增长，遥遥领先于其他地区。北京作为我国首都，聚集了众多的科研机构、高水平大学、科技企业、创投机构和国家级科技创新创业载体，科技创新实力雄厚，科技创业资源丰富，成为我国科技创业的核心区域。天津在2014年以后，科技创业水平增长缓慢，甚至在2018年和2019年略有下降。天津近年来面临着产业结构转型升级后劲不足、科技和信息服务业发展缓慢、人才流失严重等问题（张文忠和邱士娟，2021），导致科技创业水平受到严重影响。

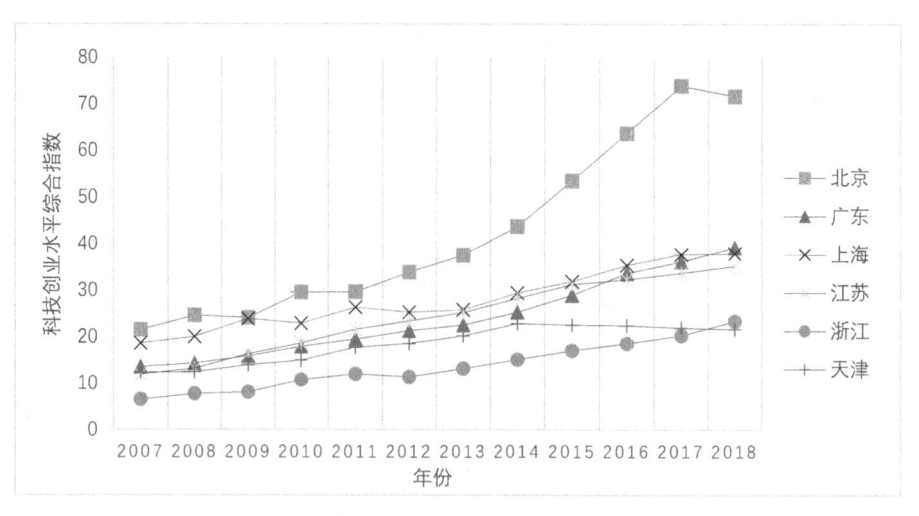

图 4-4 科技创业高水平区域综合指数变化情况

资料来源：作者根据指标体系计算数据绘制。

科技创业中水平区域主要包括东部地区和中西部地区经济发展较好的 11 个省（直辖市）。地区内各省（直辖市）的科技创业水平总体呈增长趋势，且增长速度较快，如图 4-5 所示。而辽宁省 2014 年科技创业水平连续两年下降，这与辽宁省在 2015 年对财政收入数据和 2016 年对 GDP 数据"挤水分"有关，导致科技创业环境和科技创业者信心受到影响。

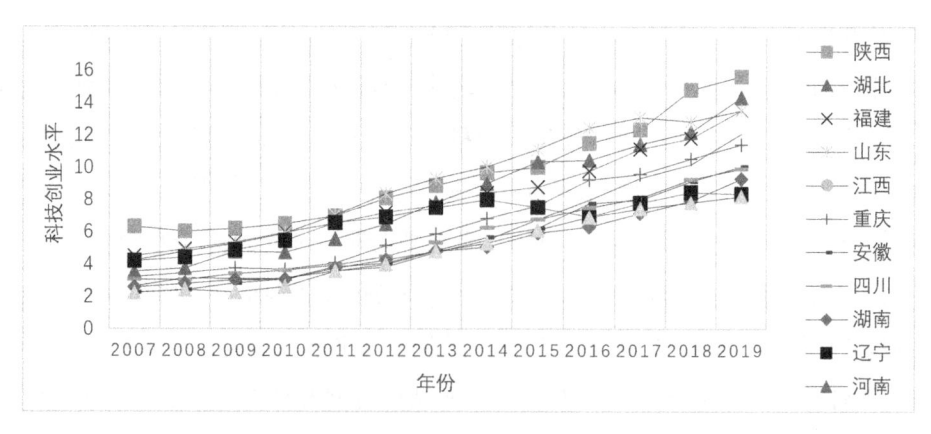

图 4-5 科技创业中水平区域综合指数变化情况

资料来源：作者根据指标体系计算数据绘制。

科技创业低水平区域主要是发展相对落后的地区，共 13 个省（自治区）。该区域科技创业水平较低,科技创业水平综合指数均未超过8。其中,吉林省的科技创业水平明显高于其他省(自治区),如图4-6所示。从增长速度来看,低水平区域的科技创业水平较为缓慢,因为这些地区属于我国经济发展较为落后的地区,其中,海南虽然处于东部沿海地区,但海南省经济体量相对较小,经济发展水平不高,经济发展对旅游业和房地产依赖严重,创新创业对经济增长驱动作用不明显(李敏纳,2013)。河北省虽然位于京津冀地区,但长期面临北京和天津的"虹吸效应",产业结构转型升级缓慢、经济发展长期依靠劳动密集型制造业、人才流失严重,导致其科技创业水平较低。吉林和黑龙江属于东北地区,2009年以前,黑龙江科技创业水平还明显高于其他地区,但2009年以后,黑龙江科技创业水平增长极为缓慢。黑龙江已连续被多个省份超越,这与近年来东北地区遭遇的发展困境有关,东北地区的发展困境本质上是创新创业问题,根源在于经济结构性失衡矛盾突出、创新水平不高且动力明显不足、创新创业环境所需体制机制不完善(李政,2015),诸多因素导致东北地区科技创业水平增长缓慢,甚至有下降趋势。其他地区属于中西部经济发展较为落后的地区,这些地区产业结构水平不高,长期依靠劳动密集型产业支撑经济增长,科技创新资源不足,创新能力弱,长期面临人才流失状况,难以吸引创新创业资源流入。诸多原因决定了这些地区科技创业水平低,且增长速度缓慢。

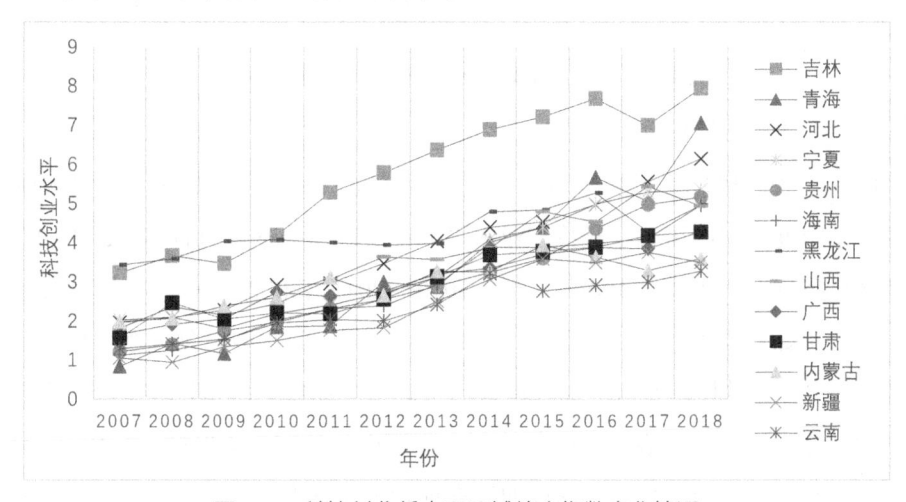

图4-6 科技创业低水平区域综合指数变化情况

资料来源:作者根据指标体系计算数据绘制。

4.4.3 中国科技创业的动态演化特征——基于核密度估计

本书基于所测算的 2007—2019 年各地区科技创业水平综合指数（详见附录 1），进一步探讨 2007 年以来，中国各地区科技创业的动态演化特征。

本研究选取 Silverman 最佳带宽和 Epanechnikov 核函数，分别对 2007 年、2010 年、2015 年和 2019 年中国省际科技创业水平结构层级分布进行核密度估计，如图 4-7 所示。

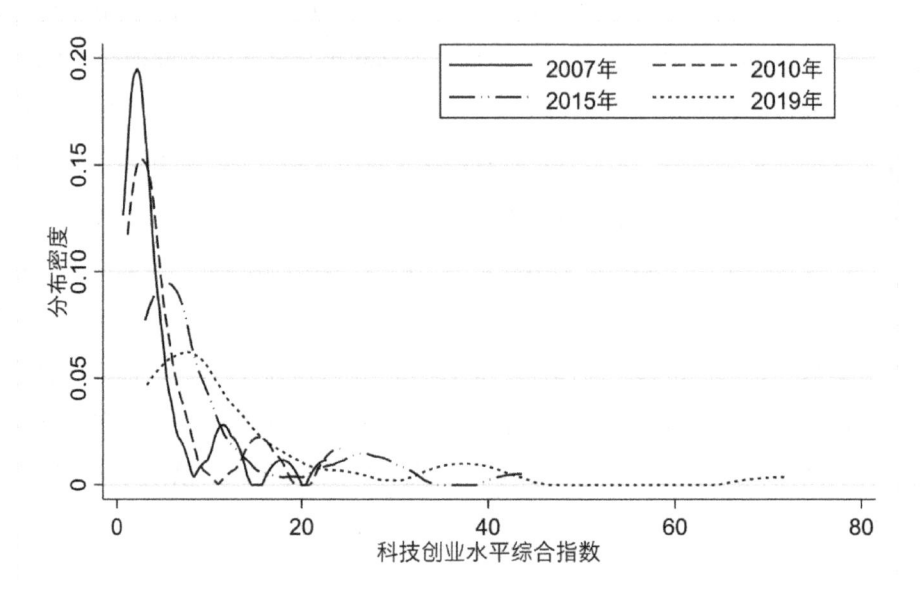

图 4-7 各地区科技创业水平指数核密度分布曲线

资料来源：作者用 stata16.0 软件绘制。

图 4-7 中，横轴表示各地区科技创业水平综合指数，纵轴表示科技创业水平的分布密度，由图可知，科技创业水平分布密度曲线逐年向右移动，表明我国各地区科技创业水平总体上逐年增加。2010—2015 年和 2015—2019 年科技创业水平综合指数移动幅度较大，说明 2010—2019 年，我国科技创业水平增长速度比较快；同时，科技创业水平综合指数分布的密度曲线的峰值快速下降，且在横轴上的变化区间加大，表明我国科技创业逐渐由收敛转变为发散。2010 年以后，科技创业水平综合指数分布的密度曲线在横轴上快速右移且区间变宽，并且右侧尾部平移的幅度远大于左侧尾部，表明 2010 年以后，我国地区间科技创业水平

差距在快速变大,且科技创业高水平地区的科技创业增长速度远高于科技创业中水平和低水平地区,地区间科技创业极化现象呈现加重趋势。2007—2019年科技创业水平分布密度曲线呈双峰分布态势,且两峰峰值相差较大,说明我国科技创业在低水平地区集聚现象明显,在高水平地区有所集聚,且科技创业低水平地区所占比重较大。综上所述,我国地区间科技创业水平动态演化分为两个阶段。第一阶段为2007—2010年,科技创业水平有所增长但速度较慢,地区间水平差距较小,低水平地区所占比重非常高;第二阶段为2010年至今,地区间科技创业水平增长速度加快,且高水平地区的增长速度远高于低水平地区,地区间科技创业水平差距呈扩大趋势。

4.5 本章小结

本章主要克服已有研究中采用单一指标测度科技创业水平的缺陷,探寻准确测度中国各地区科技创业水平的方法,力求能够准确把握中国各地区科技创业水平的现状和特征,并为后文计量分析提供数据支撑,以获得更准确和更有价值的实证研究结果。

首先,基于逻辑模型构建科技创业评价框架。借鉴美国国际开发署(USAID)于1970年所开发的逻辑模型的原理,从科技创业的特点和研究需求出发,最终提炼出科技创业资源、科技创业投入、科技创业产出和科技创业环境四个一级指标。四个一级指标存在着某种逻辑联系,共同组成了一个科技创业系统,构成用于评价地区科技创业水平的分析框架。四个一级指标之间相互关联,相互影响。同时,四个一级指标构成了一个逻辑关系密切的循环系统,能够将科技创业的各环节、科技创业的起点和终点连接起来,比较全面地展示了科技创业水平的衡量结构。

其次,设计科技创业评价指标体系。借鉴已有研究的指标体系设计原则,在上文所构建的科技创业评价框架的基础上,遵循二级指标选择的原则,结合科技创业的理论、内涵、特征和中国的国情及地区特点,分别从科技创业资源、科技创业投入、科技创业产出和科技创业环境四个维度,建立了较为全面、数据可获得和能反映中国科技创业特征的科技创业评价指标体系,该体系包括4个一级指标和16个二级指标。

再次,基于熵值法测算中国各地区的科技创业水平。熵值法属于客观赋权法,使用熵值法来确定指标的权重,能够克服主观赋权法的主观影响,获得客观的指标权重,因而得到比较准确的评价结果。

最后,基于测算结果,总结我国科技创业的演进阶段、空间分布特征和动态演化特征。一是我国科技创业演进阶段划分。自改革开放以来,我国创业发展可分为四大阶段:第一阶段(1978—1991年)、第二阶段(1992—2000年)、第三阶段(2001—2009年)和第四阶段(2010年至今)。二是中国科技创业的空间分布特征。从总体上看,全国科技创业呈现不均衡态势,科技创业水平东高西低现象明显,地区间水平差异较大。科技创业高水平区域主要位于东部经济发达地区;科技创业中水平区域主要包括东部地区和中西部地区经济发展较好的11个省(直辖市);科技创业低水平区域主要包括发展相对落后的地区,共13个省(自治区)。三是中国科技创业的动态演化特征。中国地区间科技创业水平动态演化分为两个阶段:第一阶段为2007—2010年,科技创业水平有所增长但速度较慢,地区间水平差距较小,低水平地区所占比重非常高;第二阶段为2010年至今,这一阶段我国地区间科技创业水平增长速度加快,且高水平地区的增长速度远高于低水平地区,地区间科技创业水平差距呈扩大趋势。

第 5 章 科技创业驱动经济增长的实证研究

在第 3 章中，拓展了新熊彼特经济增长理论，推理出科技创业水平的提升会驱动地区的经济增长，并进一步从理论层面凝练出科技创业驱动经济增长的动力机制，进而提出本研究的理论假说。但还需进一步实证检验科技创业对经济增长的驱动效应和动力机制，予以科技创业驱动经济增长这一命题更令人信服的理论支撑。本章将利用 2007—2019 年中国省际面板数据，通过构建面板数据模型检验科技创业对中国经济增长存在何种影响效应？影响程度如何？是否存在异质性？在回答上述问题时，需要考虑以下两个方面问题：第一，经济增长不仅表现为增长规模的扩大，还需关注增长效率的提升；第二，第 4 章研究发现，我国地区之间科技创业非均质化特征显著，且呈现出不同的动态演化特征，地区间科技创业对经济增长的影响效应可能不同。因此，本章将进一步系统地研究科技创业驱动经济增长的异质性特征。

5.1 模型构建与变量说明

5.1.1 基本模型构建

为了实证检验科技创业作用于经济增长的效应，利用收集的省际经济增长数据和上文所计算的科技创业水平综合指数，绘制出科技创业水平与经济增长的拟合图（图 5-1），图中展示了科技创业水平与经济增长的拟合关系，地区实际 GDP 的增长与科技创业水平的增长趋势一样，在考察范围内，可以直观地发现，随着科技创业水平的提高，地区 GDP 也随之增加，初步判定科技创业与经济增长之间存在线性关系。

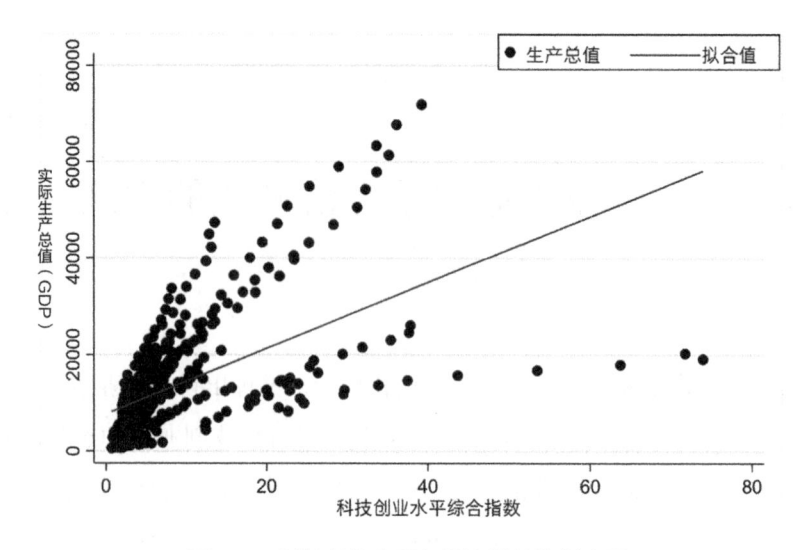

图 5-1 科技创业水平与经济增长的拟合图

资料来源：作者运用 stata16.0 软件绘制。

本书构建以下模型，用来实证验证科技创业驱动经济增长的效应，基准回归模型如下：

$$y_{it} = \alpha_0 + \beta_1 \text{ste}_{it} + \beta_2 X_{it} + \delta_{it} \quad (5.1)$$

其中，y 代表经济增长，i 代表地区，t 代表年份，ste 代表科技创业水平，为本研究的核心解释变量，通过构建科技创业评价指标体系计算科技创业水平综合指数所得。δ 为方程残差项，α_0 是常数项向量，β_1 和 β_2 是作用系数，表示解释变量对被解释变量的影响，X 为其他控制变量构成的向量集。

5.1.2 变量选择

1. 核心变量

（1）经济增长

经济增长是经济学关注的重点领域，从重商主义、古典经济学、新古典经济学到新经济增长理论等西方经济学流派，都在探寻财富增长的源泉。既有研究文献围绕经济增长这一重大命题，学者从经济增长内涵、经济增长动力、经济波动和经济增长潜力等方面展开研究，并取得了丰硕的成果。在已有研究中，常用地区生产总值（GDP）的规模、均值和增长率等指标来衡量经济增长，更多关注经济增长的数量规模维度。本研究认为经济增长不仅表现为规模的增长，还包括经济增长效率的提升。因此，为了全面反映经济增长的内涵，本书采用经济增长规模和经济增长效率的系列指标来衡量经济增长。

经济增长规模（gq）：本书借鉴已有研究成果，选取地区生产总值（GDP）作为经济增长规模的代理指标，为了保持变量的平稳性，对其数值取自然对数。

经济增长效率（ge）：反映了经济增长的质量，其内涵比较丰富，学者对此展开了比较丰富的研究。刘伟和蔡志洲（2015）等从理论层面讨论了产业结构与经济效率的关系。学者也对经济增长效率的相关因素展开了研究，包括财政支出、金融、环境规制和结构变迁等因素。对于经济增长效率的测度，学者也从不同角度选取了不同指标来表征。例如，傅元海（2016）认为经济增长效率是要素的利用效率，利用经济增长集约化水平和投入产出率来测度经济增长效率；林毅夫和苏剑（2007）用全要素生产率对经济增长的贡献与劳动要素和资本要素对经济增长贡献和的比值来测度；唐末兵等（2014）用经济集约化水平来表征经济增长效率。经济增长效率的提高是经济产出方式转换的结果，增长方式转向集约型增长就是经济增长效率提高的过程，其本质是技术创新对经济增长的贡献加大，可以用全要素的生产率、增长率对经济增长的贡献来测度经济增长集约化水平（厉无畏和王振，2006）。因此，本书借鉴这一方法，采用经济增长集约化水平来衡量经济增长效率。即：

$$ge = \frac{\text{gtfp}/g}{(\alpha \cdot gl + \beta \cdot gk)/g} = \frac{\text{gtfp}}{\alpha \cdot gl + \beta \cdot gk} \tag{5.2}$$

上式中，ge 为经济增长集约化水平，用来表征经济增长效率；gl 为劳动力的增长率；gk 为资本要素的增长率；α 为劳动要素的产出弹性；β 为资本要素的产出弹性；g 为经济增长率；gtfp 为全要素生产率的增长率。从上式可以看出，如果生产要素的增长率固定，那么全要素生产率的增加，会推动经济增长效率提高。

对生产函数 $Y = AL^{\alpha}K^{\beta}$ 两边同时取对数求偏导可得全要素生产率的增长率，计算公式如下：

$$gtfp = g - \alpha \cdot gl + \beta \cdot gk \qquad (5.3)$$

根据以上公式，利用各地区的统计年鉴国民经济核算数据可计算出各地区实际经济增长率 g；利用各地区统计年鉴的年末就业人员数据，可计算得到劳动力的增长率 gl；利用永续盘存法计算出各地区资本存量数据，从而得到资本要素的增长率 gk。由此，可测算出 gtfp、α 和 β，进一步地计算出经济增长集约化水平 ge，用其作为经济增长效率的代理变量。

（2）科技创业水平（ste）

根据第4章所构建的科技创业评价指标体系，利用熵值法计算所得的科技创业水平综合指数来衡量科技创业水平（见表4-7）。

2. 控制变量

（1）物质资本存量（k）

波特按照一个国家的竞争力发展将经济增长划分为要素驱动、投资驱动和创新驱动三个阶段。我国经济发展尚处于要素、投资驱动向创新驱动转换阶段，因此，物质资本投入仍然是影响经济增长的重要因素。同时，微观企业的生产方式决定了宏观经济增长方式，市场经济下的要素价格体系决定了企业的生产成本。当前，靠技术创新驱动经济增长的成本依然相对较高，在扭曲的要素价格体系下，技术创新生产成本普遍高于要素投入生产成本，企业必然选择资本密集型或劳动密集型的增长（林毅夫和苏剑，2007）。因此，当前，投资依旧是驱动经济增长的重要动力。改革开放以来，快速的资本积累已经显著地影响了中国经济增长的持续性和 TFP 的增长率（张军，2002）。因此，投资所形成的物资资本存量对中国经济增长具有重要作用。

物质资本存量估计主要有永续盘存法和资本价格租赁度量法，在学术研究中，常用的方法是永续盘存法。永续盘存法假设资本品的相对效率服从几何递减模式，其基本估算公式如下：

$$K_t = K_{t-1} \times (1 - \delta_t) + I_t / P_t \qquad (5.4)$$

其中，K_t 为第 t 年不变价资本存量，K_{t-1} 为第 $t-1$ 年不变价资本存量，δ_t 为第 t 年资本折旧率，I_t 为第 t 年名义投资额，P_t 为第 t 年投资的价格指数。王小鲁和樊纲（2000）基于永续盘存法的基本估算公式的思想，演化出如下资本存量估算公式：

$$K_t = K_{t-1} + (I_t - D_t)_t / P_t \qquad (5.5)$$

D_t为第t年名义资本折旧额，其他变量的含义同上。

本书将结合公式（5.4）和公式（5.5）来估算物质资本存量。对于当年投资流量的指标I_t的测度，在既有研究中，普遍采用当年固定资产形成总额来代替，本研究借鉴单豪杰（2008）等学者的研究，采用固定资产形成总额作为资本存量估算中的投资流量。固定资产折旧率和折旧额的选取和计算，对物质资本估算结果影响巨大。同时，学者在折旧率选取上，差别也较大。一些学者将考察期内的折旧率确定为固定值，如5%（王小鲁等，2000）、6%（孙辉等，2010）、9.6%（张军等，2004）和10%等（龚六堂等，2004）。有些学者注意到了折旧率的时变特征，不同时段的折旧率存在差异，因此他们在不同时段分别采用不同的折旧率（薛占栋，2011；谢群，2011）。不同折旧率或折旧额的选择，使得对资本存量的估算结果相差巨大。靖学青（2013）认为各个年份的折旧额是不同的，在研究周期使用同一折旧率的做法并不妥当。因此，在研究估算过程中，只有在折旧额不可获得的情况下，才使用折旧率，这一方法科学地避免了折旧率选择不当所导致的资本存量估算误差。本书将采用这一方法来估算物质资本存量，2007—2019年各地区物质资本存量详见附录2。

（2）人力资本（h）

具有经济价值的知识、技术、能力等凝聚于劳动力身上形成人力资本，表现为劳动力质量水平。在新经济增长理论中，人力资本是影响经济增长的关键变量。一些学者将人力资本视为一种生产要素，人力资本的积累是经济增长的源泉，人力资本积累速度差异导致了经济体的经济增长率不同（Uzawa，1965；Lucas，1988）。部分学者从创新角度研究人力资本对经济增长的影响，认为人力资本存量会影响创新知识生产能力（Romer，1990）、创新技术模仿和吸收能力（Nelson和Phelps，1966），进而会影响经济增长。尽管研究角度和分析方法有所不同，但主流经济学理论基本达成共识，即人力资本会影响经济增长。龚六堂等（2006）基于中国省际面板数据研究人力资本与经济增长的关系，证实人力资本对中国经济增长存在巨大的促进作用，人力资本也是长期经济增长的主要动力。关于人力资本水平的衡量，在既有研究中采用的测度指标各异，如平均受教育年限、教育投入、人力资本终身受益和每万人拥有大学生人数等指标。在实证研究中，较为普遍地采用平均受教育年限来测度人力资本水平。例如，赖明勇等（2005）、边雅静和沈利生（2004）和周少甫等（2013）等都采用平均受教育年限作为人力资本的代理变量，用来研究人力资本与经济增长的关系。本研究将借鉴学者的研究方法来测度人力资本水平，计算公式为：

$$h = \sum_{i=1}^{n} L_i H_i / L \qquad (5.6)$$

h 是平均受教育年限，用来表征人力资本水平；L_i 是受第 i 种教育阶段的人口数；L 为人口总数；H_i 指不同教育阶段的年限，共 5 个教育阶段，分别为高中以上（$H_5=17.5$）、高中（$H_4=13.5$）、初中（$H_3=10.5$）、小学（$H_2=7.5$）和小学以下（$H_1=1.5$）。在实际生产活动中，由于将受教育程度为小学以下的人口的人力资本水平视为 0 并不符合生产实践的实际情况，因此将其受教育年限设定为 1.5 年更合理，而非 0 年。根据上述公式，计算出各地区历年的平均受教育年限，将其作为各地区的人力资本的表征指标，记为 h。

（3）城镇化水平（u）

城镇化是经济系统的空间体系在经济发展和系统内变量变化和推动的一种经济转化过程，经济增长带来的人口和要素集聚，促进了规模经济和集聚经济的形成，从而推动城市化进程。同时，城市化水平的提高有助于发挥经济的规模优势，降低交易成本。改革开放以来，城镇化的快速推进推动了我国经济的高速增长，今后，城镇化对于扩大内需、缩小城乡差距和拉动消费等具有重要正向影响，仍然是下一阶段经济持续增长的强大动力（朱孔来等，2011）。我国在强调转变经济发展方式过程中强调要扩大内需市场和消费性投资，其本质就是推动城镇化建设，从这个角度来看，经济发展方式的转变不仅仅是生产过程中的技术升级、结构优化，也是城镇化建设的过程。在经济发展过程中，城镇化能够促进几乎所有产业发展，具有主导地位，将是国民经济的新增长点，也是中国经济发展方式的重心所在（王国刚，2010）。实证分析也表明，从 20 世纪 90 年代开始，城镇经济是中国经济增长的主要来源，城镇化所涵盖的人口城镇化、土地城镇化和城镇建设都成为影响经济增长的重要因素（郑鑫，2014）。从作用机制来看，城镇化会影响资本（物质和人力）的集聚，从而影响经济增长（蔺雪芹等，2013）。本研究将利用城市常住人口与总人口的比值来测度城镇化水平，记为 u。

（4）对外贸易开放（open）

经济学理论认为对外贸易开放能通过规模经济效应（krugman 和 Helpman，1985）、促进技术进步（Romer，1986）和提高要素生产率（Lucas，1988）等促进经济增长。在主流经济学理论方面，对外贸易开放程度会影响经济增长基本达成共识。学者也对中国对外贸易开放和经济增长的关系展开了研究，虽然研究结论有所不同，如包群等（2003）认为对外贸易的经济增长效应具有阶段性特征，但黄慰和方齐云（2006）、黎文勇和杨上广（2019）等的研究结果表明，对外贸易开放不仅能促进经济增长，还对经济增长质量具有显著的促进作用。从既有理论分析和实证检验结果来看，对外贸易开放能促进经济增长，这一观点得到了广泛认同。本书将对外贸易开放作为基本模型的控制变量，并选取各地区每年进出口贸易总额与 GDP 比值来测度各地区的对外贸易开放程度，记为 open。

（5）基础设施（inf）

Nurkse 和 Rostow 等经济学家将基础设施视为实现"经济起飞"的重要条件，包括交通在内的基础设施是一种社会先行资本，对区域经济增长影响深远。基础设施（如公路、通信设施等）的网络特征在一定程度上降低了要素流动成本和交易费用，具有极强的空间溢出效应，对经济增长产生了极强的影响。在我国经济发展实践中，总结出了"要想富，先修路"的经济发展经验，这体现出了在经济发展过程中包括交通在内的基础设施的重要作用。在对中国基础设施与经济增长关系的研究中，普遍认为交通基础设施建设在中国经济保持长期高速增长过程中发挥了重要支撑作用（张学良，2012；刘生龙和胡鞍钢，2010），基础设施的"时空压缩"效应有效地降低了运输成本和交易费用，具有边际收益递增效应，通过促进人口和产业集聚驱动了经济增长（魏下海，2010）。本研究将采用各地区的单位土地面积的公路里程数作为基础设施水平的代理变量，记为 inf。

5.1.3 数据来源与统计描述

由第 2 章科技创业的内涵界定可知，本书将科技创业视为一个动态过程，视为一个系统。科技创业不仅包含企业数，也包含科技创业资源、科技创业投入、科技创业产出和科技创业环境等。因此，本书在第 4 章中通过构建评价指标体系来衡量地区的科技创业水平，并将其作为后文计量分析中的核心解释变量的代理变量。科技创业企业数无疑是指标体系中的核心指标，无可替代。但是在数据收集过程中，发现科技创业企业数的数据无法获取。尚未发现有科技创业企业相关数据的权威统计，导致在研究中难以获得第一手统计资料。因此，本书选择科技企业孵化器内和大学科技园区内的在孵企业的总数代表科技创业企业数。考虑到科技创业大多产生于科创载体内，数据的选择具有一定合理性。本书研究中，科技创业相关数据主要来源于《中国火炬统计年鉴》，而《中国火炬统计年鉴》只统计了省级相关数据，且国家火炬中心于 2008 年才首次出版《中国火炬统计年鉴》，因此 2007 年以前本研究的相关核心数据难以获取。基于数据的可得性，本书数据样本的起始年份为 2007 年，研究样本为 2007—2029 年中国省际面板数据。

样本数据包含中华人民共和国 30 个省、自治区、直辖市的数据（未收录香港、澳门、台湾和西藏的数据）其中 GDP、受教育年限、城市化水平、进出口总额和单位土地面积公路里程数等数据由 2008—2020 年《中国统计年鉴》和各地方统计年鉴整理和计算所得，GDP 数据按照 2000 年价格进行平减实际 GDP，进出口贸易总额按照当年人民币兑美元的平均汇率换算成人民币。经济增长效率指标由作者利用索洛余值方法计算所得，计算中涉及的实际 GDP 增长率由 2000 年价格平减后的 GDP 数值计算所得，就业人口数据来源于 2008—2020 年各地统计年鉴。科技创业水平数据由所构建的指标体系计算所得，数据来源和计算方法见第 4 章。资本存量由作者根据永续盘存法估算所得，估算涉及的固定资产投资价格指数、折旧额度和固定资产投资流量数据来源于 2008—2020 年《中国统计年鉴》和历年地方统计年鉴，由于 2008 年、2018 年和 2019 年的官方统计数据并未公布折旧额度，因此，2008 年的折旧额度取 2007 年和 2009 年折旧额度的平均值替代，2018 年和 2019 年采用 9.6%（张军等，2004）的折旧率来计算，采用靖学青（2013）计算的 2000 年资本存量作为基准年份的资本存量。为保持数据的平稳性和降低数据量级，对GDP、科技创业水平综合指数和资本存量进行对数化处理，得到经济增长规模（gq）、科技创业水平（ste）和物质资本存量（k）等指标。各变量的描述性统计如表5-1所示。

表5-1 主要变量的统计描述

变量	变量解释	样本量	标准差	最小值	均值	最大值
gq	实际GDP的对数值	390	0.952	6.350	9.127	11.172
ge	经济增长集约化水平	390	0.197	−37.457	0.199	15.133
ste	科技创业水平对数值	390	0.895	−0.393	1.730	4.303
k	物质资本存量对数值	390	0.937	7.862	10.606	12.528
h	平均受教育年限	390	1.206	8.285	11.206	15.328
u	城镇化水平	390	0.133	0.282	0.552	0.896
open	进出口总额与GDP比值	390	0.331	0.013	0.296	1.671
inf	单位土地面积拥有公路里程数	390	0.510	0.015	0.866	2.115

资料来源：作者整理所得。

5.2 估计方法选择与内生性控制

5.2.1 估计方法选择

在计量分析中，最小二乘法（OLS）估计的有效性依赖于一系列假定条件，包括线性参数、随机抽样、自变量之间不存在严格的线性关系和误差值，以及在任何给定自变量值的条件下期望值均为零等。只有在这些条件下，OLS估计才属于无偏估计，否则，OLS估计结果属于无效估计，且缺乏有效的经济解释力。由于实际样本数据的复杂性，样本数据通常不满足OLS估计方法的经典假定。因此，在样本数据回归之前，需要通过相应的检验确定估计模型和方法，以获得有效估计结果。由于本研究的数据样本$N=30$，$T=13$，属于短面板数据，固定效应模型是更为合理的模型。此外，通过进一步的Hausman检验，经济增长规模和经济增长效率模型的检验结果都表明应该使用固定效应模型。因此，本书在实证检验过程中，选择固定效应模型。

为了面向21世纪和迎接世界新技术革命的挑战,更好地推动实施"科教兴国"战略,国务院于1995年11月批准启动"211工程",由国家立项在高等教育领域进行重点建设工作。以政府牵头整合国内资源投入高等院校建设,其中,要集中力量建设100所左右的大学,同时推进学科和专业的建设,提高我国高校的竞争力和科研实力,力争建成一批世界一流大学。全国入选"211工程"大学一共有116所,遍布各省(直辖市和自治区),故选择各地区211高校数量作为科技创业的工具变量。首先,改革开放以来我国经济长期保持稳定增长,经济增长的动力来源于制度改革、要素投入、人口红利、基础设施建设、对外开放等诸多方面,可以说改革开放开启了中国经济系统变革的窗口,系统内部的各要素不断地改善、蜕变,新要素不断替代旧要素,最终促进经济系统自我进化和螺旋上升,从而共同推动我国经济长期保持高速增长。而211高校在2008年以后数量没有变化,而之前数量的变化与经济增长没有关系,取决于政府的政策。特别是在考察期内,211高校数量变化对经济增长没有影响。其次,211高校数量会对地区的科技创业产生影响,主要体现在两个方面。一方面,科技创业需要创业者和高素质劳动力。科技创业者与传统创业者相比,具有高人力资本水平的特征;同时,科技创业需要雇佣高素质劳动力,以生产和提供知识密集型产品和服务。因此,211高校作为地区的高水平高校,承担了科技创业"人才池"功能,其培养高素质人才是科技创业的支撑基础。另一方面,科技创业需要依托于创新技术。211高校作为研发的重点机构,是研发人才和创新知识的集聚地,也是创新知识的最主要生产单位,211高校的技术创新和专利发明,都是科技创业技术成果的重要来源。同时,以大学为基础的大学科技园区,也是科技创新创业的重要载体。所以,纵观中国科技创业发展历程,科技创业活跃地区通常是211高校集聚区,如北京、上海、江苏和广东等。因此,211高校数量的多少与科技创业具有正相关性,故选择其作为科技创业的工具变量具有合理性。

5.2.2 内生性控制

根据上文的文献综述和理论分析,科技创业通过创新效应、产业结构效应和就业效应等动力机制驱动经济增长,是经济发展的重要动力。特别是进入经济高质量发展阶段，可预期科技创业将引领产业化创新，为经济高质量发展培育新动力。同时，科技创业作为经济大系统的组成部分，经济的增长将带动供给与需求动态调整，从而不断内生出创业机会。经济的增长也会导致科技创业资源、科技创业环境等发生变化。因此，无论是经济增长规模扩大，还是经济增长效率提高，都会对科技创业产生影响。赵涛等（2020）研究表明，数字经济通过市场规模、知识溢出、要素配置和加快信息交互等创造更多创业机会和丰富创业资源，将有利于提升区域的创业活跃度。因此，本研究面临着科技创业和经济增长之间互为因果所产生的内生性问题。内生性检验结果（表5-2）也证明，在本书解释经济增长模型中的确存在内生性问题。

1. 工具变量的选择

内生性问题的存在将导致回归结果存在内生性偏误，从而造成模型回归结果不具备说服力，也不能够得出科学合理的研究结论。在研究中，必须解决内生性问题，通常通过寻找合适的工具变量来克服模型的内生性。因此，本书选择工具变量并使用2SLS估计方法。工具变量包括如下两类：地区滞后一期的科技创业水平和各地区入选"211工程"高等学校（以下简称211高校）。

在相关研究中，通常选择地区滞后一期的核心解释变量作为工具变量（都阳等，2014；杜尔玏，2019）。本书借鉴既有的研究方法，结合本研究的特点，亦选择滞后一期科技创业水平作为工具变量。滞后一期科技创业水平与本期科技创业水平相关，滞后一期科技创业的知识溢出、创造的新需求等会影响本期的科技创业，故选择其作为工具变量。

2. 工具变量的有效性检验

工具变量的合理性关系到研究结果的解释力和科学性。因此，需要进一步地对所选择的工具变量有效性进行检验，检验结果如表5-2所示。表中的检验结果表明，Aderson LR统计量通过了1%水平的显著性检验，故强烈拒绝原假设，说明所选工具变量与内生变量相关，不存在识别不足问题。Hansen J检验结果显示，统计量没有通过显著性检验，检验结果表明所选工具变量恰好识别，不存在过度识别问题。工具变量合理性检验结果表明，满足了有效工具变量的相关性和外生性条件，故本研究所选择的工具变量是合理有效的。

5.3 实证结果分析

5.3.1 总体样本实证回归结果

在经济增长的动态过程中，经济增长不仅是规模的增长，也是增长效率变化的过程，体现了经济系统内的生产更有效率，技术进步对经济的增长贡献不断提高。因此，本书将从经济增长的规模和效率两个维度衡量经济增长这一解释变量，以期能够从经济增长数量和质量两个层面反映经济增长的丰富内涵，从而能更精确地把握科技创业对不同维度经济增长的作用。综上所述，内生性的问题导致最小二乘法（OLS）回归有偏误且不一致，故本部分将报告基准模型（OLS）的估计结果和采用工具变量的两阶段最小二乘法（2SLS）的估计结果。在回归结果具体分析中，将着重分析使用工具变量的 2SLS 的估计结果，并将其与 OLS 的估计结果进行比较分析，从而检验第 3 章的理论假说 1 和理论假说 2。回归结果如表 5-2 所示。

表 5-2 科技创业驱动经济增长的回归结果

变量	OLS 回归结果 (1) gq	OLS 回归结果 (2) ge	2SLS 回归结果 (3) gq	2SLS 回归结果 (4) ge
ste	0.062*** (3.886)	0.868 (0.874)	0.103*** (4.119)	3.321* (1.930)
k	0.362*** (23.184)	−1.641* (−1.692)	0.341*** (19.252)	−2.665** (−2.177)
h	0.074*** (10.283)	−0.078 (−0.176)	0.067*** (9.501)	−0.149 (−0.303)
u	0.430** (2.366)	7.557 (0.670)	0.431** (2.246)	3.491 (0.263)
open	−0.190*** (−7.642)	−1.727 (−1.117)	−0.169*** (−5.827)	−1.410 (−0.706)

续表

变量	OLS 回归结果		2SLS 回归结果	
	(1) gq	(2) ge	(3) gq	(4) ge
inf	0.223*** (6.790)	4.653** (2.279)	0.189*** (5.492)	4.421* (1.858)
cons	3.985*** (43.367)	9.285 (1.626)	4.225*** (34.624)	19.012** (2.256)
N	390	390	360	360
R^2	0.987	0.237	0.986	0.217
DMtest	—	—	4.337**	4.321**
AdersonLRtest	—	—	159.087***	159.087***
HansenJtest	—	—	0.000	0.000

资料来源：作者根据 stata16.0 软件运算结果整理。

注：括号内为 Z 统计量，*、**、*** 分别表示 10%、5%、1% 的显著性水平，"—"表示缺失值。

1. 第一维度的经济增长：经济增长规模

表 5-2 的估计结果显示，模型（1）和模型（3）分别利用最小二乘法和两阶段最小二乘法估计科技创业对经济增长的影响。对比模型（1）和模型（3）可得，OLS 的作用系数为 0.062，2SLS 的作用系数为 0.103，且都通过 1% 显著性水平检验，表明科技创业具有显著的经济增长驱动效应，科技创业水平的提高有利于促进经济增长。其中，OLS 估计结果明显低估了科技创业对经济增长的促进作用。从总体上看，科技创业对经济增长具有显著的正向影响，研究结果验证了本书第 3 章中所提出的理论假说 1。这一研究结论与庄子银（2005）、朱子婧等（2019）的研究结论一致，以技术创新为依托的科技创业是经济长期增长的源泉和动力。经济高质量发展的本质就是经济要转变以要素驱动的经济发展方式，克服和突破要素投入的边际产出递减对经济增长的约束，而科技创业所推动的创新成果市场化、产业化将引领经济转型发展，寻找并培育经济新的增长动力，增强经济增长的可持续性。这一回归结果也与中国经济发展实践相符合，

自改革开放以来，相继的四次创业浪潮都推动了中国经济向更高水平发展。第一次创业浪潮释放了经济增长活力，解决了中国供给短缺的难题；第二次创业浪潮促进了企业家精神发挥，助推了中国制造业发展，有力地推动了产业结构升级，提高了经济增长的韧性；第三次创业浪潮抓住了互联网这一机遇，这也是近代社会以来中国首次没有错失产业变革所带来的发展机遇，以科技创新技术为核心的科技创业结合中国超大规模市场优势直接带动了中国互联网产业蓬勃发展，推动中国的移动支付、网络购物和互联网应用等技术全球领先，培育了一批"互联网+"新兴产业，为中国经济增长不断培育新的增长引擎；以制度、技术、市场和资本的深度变革和有机结合形成的科技创业系统升级催生了第四次创业浪潮，这次创业浪潮将带来比以往任何一次创业浪潮更大的经济增长动力，关乎我国能否成功跨入高收入国家行列。总而言之，从经济增长的第一维度——经济增长规模来看，科技创业的正向促进作用是显著的，科技创业水平的提高显著地驱动了中国经济增长规模。

从控制变量对经济增长规模的影响来看，物质资本存量对经济增长起到了促进作用，且通过了1%显著性水平检验，回归结果与林毅夫等（2007）、张军（2007）的研究结论一致。在生产函数中，资本是决定经济产出的关键因子。在各国经济发展过程中，资本投资也是推动经济增长的重要引擎。特别是在我国处于要素驱动、投资驱动转向创新驱动的经济发展阶段，资本是长期支撑经济增长的引擎。基础设施建设投资作为资本形成的重要方式，是中国经济逆周期调整的主要手段，也是助推我国度过经济危机的重要举措。

人力资本水平的提高对经济增长具有显著的促进作用，与赖明勇等（2005）、边雅静等（2004）和周少甫等（2013）等的研究结论一致。人力资本作为劳动力质量水平的反映，其表现为单位劳动力投入能创造更多的产出，同时人力资本存量影响创新知识的产生、产业化和市场化，强化技术创新的经济增长效应，成为支撑经济长期增长的主要动力。因此，人力资本水平的提升，对经济增长具有显著的促进作用。

城市化水平的提高对经济增长具有促进作用，且通过了5%显著性水平检验。这一结论与（朱孔来等，2011）、（郑鑫，2014）等的研究结论一致。城市化带来的就业增加和人口集聚，在某种程度上刺激了商品和服务的需求。同时，城市化形成的要素和产业集聚，有利于降低生产成本、交易成本和促进创新溢出，具有规模经济和范围经济效应。城市化推动产业的发展和集聚是地区经济发展的动力，会创造更多的就业和财富，形成经济增长极。这又将进一步吸引资源和人口流入，推动城市化向更高水平发展。城市化和经济增长不断通过乘数效应和循环累积效应相互促进，推动地区经济向更高水平演进。

对外贸易开放的系数为负，且通过了显著性水平检验，表明在考察期内对外贸易对经济增长具有负向影响。研究结论与黄慰和方齐云（2006）、黎文勇和杨上广（2019）等关于对外贸易对经济增长具有促进作用的结论不一致，但与包群等（2003）、杨丹萍等（2016）等的研究结果相似，即对外贸易开放对经济增长的影响具有阶段性特征。对于对外贸易开放对经济增长的负面影响，包群给出的解释是"中国对外贸易以加工贸易为主，这种'两头在外'的贸易模式容易受到外部经济因素的影响"。

基础设施的改善显著地促进了经济增长，这一结论与张学良（2012）、刘生龙和胡鞍钢（2010）等的研究结论一致。基础设施是经济生产活动的前提条件，良好的基础设施能够降低要素流动成本和交易成本，提升区域间市场一体化的水平，提高要素的流动性从而优化资源在部门、行业和地理空间上的配置。同时，基础设施促进要素、产业等集聚，通过空间溢出效应、规模经济效应等促进经济增长。

2. 第二维度的经济增长：经济增长效率

第二维度经济增长指标衡量的是经济增长效率。由表5-2可知，模型（2）和模型（4）是分别利用OLS和2SLS估计科技创业对经济增长效率影响的回归结果。对比模型（2）和模型（4）可知，OLS的作用系数为0.868，但未通过显著性水平检验，2SLS的作用系数为3.321，且通过了显著性水平检验。由回归结果可知，随着科技创业水平的提升，不仅有助于驱动经济增长规模，还有利于驱动经济增长效率提升，研究结果验证了本书第3章中所提出的理论假说1。其中，OLS估计结果明显低估了科技创业驱动经济增长效率提升的效应。我国实施创新驱动发展战略的目的是希望形成创新驱动的经济增长方式，经济增长方式的改变是为了解决长期经济增长低效率问题。进入新的发展阶段，要实现经济高质量发展不仅仅需要提高劳动、资本等传统生产要素的投入产出效率，更为重要的是要提升知识资本、人力资本和制度供给等无形要素的效率，通过将有形要素和无形要素有机结合形成高效率的经济生产方式，提高经济产出的质量和效益。科技创业正是实现这一目标的最佳选择，科技创业通过将知识资本、人力资本和制度供给等无形要素和劳动、物质资本等有形要素有机结合实现新组合，促进科学技术成果在经济生产领域的应用以及实现商业化和产业化，促进经济生产方式的优化升级，从而带动整个经济系统产出效率的提升。

回归结果进一步检验了其他控制变量对经济增长效率的影响，物质资本存量对经济增长效率具有抑制作用，且通过了显著性水平检验，这是因为本书选取经济增长集约化水平（TFP增长率对GDP增长率的贡献与生产要素增长率对GDP增长率的贡献的比值）作为经济增长效率的衡量指标，物质资本存量的增加，其对经济增长贡献额度增大，在其他变量不变的情况下会导致经济增长集约化水平降低；人力资本水平和对外贸易开放的系数为负但不显著，说明当前人力资本水平和对外贸易开放对我国经济增长效率提升没有显著的影响；城市化水平的作用系数为正但没有通过显著性水平检验，表明城市化水平改善并没有显著地提高我国经济增长效率；基础设施水平改善显著地提高了我国经济增长效率，基础设施作为经济增长的前提条件，基础设施的改善有利于知识溢出。经济地理学理论认为，知识溢出效应与地理距离呈负相关关系，而基础设施一定程度可以克服这一难题，交通、通信网络等基础设施强化了技术进步对经济增长的作用，助推经济增长的效率日益提高。

5.3.2 稳健性检验及结果分析

为了保证估计结果可靠，需对估计结果做稳健性检验。在既有研究文献中，常用变量替换法、补充变量法、分样本回归法、调整样本期法、改变样本容量和模型替换法等方法对实证结果做稳健性检验。根据本研究特点，本书将选择变量替换法、模型替换法和调整样本期法三种方法对总体样本进行再估计，进一步检验科技创业对经济增长驱动效应的稳健性。

1. 替换核心解释变量的检验结果

选择每万人拥有科技创业企业数作为核心解释变量的代理变量。科技创业企业数是科技创业活动的结果，也是科技创业水平的最直接体现。将每万人拥有科技创业企业数（ex）代替科技创业水平综合指数带入模型再回归估计，回归结果如表 5-3 所示。表 5-3 中模型（1）和模型（2）的科技创业企业数的系数显著为正，与总体样本回归结果一致。控制变量的作用系数的正负符号和显著性与上文总体样本回归结果基本相同，因此，本研究的研究结果具备稳健性。科技创业水平的提升对经济增长规模扩大和经济增长效率提升具有显著的驱动效应。

表 5-3　替换核心解释变量的稳健性检验结果

变量	(1) gq	(2) ge
ex	0.072***	3.254**
	(3.796)	(2.501)
k	0.370***	−1.833*
	(23.836)	(−1.721)
h	0.067***	−0.225
	(9.471)	(−0.462)
u	0.676***	11.419
	(3.719)	(0.916)
open	−0.122***	1.348
	(−3.339)	(0.538)
inf	0.216***	5.202**
	(6.493)	(2.276)
cons	3.896***	9.332*
	(51.989)	(1.814)
N	360	360
R^2	0.985	0.112
F	583.870***	2.410***

资料来源：作者根据 stata16.0 软件运算结果整理。

注：括号中为 Z 统计量，*、**、*** 分别为 10%、5% 和 1% 的显著性水平。

2. 替换估计模型的检验结果

替换估计模型是常用的稳健性检验方法。本书选取了考虑异方差和相关性的全面 FGLS 对样本数据进行再估计检验，在回归过程中进一步考虑了时间固定效应，回归结果如表 5-4 所示。通过比较表 5-4 中的模型（1）和模型（2）的结果与总体样本回归结果可知，核心解释变量科技创业的系数仍然显著为正，且控制变量的系数符号和显著性整体上基本一致。检验结果表明本研究的实证结果具有较强的稳健性，科技创业对经济增长的驱动效应具有可靠性和稳健性。

表 5-4 替换估计模型的稳健性检验结果

变量	(1) gq	(2) ge
ste	0.076*** (5.162)	0.225** (2.545)
k	0.865*** (28.246)	−0.264*** (−4.931)
h	0.007 (1.006)	−0.032 (−0.532)
u	−0.208* (−1.803)	−2.170** (−2.518)
open	−0.028 (−1.398)	0.934*** (4.304)
inf	0.115*** (6.689)	0.311** (1.992)
cons	−0.034 (−0.138)	3.150*** (4.407)
N	390	390
waldchi2	15972.700***	44366.150***

资料来源：作者根据 stata16 运算结果整理。

注：括号中为 Z 统计量，*、**、*** 分别为 10%、5% 和 1% 的显著性水平。

3. 调整样本期的检验结果

由于变量的极端值会影响模型的估计结果，如果极端值出现频率过高或极端值过于极端，都有可能造成分析结果的严重偏误，会对研究结论造成很大的困扰。可以通过调整样本期来处理极端值，以得到更为准确的研究结果。本文对所有变量进行1%分位上双边缩尾，然后再采用2SLS方法对数据样本进行估计，估计结果如表5-5所示。核心解释变量科技创业的系数仍然显著为正，且控制变量的系数符号和显著性一致。检验结果表明本研究的实证结果具有较强的稳健性，科技创业对经济增长的驱动效应具有可靠性和稳健性。

表5-5 调整样本期的稳健性检验结果

变量	(1) gq	(42) ge
ste	0.103*** (3.603)	2.713** (1.930)
k	0.341*** (17.905)	−1.690** (−2.345)
h	0.067*** (8.984)	−0.154 (−0.542)
u	0.417** (2.010)	−0.533 (−0.068)
open	−0.157*** (−5.132)	−1.565 (−1.349)
inf	0.196*** (5.252)	3.351** (2.368)
cons	4.225*** (31.039)	13.031** (2.530)
N	360	360
R^2	0.984	0.056
F	556.21***	2.15***

资料来源：作者根据stata16.0运算结果整理。
注：括号中为Z统计量，*、**、***分别为10%、5%和1%的显著性水平。

综上所述，本研究的实证结果通过了稳健性检验，表明科技创业对经济增长的驱动效应具有稳健性，科技创业水平的提升不仅能显著地促进经济增长规模扩大，还能提升经济增长的效率，科技创业有助于实现经济高质量发展。

5.3.3 异质性检验及结果分析

通过文献梳理发现，部分学者指出创业活动对经济发展的影响具有异质性特征。一方面，创业活动的经济增长效应具有区域异质性特征。在经济社会发展程度不同的地区，创业活动对经济增长的影响效应具有差异。例如，Stel 等（2010）的研究结论显示，创业促进了经济发展水平高的区域的产出增加，对发展水平低区域的产出促进作用并不明显。针对我国创业与经济增长的关系，有学者研究了创业资本对中部地区经济增长的作用，研究结果表明，在不同地区创业资本的经济增长效应存在差异，创业资本存量高的省份其创业资本驱动经济增长的作用更明显。宋来胜（2013）的研究结果也支持这一结论，创业比较活跃的地区，创业活动显著地促进了生产效率的提高。另一方面，创业活动的经济效益具有时间阶段异质性。Carrce 和 Thurik（2008）基于 OECD 国家的数据研究创业与经济的关系，研究发现创业对经济增长的作用具有阶段性特征。在第一阶段，创业所建立的新企业能够直接创造就业岗位；在第二阶段，创业会抑制经济增长，由于创业企业在初创阶段难以扩大产出，同时其带来的竞争会导致部分原有企业退出，因此，不利于经济发展；在第三阶段，创业能够促进经济产出增加，因为成功的创业企业不断发展壮大后，会通过产品多样化和市场竞争增加经济效益，对经济增长具有促进作用。

中国地区发展不平衡问题由来已久，非均质特征是我国经济发展面临的挑战。从地理环境来看，我国幅员辽阔，几乎涵盖了高原、沙漠、戈壁、草原、丘陵、平原等地理区域，地理环境呈复杂化、差异化特征，地势从西到东呈三级阶梯状逐级下降，南北地区地理环境、气候和人文环境等差异较大；从历史优势来看，宋代以来，东部地区是我国政治中心、经济中心和人口集聚区，经济生产活动几乎都发生在东部地区。1935 年，我国著名地理学家胡焕庸研究发现，中国人口地理分布存在"东密西疏"的特征，并提出了影响深远的"胡焕庸线"，我国人口地理空间分布不均衡特征显著。由此可知，在经济发展历史中，我国东部地区具有极强的历史优势。从政策禀赋来看，改革开放初期的效率优先发展理念，集聚资源优先加快沿海地区发展,通过在沿海地区建立经济特区,形成以点带面的对外开放发展格局。中国经济发展到今天,新古典经济学的经济增长收敛假说并未出现,在全国经济总体发展的背景下区域间的差距却处于长期扩大过程中,我国经济发展程度最好的长三角地区、京津冀地区和珠三角地区三大经济增长极全部位于东部沿海地区。李佳洺和陆大道(2017)等学者于2017年重新测算"胡焕庸线"两端的人口分布,2010年,线的东南半壁人口占了全国人口的93.68%,西北半壁人口却只占全国人口的6.32%,表明经历了75年的发展,我国地区之间的发展差距并未明显改善。

基于创业活动对经济增长可能存在的异质性特征和我国地区间发展非均质化特征,本书将进一步检验科技创业对我国经济增长是否存在区域异质性特征。本研究除了按照相关研究采用的按区域分样本以外,还按照科技创业水平和经济集聚程度对样本数据进行分组。第一,按照常见的经济区划,中国可分为东部、中部、西部经济区,但研究分析发现,中、西部地区的差异较小,因此本书将按照东、中西两个地区对样本数据进行分组、估计和检验[1];第二,不同科技创业水平对经济增长的影响效应可能存在差异,根据2019年各地区的科技创业水平将样本分为科技创业高水平地区和科技创业中低水平地区两个组[2];第三,经济集聚不仅影响科技创业活动的开展,经济集聚的空间溢出效应会影响科技创业的经济增长驱动效应,根据2019年各地区的经济集聚水平(单位土地面积的非农产业产值)将样本数据分为经济集聚高水平地区和经济集聚中低水平地区两个组[3]。样

---

[1] 经济区样本分组情况:东部地区包括北京、天津、河北、辽宁、上海、江苏、浙江、福建、山东、广东和海南;中西部地区包括山西、吉林、黑龙江、安徽、江西、河南、湖北、湖南、内蒙古、广西、重庆、四川、贵州、云南、陕西、甘肃、青海、宁夏和新疆。

[2] 科技创业水平分组情况:科技创业高水平地区包括北京、广东、上海、江苏、浙江和天津;科技创业中低水平地区包括陕西、湖北、福建、山东、江西、重庆、安徽、四川、湖南、辽宁、河南、吉林、青海、河北、宁夏、贵州、海南、黑龙江、陕西、广西、甘肃、内蒙古、新疆和云南。

[3] 经济集聚水平样本分组情况:经济集聚高水平地区包括上海、北京、天津、江苏、广东、浙江、山东、福建、河南和重庆;经济集聚中低水平地区包括安徽、辽宁、湖南、湖北、河北、江西、海南、陕西、山西、四川、广西、贵州、吉林、南宁、宁夏、黑龙江、甘肃、内蒙古、新疆和青海。

本分组以后，分别对样本组进行检验。

1. 按经济区划分的样本检验结果及分析

表5-6所示，按经济区划分组回归结果，显示科技创业对经济增长的驱动存在显著的区域异质性。一是科技创业对东部地区经济增长影响显著为正，科技创业水平的提高不仅促进了经济规模的增长，还极大地促进了经济增长效率的提升。二是对中西部地区而言，科技创业对其经济增长存在差异，在第一维度经济增长规模回归结果中，科技创业的系数为0.048，且通过了10%的显著性水平检验，表明科技创业对中西部地区的经济增长规模具有促进作用，但这种促进作用不及东部地区；在第二维度经济增长效率回归结果中，科技创业系数为正但不显著，表明科技创业对中西部地区经济增长效率影响不明显，科技创业水平的提升并未显著地驱动经济增长效率的提升。

表5-6 按经济区划分组的回归结果

变量	东部地区回归结果		中西部地区回归结果	
	(1) gq	(2) ge	(3) gq	(4) ge
ste	0.170*** (3.532)	4.895** (1.971)	0.048* (1.874)	2.472 (1.044)
k	0.303*** (9.146)	−3.124* (−1.835)	0.351*** (19.551)	−2.840* (−1.696)
h	0.082*** (5.915)	−0.410 (−0.576)	0.051*** (7.177)	−0.169 (−0.256)
u	−0.063 (−0.203)	−6.674 (−0.422)	1.093*** (5.025)	16.659 (0.821)
open	−0.190*** (−4.127)	1.886 (0.794)	0.144** (2.315)	−0.168 (−0.029)
inf	0.166** (2.148)	13.505*** (3.387)	0.141*** (4.225)	0.731 (0.234)
cons	4.932*** (23.550)	15.862 (1.472)	3.902*** (30.818)	19.504* (1.652)

续表

变量	东部地区回归结果		中西部地区回归结果	
	(1) gq	(2) ge	(3) gq	(4) ge
N	132	132	228	228
R^2	0.982	0.202	0.992	0.105
F	363.830	2.890	938.240	1.260

资料来源：作者根据stata16.0软件运算结果整理。

注：括号中为Z统计量，*、**、***分别为10%、5%和1%的显著性水平。

科技创业对经济增长的正向驱动作用在东部地区占主导。东部地区是我国经济发展程度最高、综合实力最强、创新创业资源集聚程度最高、创新链条布局均衡、产业配套基础较好的地区。并且，东部地区科技创业水平在全国遥遥领先，形成了比较完整的"制度—技术—创业—资本—产业"的科技创业链条。通过科技创业不断创造高质量就业机会，改善就业结构，培育和引领新兴产业发展，持续将科学技术知识转化为社会生产力，最终驱动经济增长规模扩大，更进一步提升了经济增长效率。东部地区不断通过科技创业培育经济增长新动力，推动经济向更高层次不断发展。中西部地区科技创业对经济增长规模驱动效应弱于东部地区，且科技创业对经济增长效率提升作用不明显，原因可能在于两方面。一方面，中西部地区发展较为落后，产业仍旧以劳动密集型和资本密集型产业为主，在产业结构转型过程中以承接东部地区经济溢出、产业扩散和转移为主；另一方面，中西部地区面临着高素质人才、科技创业资本等向东部流入的状况。叠加中西部地区科技创业水平普遍不高等因素，导致科技创业对其经济增长规模驱动作用不及东部地区，且较低程度的科技创业水平并未明显提高其经济增长效率。

2. 按科技创业水平划分的样本检验结果及分析

科技创业水平分组回归结果（表5-7）显示，对于科技创业高水平地区而言，科技创业的系数为正且通过了1%的显著性水平检验，表明科技创业显著地促进了经济增长规模扩大，且明显地提高了经济增长效率。科技创业高水平地区位于东部沿海经济发达地区，这一地区具有较为发达的市场经济、良好的制度供给、丰富的创新创业资源优势和较高水平的产业链条，正逐渐形成科技创业型经济。科技创业高水平地区已形成科技创业与经济增长相互促进的经济系统，这个系统内科技创业对经济增长的动力支撑作用越来越强，因此，科技创业水平提高会进一步促进地区的经济增长规模，并不断提升经济增长效率，推动经济向高质量发展演进。对于科技创业中低水平地区而言，在第一维度经济增长规模回归结果中，科技创业的系数为正且通过了5%的显著性水平检验，表明科技创业促进了经济增长规模，但驱动作用弱于科技创业高水平地区。在第二维度经济增长效率回归模型中，科技创业的系数为正但没有通过显著性水平检验，表明科技创业对经济增长效率的提升作用不明显。因此，在科技创业中低水平地区，科技创业对经济增长的影响尚处于规模增长效应阶段，尚未演化到促进增长效率提升阶段。

不同水平的科技创业驱动经济增长的程度不同，这表明在科技创业经济系统中，科技创业驱动经济增长的作用呈现出递增特征，且同经济发展形成相辅相成的螺旋式上升关系。在科技创业初期，科技创业水平较低，尚未形成生产规模，其产品和服务也未大规模进入市场，导致其对经济增长的驱动动能较弱，且通过动力机制促进了经济规模的扩大，但对经济增长效率的驱动作用不明显。随着经济的发展带动市场的完善、创新创业资源的积累、高素质人才的培养和较为完善的产业链的形成等，经济发展进入更高水平阶段，科技创业经济系统演进到更高层次，科技创业水平的提升对经济增长的动力作用更强，逐渐进入经济增长规模扩大效应和效率提升效应的"双重驱动效应"阶段，科技创业不仅推动了经济增长规模，更进一步提升了经济增长效率。

表5-7 按科技创业水平分组的回归结果

变量	科技创业高水平地区		科技创业中低水平地区	
	(1) gq	(2) ge	(3) gq	(4) ge
ste	0.388*** (5.840)	9.471*** (2.944)	0.034** (2.123)	1.841 (0.894)

续表

变量	科技创业高水平地区		科技创业中低水平地区	
	(1) gq	(2) ge	(3) gq	(4) ge
k	0.234*** (5.012)	−1.071 (−0.475)	0.351*** (20.369)	−3.007** (−1.986)
h	0.045* (1.905)	−0.765 (−0.675)	0.051*** (7.756)	−0.140 (−0.242)
u	−0.733* (−1.793)	−45.733** (−2.314)	1.057*** (5.672)	18.779 (1.145)
open	0.027 (0.448)	4.632 (1.583)	0.098** (2.080)	−3.742 (−0.906)
inf	0.685*** (4.737)	1.887 (0.270)	0.137*** (4.445)	4.620* (1.699)
cons	5.169*** (21.517)	20.943* (1.803)	3.980*** (32.517)	18.324* (1.720)
N	72	72	288	288
R^2	0.983	0.139	0.991	0.03
F	322.170	2.760	894.260	1.490

资料来源：作者根据stata16.0软件运算结果整理。

注：括号中为Z统计量，*、**、***分别为10%、5%和1%的显著性水平。

3.按经济集聚水平划分的样本检验结果及分析

经济集聚水平分样本回归结果（见表5-8）显示，在经济集聚程度高水平地区，科技创业对经济增长的驱动作用非常明显，经济增长规模和经济增长效率的回归结果都为正且均通过了1%的显著性水平检验，表明了科技创业在经济集聚程度高水平地区发挥了经济增长规模扩大效应和经济增长效率提升效应。对于经济集聚中低水平地区而言，经济增长规模模型（3）回归结果中科技创业的系数为正且通过了5%的显著性水平检验，但系数小于经济集聚高水平地区中科技创业的系数，表明科技创业驱动了经济集聚中低水平地区的经济增长规模扩大，但驱动效应没有经济集聚高水平地区强；经济增长效率模型（4）回归结果中，科技创业系数为正但未通过显著性水平检验，表明科技创业并未明显地促进科技创业中低水平地区的经济增长效率提升。

表5-8 按经济集聚水平分组的回归结果

变量	经济集聚高水平地区		经济集聚中低水平地区	
	(1) gq	(2) ge	(3) gq	(4) ge
ste	0.204*** (4.540)	6.663*** (3.291)	0.062** (2.380)	2.041 (0.832)
k	0.347*** (10.148)	−1.647 (−1.069)	0.348*** (19.347)	−3.094* (−1.822)
h	0.077*** (5.407)	−0.994 (−1.544)	0.045*** (6.260)	0.123 (0.182)
u	−0.577* (−1.812)	−16.942 (−1.183)	1.102*** (5.239)	13.545 (0.683)
open	−0.072* (−1.834)	0.713 (0.406)	0.008 (0.122)	−2.729 (−0.437)
inf	0.299*** (5.063)	1.972 (0.742)	0.063* (1.655)	6.046* (1.692)
cons	4.579*** (20.966)	21.520** (2.191)	3.997*** (31.658)	18.093 (1.520)
N	120	120	240	240
R^2	0.985	0.185	0.991	0.025
F	381.150	2.060	890.23	1.420

资料来源：作者根据stata16.0软件运算结果整理。

注：括号中为Z统计量，*、**、*** 分别为10%、5%和1%的显著性水平。

在经济集聚高水平地区，科技创业的经济增长"双重驱动效应"占主导，这是因为经济集聚通过创新溢出效应（陶长琪和彭永樟，2017）、专业化分工（张可，2019）和要素有效配置（张天华等，2019）等促进经济发展。经济集聚水平的提高，使技术、知识的学习和交流更加便利，更容易衍生出科技创业机会，促进科技创业将创新技术向上下游关联产业进行推广和运用，进一步通过范围经济、规模经济和正外部性形成科技创业驱动经济增长的乘数效应。而经济集聚中低水平地区，属于经济发展较为落后地区，且多位于我国中西部地区，因此，其回归结果分析可参考中西部地区样本的回归结果分析。

科技创业对经济增长驱动效应的异质性检验结果表明,科技创业对经济增长的驱动作用存在显著的异质性特征,研究结论验证了本书第3章所提出的理论假说2。同时,研究发现,在考察期内,科技创业能够克服一般性创业对经济增长影响效应的不确定性问题。文献梳理发现,众多学者的研究结论显示一般性创业对经济增长的影响效应存在非线性关系(Wennekers,2010;张建英,2012),在某些阶段,创业甚至会抑制经济增长(Carrce 和 Thurik,2008)。但本书针对科技创业驱动经济增长的异质性特征检验表明,科技创业对经济增长的促进作用具有强弱之别,在不同经济区划、不同科技创业水平和不同经济集聚程度下,科技创业始终对经济增长具有显著的正向影响,只是在中西部地区、科技创业中低水平阶段和在经济集聚程度中低水平地区,科技创业的经济增长效应体现为驱动经济增长规模扩大,而随着科技创业水平、经济发展水平和经济集聚水平的提高,科技创业对经济增长的促进动能会发生强化和蜕变,不仅对经济增长规模有更强的驱动作用,也能提升经济增长效率,表明科技创业一定程度上突破了一般性创业作用于经济增长的不确定性。这是因为科技创业以技术创新为内核,与一般性创业相比,具有明显的科技创新属性,是科技创新的实体化和深化。创新作为经济增长的永恒动力,决定了科技创业始终是经济增长的动力源,依靠科技创业将有助于推动我国经济实现高质量发展。

5.3.4 进一步研究:经济集聚影响科技创业驱动经济增长效应的演化特征

科技创业驱动经济增长的异质性实证结果表明,在不同经济集聚水平下,科技创业驱动经济增长的作用也不尽相同。在经济集聚高水平地区,科技创业对经济增长规模和增长效率提升的作用明显强于经济集聚中低水平地区。事实上,在样本分组检验过程中,发现科技创业高水平地区,如北京、广东、上海、江苏、浙江和天津,都属于经济集聚高水平地区,同时也是我国经济发展程度最高的地区。因此,经济集聚、科技创业与经济增长之间存在某种相互促进的内在逻辑机理关系。那么,有必要进一步考虑不同经济集聚水平下科技创业对地区经济增长的驱动效应的演化特征。本部分将采用 Hansen 提出的"面板门槛模型"(Panel Threshold Model)对样本数据进行估计检验,以期能够厘清经济集聚、科技创业与经济增长之间的关系。

1. 相关研究梳理

在第 2 章文献梳理部分，已经对科技创业与经济增长的关系的相关研究文献进行了梳理。因此，本部分将重点梳理经济集聚与科技创业的关系的相关文献。

在主流经济学分析中，长期忽视空间因素对经济增长的影响，更重视劳动、资本、制度和技术进步等因素对经济增长的影响。以 Krugman（1991）等为代表的新经济地理学派将报酬递增与垄断竞争引入新古典一般均衡模型，重视空间因素对经济增长的影响，特别关注集聚与区域经济增长之间的内在规律。空间竞争、规模报酬递增、外部性等因素会给经济活动空间集中带来经济利益，在市场机制作用下，要素在区域间的自由流动必然会形成经济集聚。可以说，经济集聚是经济发展的必然结果，也是经济系统演进的必然规律。经济集聚区往往是创新创业资源集聚区（Folta，2006），具有良好的创新创业环境、风险投资、社会资本和企业家精神等优势，经济集聚可以增加科技创业的机会识别率，降低市场信息的搜寻和获取成本，提高科技创业资源投入的便利性，降低科技创业的难度（Bahrami 和 Evans，1995）。

在经济集聚影响区域经济增长进程中，创新与创业是重要的动力机制。产业集群形成的经济集聚优势，能降低经济集聚地区的企业进入壁垒和创新成本，从而增强地区的创新创业能力，推动经济快速增长。经济集聚具有外部性特征，其外部性主要表现为中间投入品生产的规模经济、劳动力市场共享和知识外溢三个方面（马歇尔，2001），经济集聚的外部性为地区的科技创业提供了良好的外部环境。Maine（2010）指出，经济集聚影响科技创业的另一个机制是知识溢出效应。一方面，公共知识研发部门的知识溢出为科技创业者提供了科技创业机会；另一方面，供应商和消费者方面反馈的知识和信息所导致的知识溢出有利于改进产品，实现增量式创新。因此，经济集聚对科技创业机会识别、技术创新、科技创业资源积累和信息流通等方面具有巨大优势。我国学者田楹和胡蓓（2013）研究发现，经济集聚地区往往拥有丰富的创业资源和良好的创业环境，降低了创业的不确定性，提高了创业的便利性，从而有助于提高地区的创业水平。李雯和解佳龙（2017）等研究也表明，创新集聚区域的科技创业企业成长呈现显著的网络化特征，在创新集聚高水平地区往往具有良好的资源基础，创新集聚效应能提高技术创业企业获得资源的便利性和获取知识的有效性。郭琪等（2014）等研究认为，经济集聚对创业影响主要体现在两方面。一是经济集聚为创业者或新创企业提供共享专业劳动力、共享中间投入品或服务以及溢出的知识和信息；二是经济集聚中的城市化经济能为创业者或新创企业提供多样化的创业服务、政策补贴和基础设施等帮助，这些经济集聚优势都能降低创业的成本和失败的风险。

上述研究重点强调了经济集聚影响区域创新创业的效应和作用机制，也分析了经济集聚通过促进创新创业从而推动地区的经济发展，但尚未回答在不同经济集聚水平下科技创业对经济增长的驱动作用程度和方向如何，且在既有研究中，更多地关注经济集聚、创业与经济规模增长的关系，而忽视了经济集聚、创业与经济增长效率的联系。因此，本部分将借助门槛面板模型，研究不同经济集聚水平下，科技创业对我国经济增长规模和经济增长效率的驱动效应的演化特征。

2. 模型构建

在科技创业与经济增长的关系的异质性检验中，科技创业与经济增长可能因为地区经济集聚水平不同而呈现出非线性关系，表现出一定的阶段异质性。本部分将借鉴 Hansen 的"面板门槛模型"，以经济集聚（单位土地面积的实际非农产业产值）为门槛变量，考察区域内随着经济集聚水平的变化，科技创业对经济增长的边际驱动效应的演化特征。假设经济集聚（ay）存在两个门槛值 ρ_1 和 ρ_2，基本模型设定如下：

$$Y_{it} = \mu + \sum_{k=1}^{5}\theta_k X_{kit} + \beta_1 \text{ste}_{it} * I(ay_{it} \leq \rho_1) +$$
$$\beta_2 \text{ste}_{it} * I(\rho_1 < ay_{it} \leq \rho_2) + \beta_3 \text{ste}_{it} * I(ay_{it} > \rho_2) + \varepsilon_{it} \qquad (5.7)$$

上式中，ρ_1 和 ρ_2 为特定门槛值；$I(\cdot)$ 为示性函数，当满足括号内条件时，取值为 1，否则，取值为 0；β_1、β_2、β_3 分别表示 ste 在不同经济集聚水平区间内科技创业对经济增长的作用系数；ay 为门槛变量；控制变量选取同上。

3. 实证分析

与上文分析一样，本部分将分别从经济增长规模和经济增长效率两个维度分析不同经济集聚水平下科技创业对经济增长的影响。在实证分析前，分别对经济增长规模和经济增长效率模型中的经济集聚门槛效应存在性进行检验。经济增长规模模型中的经济集聚门槛效应检验结果如表5-9所示;经济增长效率模型中的经济集聚门槛效应存在性检验结果,如表5-10所示。

表5-9 经济集聚门槛效应存在性检验(经济增长规模)

地区	门槛数	F值	P值	临界值 10%	临界值 5%	临界值 1%	BS次数
全国	单一门槛	53.960***	0.003	35.149	42.077	48.278	300
全国	双重门槛	14.250	0.427	24.274	28.412	46.821	300
全国	三重门槛	7.030	0.803	22.095	25.172	74.553	300
东部	单一门槛	66.760***	0.000	25.272	28.317	41.841	300
东部	双重门槛	27.490	0.117	28.571	37.637	82.430	300
东部	三重门槛	29.860	0.653	84.919	98.099	138.199	300
中西部	单一门槛	12.159*	0.090	11.658	15.866	37.327	300
中西部	双重门槛	6.679	0.170	10.020	11.981	18.385	300
中西部	三重门槛	9.670	0.200	17.200	23.321	17.200	300

资料来源:作者根据stata16.0软件运算结果整理。

注:*、**、***分别为10%、5%和1%的显著性水平。

表5-10 经济集聚门槛效应存在性检验(经济增长效率)

地区	门槛数	F值	P值	临界值 10%	临界值 5%	临界值 1%	BS次数
全国	单一门槛	10.782**	0.013	4.008	6.497	12.347	300
全国	双重门槛	2.227	0.307	5.630	7.627	16.653	300
全国	三重门槛	1.719	0.277	11.685	24.099	41.704	300
东部	单一门槛	30.570*	0.067	26.597	35.333	98.209	300
东部	双重门槛	15.120	0.213	21.286	45.087	112.226	300
东部	三重门槛	11.880	0.390	51.468	69.349	100.173	300

续表

地区	门槛数	F值	P值	临界值 10%	临界值 5%	临界值 1%	BS次数
中西部	单一门槛	22.370***	0.010	5.479	11.805	21.926	300
中西部	双重门槛	2.154	0.200	4.077	6.004	11.243	300
中西部	三重门槛	2.527	0.337	8.812	12.455	19.411	300

资料来源：作者根据stata16.0软件运算结果整理。

注：*、**、***分别为10%、5%和1%的显著性水平。

由表5-9可知，在经济增长规模模型中，全国、东部和中西部地区存在单一门槛效应，采用单一门槛回归模型，回归结果如表5-11所示。由表5-10可知，在经济增长效率模型中，全国、东部和中西部地区也都存在单一门槛效应，均采用单一门槛回归模型，回归结果如表5-12所示。

表5-11 门槛效应回归结果（经济增长规模）

变量	全国 gq	东部 gq	中西部 gq
ste	$ay \leq 1.992$ 0.057*** （3.810）	$ay \leq 1.229$ 0.106*** （3.977）	$ay \leq 0.040$ 0.005 （0.280）
ste	$ay > 1.992$ 0.107*** （6.580）	$ay > 1.229$ 0.470*** （8.803）	$ay > 0.040$ 0.017*** （3.300）
k	0.356*** （24.330）	0.335*** (14.025)	0.373*** (23.110)
h	0.072*** （10.730）	0.079*** (7.303)	0.052*** (7.000)
u	0.639*** （3.700）	0.353 (1.576)	1.182*** (5.510)
open	−2.091*** （−7.700）	−0.207*** (−6.919)	0.172*** (2.720)

续表

变量	全国	东部	中西部
	gq	gq	gq
inf	0.181***	0.042	0.180
	（5.790）	(0.724)	(5.300)
cons	3.983***	4.538***	3.632***
	（46.250）	（31.758）	（38.140）
R^2	0.989	0.990	0.992
F	725.770***	336.96***	931.200***

资料来源：作者根据 stata16.0 软件运算结果整理。

注：括号中为 Z 统计量，*、**、*** 分别为 10%、5% 和 1% 的显著性水平。

表5-12 门槛效应回归结果（经济增长效率）

变量	全国	东部	中西部
	ge	ge	ge
ste	$ay \leq 0.034$	$ay \leq 3.349$	$ay \leq 0.036$
	0.044	2.670*	−2.221*
	（0.040）	（1.833）	（−1.680）
	$ay > 0.034$	$ay > 3.349$	$ay > 0.036$
	1.252***	4.595***	1.841***
	（3.760）	（3.107）	（4.470）
k	−1.814*	−1.792	−1.452
	（−1.900）	(−1.379)	(−1.130)
h	−0.258	−0.640	−0.732
	（−0.590）	(−1.094)	(−1.250)
u	14.939	4.389	38.564**
	（1.330）	(0.356)	(2.280)
open	−2.091	2.402	2.237
	（−1.370）	(1.488)	(0.450)
inf	6.412***	9.491***	3.496
	（3.120）	(3.141)	(1.300)

续表

变量	全国	东部	中西部
	ge	*ge*	*ge*
cons	8.588	6.249	6.249
	(1.530)	(0.811)	(0.811)
R^2	0.068	0.329	0.097
F	1.86***	2.34***	3.38***

资料来源：作者根据stata16.0软件运算结果整理。

注：括号中为Z统计量，*、**、***分别为10%、5%和1%的显著性水平。

（1）经济增长的第一维度：经济增长规模的门槛模型回归结果分析

表5-11是经济增长规模模型中以经济集聚为门槛变量的模型回归结果，回归结果显示，在考察期内，经济集聚水平能够影响科技创业对经济增长规模的驱动效应，且存在明显的区域异质性特征，地区的门槛值也存在较大差异。从全国样本回归结果来看，在科技创业驱动经济增长规模过程中存在经济集聚单一门槛值1.992。当经济集聚水平低于或等于1.992时，科技创业对经济增长呈现显著的正向驱动效应，作用系数为0.057；当经济集聚越过门槛值1.992时，科技创业对经济增长的驱动效应会进一步增强，作用系数为0.107。经济集聚强化了科技创业对全国经济增长规模的驱动作用。从东部地区样本回归显示，在科技创业驱动经济增长规模过程中存在经济集聚单一门槛值1.229。当经济集聚水平低于或等于门槛值1.229时，科技创业对东部地区的经济增长规模有显著的正向驱动效应，作用系数为0.106；而当经济集聚越过单一门槛值时，科技创业对经济增长规模的驱动效应会迅速变强，作用系数增加到0.470。东部地区经济集聚也强化了科技创业对经济增长规模的驱动作用。从中西部地区样本回归结果来看，与全国和东部地区一样，在科技创业影响经济增长过程中存在经济集聚单一门槛值。当经济集聚水平低于或等于门槛值0.040时，科技创业对西部地区经济增长规模无明显驱动作用；当经济集聚水平越过门槛值时，科技创业对经济增长具有显著的正向驱动效应，作用系数为0.017。从横向比较来看，在考察期内，总体上科技创业对经济增长规模具有显著的驱动作用，随着经济集聚程度达到一定的水平，

经济集聚将会强化科技创业的经济增长驱动效应。从经济集聚驱动科技创业的经济增长效应演化特征来看，全国和东部地区具有相同的演化特征，随着经济集聚越过单一门槛值，科技创业对经济增长规模的驱动效应表现为"促进→强促进"的演化特征；而对于中西部地区而言，随着经济集聚越过单一门槛值，科技创业对经济增长规模的驱动效应表现为"不显著→促进"的演化特征。

（2）经济增长的第二维度：经济增长效率的门槛模型回归结果分析

表5-12是在科技创业影响经济增长效率模型中以经济集聚为门槛变量的模型回归结果。回归结果显示，在考察期内，经济集聚水平能够影响科技创业的经济增长效率的驱动效应，且存在明显的区域异质性特征，地区间经济集聚的门槛值也存在较大差异。从全国样本回归结果来看，在科技创业驱动经济增长效率的过程中存在经济集聚单一门槛值0.034。当经济集聚水平低于或等于0.034时，科技创业对经济增长效率的作用系数为0.044，但没有通过显著性水平检验，因此，科技创业驱动经济增长效率提升的作用不明显；当经济集聚越过门槛值0.034时，科技创业水平的提升会显著地驱动经济增长效率的提升，且作用系数为1.252。经济集聚水平的提升强化了科技创业对全国经济增长效率的提升作用。从东部地区样本回归结果来看，在科技创业驱动经济增长效率过程中也存在经济集聚单一门槛值3.349。当经济集聚水平低于或等于门槛值3.349时，科技创业对东部地区的经济增长效率具有显著的正向驱动效应，且作用系数为2.670；而当经济集聚越过单一门槛值3.349时，科技创业对经济增长效率的驱动作用会进一步增强，作用系数增加到4.595。东部地区经济集聚强化了科技创业对经济增长效率提升的驱动效应。从中西部地区样本回归结果来看，经济集聚对中西部地区科技创业的经济增长驱动效应的影响与全国和东部地区有所不同，中西部地区科技创业驱动经济增长效率过程中存在经济集聚单一门槛值0.036。当经济集聚水平低于或等于门槛值0.036时，科技创业的系数为-2.221，且通过了10%的显著性水平检验，表明科技创业对西部地区经济增长效率具有显著的负向影响；当经济集聚水平越过门槛值0.036时，科技创业的作用系数为1.841，且通过了1%的显著性水平检验，表明随着经济集聚水平的提升，科技创业对经济增长效率转为正向驱动作用。这一结论与鲍莫尔（1990）提出的研究结论相似，科技创业与经济增长

并不是简单的线性关系，科技创业对经济增长的作用取决于创业的资源配置，而创业资源在不同创业类型中的配置取决于制度所决定的相对收益，创业资源只有优化配置才能够促进地区的经济增长。中西部地区原本属于经济发展滞后地区，当经济集聚程度较低时，说明存在创新创业资源积累程度不够、创新能力较弱、产业配套能力不强和制度供给不足等问题，因此科技创业的相对收益不高，此时提高科技创业水平会占有有限的创新创业资源，且科技创业不能有效地发挥其经济增长效率带动作用，反而会阻碍地区的经济增长效率提升，对经济增长效率提升带来负面影响。从门槛模型的估计结果来看，虽然地区间的门槛值和影响效应存在较大差异，但在考察期内，经济集聚能改善科技创业对经济增长效率的驱动效应，随着经济集聚水平的提升，经济集聚会进一步强化科技创业对经济增长效率的驱动作用。从经济集聚驱动科技创业的经济增长效率效应演化特征来看，就全国而言，随着经济集聚越过单一门槛值，科技创业对经济增长效率的驱动效应表现为"不显著→促进"的演化特征；就东部地区而言，随着经济集聚越过单一门槛值，科技创业对经济增长效率的驱动效应表现为"促进→强促进"的演化特征；对于中西部地区而言，随着经济集聚越过单一门槛值，科技创业对经济增长效率的驱动效应表现为"抑制→促进"的演化特征。

5.4 本章小结

本章主要通过利用各种计量方法实证检验科技创业驱动经济增长的效应，以验证第3章的理论分析结论和所提出的部分理论假说。在具体研究中，本章利用2007—2019年中国省际面板数据，通过所构建的面板数据模型实证检验科技创业的经济增长驱动效应、异质性特征和经济集聚的门槛效应。

首先，通过构建面板数据模型检验科技创业对中国经济增长存在何种驱动效应。在实证检验中，从经济增长规模和经济增长效率两个维度来刻画经济增长，选择有效的工具变量克服科技创业与经济增长互为因果关系所带来的内生性问题，采用2SLS进行回归检验。检验结果显示，在经济增长的两个维度的回归模型中，科技创业的作用系数均为正且显著，回归结果通过了稳健性检验，表明科技创业对经济增长具有显著的驱动效应。科技创业水平的提升，既促进了经济增长规模，也提升了经济增长效率。

其次，进一步考察了科技创业驱动经济增长的异质性特征。从经济区划层面、科技创业水平层面和经济集聚水平层面分别研究科技创业对经济增长的驱动效应的异质性特征。一是东部地区的科技创业能够驱动经济增长规模扩大和驱动经济增长效率提升，中西部地区的科技创业能够驱动经济增长规模扩大，但尚不能显著地驱动经济增长效率提升。二是科技创业高水平地区的科技创业对经济增长规模和经济增长效率的影响显著为正，科技创业中低水平地区的科技创业经济增长效应主要体现在经济增长规模方面，其经济增长效率促进效应不显著；三是经济集聚高水平地区的科技创业的经济增长规模驱动效应和经济增长效率驱动效应显著为正，经济集聚中低水平地区的科技创业经济增长规模驱动效应显著为正，但其经济增长效率驱动效应不明显。

最后，研究了不同经济集聚水平下科技创业对经济增长的影响。采用 Hansen 提出的"面板门槛模型"对样本数据进行估计检验，以期能够厘清经济集聚、科技创业与经济增长之间的关系。研究结果表明，在全国、东部和中西部地区科技创业驱动经济增长过程中，经济集聚存在显著的门槛效应，随着经济集聚水平越过门槛值，科技创业对经济增长规模和经济增长效率的驱动作用会发生强化。

第 6 章 科技创业驱动经济增长的动力机制
——基于中介效应检验

在第 5 章中，初步验证了科技创业对经济增长规模和经济增长效率的驱动效应，实证结果表明，科技创业对经济增长的驱动存在显著的异质性特征。但就总体样本分析结果而言，在考察期内，科技创业不仅促进了中国经济增长规模扩大，也显著地提升了经济增长效率。本章将在这一研究结论基础上，基于第 3 章关于动力机制的理论分析结论，进一步利用实证分析方法探讨科技创业驱动经济增长的动力机制，系统研究科技创业是如何驱动经济增长这一关键课题。

在第 3 章中，本书基于文献梳理和理论分析，凝练出科技创业可能通过三大效应共九大动力机制驱动经济增长。一是科技创业的创新效应，具体包括创新能力动力机制、知识过滤穿透动力机制和知识溢出动力机制；二是科技创业的产业结构效应，具体包括产业结构合理化动力机制、产业结构高级化动力机制和产业动态能力动力机制；三是科技创业的就业效应，具体包括就业规模动力机制、就业结构优化动力机制和劳动力资源优化配置动力机制。基于理论分析提出作用机制是否都是有效的动力机制，还需进一步验证。本章将回到科技创业如何驱动经济增长这一出发点和落脚点上，通过探讨科技创业的创新动能、需求效应下的结构优化和要素配置，进一步验证科技创业在经济增长过程中是否具有三大效应，是否通过九大动力机制驱动经济增长，以厘清科技创业驱动经济增长的动力机制，并进一步检验这些动力机制是否存在多重中介效应。

6.1 科技创业驱动经济增长的创新效应动力机制

根据上文的文献梳理结果表明，既有研究主要关注创新对创业的影响，少量文献研究中关注了创业对创新的影响，极少数文献探讨了创业与创新溢出和知识过滤的关系，但都侧重于关注某一方面的关系，即将两两之间的关系割裂开来研究，这可能导致研究的结果缺乏解释力，且不能获取准确的研究结论。科技创业具有科技创新属性，同时，科技创业是一个动态过程，其所伴随的创新效应也是处于动态变化中，既有研究更加关注科技创业对创新静态结果的影响。区别于一般性创业，科技创业的技术创新属性赋予了科技创业更强的创新效应。因此，本节将侧重于科技创业的创新效应，着重关注科技创业发挥创新效应的过程而非结果，进一步厘清科技创业通过创新效应驱动经济增长的动力机制。基于第3章的理论分析，本书认为在经济系统中，科技创业对经济增长的创新效应主要体现在三个方面。一是科技创业本身是基于技术创新整合和配置资源的过程，科技创业企业也更加注重技术创新的研发和应用，进而有助于提升区域创新能力，促进经济内生增长。二是科技创业是一个将创新知识商业化和产业化的过程，是将产生的新知识转化为有用经济知识的重要渠道之一。知识过滤的存在导致创新与经济之间存在阻隔，而科技创业的属性和特征有助于促进知识过滤穿透，提高创新知识转化为有用经济知识的效率，从而推动经济增长。三是科技创业依托创新知识形成新组织，科技创业不仅利用已产生的新技术和新知识，也会通过研发改进已有创新知识，甚至创造新的知识。科技创业将带动关联产业发展，通过派生需求和模仿创新效应带动区域"连环创业"，促进知识溢出，从而促进区域经济增长。在科技创业驱动经济增长的创新效应中是否存在上述三类作用机制，本节将通过实证分析进一步验证理论假说3、理论假说4和理论假说5，全面、系统地探讨科技创业的创新效应动力机制。

6.1.1 模型构建与变量说明

1. 基本模型构建

为了分析科技创业的创新效应动力机制，明确科技创业通过强化地区创新能力、促进知识过滤穿透和知识溢出驱动经济增长，进而验证第3章所凝练的理论假说3、理论假说4和理论假说5是否成立。本书借鉴温兆麟等（2004）的研究方法，建立三个回归方程式，即式（6.1）、（6.2）和（6.3），用来分析科技创业驱动经济增长的创新效应机制。基准回归模型构建如下：

第6章　科技创业驱动经济增长的动力机制——基于中介效应检验

$$y_{it} = \alpha_0 + \beta_1 \text{ste}_{it} + \beta_2 X_{it} + \delta_{it} \quad (6.1)$$

$$\text{inn}_{it} = \gamma_0 + \gamma_1 \text{ste}_{it} + \gamma_2 X_{it} + \varepsilon_{it} \quad (6.2)$$

$$y_{it} = \eta_0 + \eta_1 \text{ste}_{it} + \eta_2 \text{inn}_{it} + \eta_3 X_{it} + \tau_{it} \quad (6.3)$$

其中，y 代表经济增长；i 代表地区；t 代表年份；ste 代表科技创业水平，为本研究的核心解释变量，通过构建科技创业评价指标体系计算科技创业综合指数所得；inn 为可能的创新效应中介变量；δ、ε 和 τ 为方程残差项；α_0、γ_0 和 η_0 是常数项向量；β_1、β_2、γ_1、γ_2、η_1、η_2 和 η_3 为作用系数，表示解释变量对被解释变量的影响；X 为控制变量所构成的向量集。根据中介效应检验方法可知，如果 β_1、γ_1、η_1 均显著，同时系数 η_1 小于系数 β_1 或者其显著性明显下降，则满足中介效应模型的条件，表明存在中介效应。

2. 变量选择

关于创新效应（inn），在第3章理论分析部分，分析了科技创业通过创新效应影响经济增长，而创新效应又具体分为创新能力、知识过滤穿透和知识溢出。本部分被解释变量将表征这三个具体动力机制。

（1）创新能力（innc）。本书借鉴相关文献的方法，采用专利授权量作为创新能力的代理变量。专利授权量比较容易获取，同时，专利授权量是技术创新的最直接体现，能够很好地反映地区创新能力水平。

（2）知识过滤穿透（innf）。知识过滤是指产生的新知识和有用经济知识之间的阻碍，知识过滤的存在，弱化了创新对经济增长的驱动作用。新知识只有穿透知识过滤，才能转化为有用经济知识。本书借鉴李华晶（2010）的研究，将知识过滤穿透表示为商业化知识转化水平。由于知识过滤穿透体现为新知识在市场生产中的经济效用，因此，本书选取高技术产业产值规模来衡量知识过滤穿透。高技术企业是新知识产生和应用的主要载体，其工业产值水平高度反映了新知识的经济效应，能够较好地衡量地区知识过滤穿透水平。

（3）知识溢出（inns）。知识溢出具有正外部性，有助于提升社会生产力水平，是科技创新促进经济产出的重要途径。在新增长理论中，知识溢出是知识生产和积累的重要特征。本书借鉴舒成利和辜孟蕾（2019）的研究，选择技术市场交易规模作为知识溢出的代理变量。技术市场作为创新知识交易的重要场所，是创新知识溢出的重要形式。本书根据具体三个机制来研究科技创业通过创新效应对经济增长的驱动作用，能比较全面地把握科技创业、创新效应与经济增长之间的关系。

经济增长规模、经济增长效率、科技创业和控制变量组的指标选择和计算方法与第5章相同，可参照第5章的研究内容。

3. 数据来源与统计描述

选取2007—2019年中国省际面板数据，包含中国30个省级行政单位（未收录香港、澳门、台湾和西藏的数据）。其中，专利授权量和技术市场交易规模数据来源于2008—2020年《中国科技统计年鉴》；高技术产业产值来源于2008—2020年《中国火炬统计年鉴》；科技创业水平数据由所构建的指标体系计算所得，数据来源和计算方法见第4章。其余变量的数据来源和计算方法见第5章。变量的描述性统计如表6-1所示。

表6-1 主要变量的统计描述

变量	变量解释	样本量	标准差	最小值	均值	最大值
gq	实际GDP的对数值	390	0.952	6.350	9.127	11.172
ge	经济增长集约化水平	390	0.197	−37.457	0.199	15.133
$innc$	专利授权量	390	1.559	5.403	9.596	13.176
$innf$	高技术产业产值	390	1.014	6.015	8.934	10.952
$inns$	技术市场交易规模	390	1.832	8.623	13.415	17.858
ste	科技创业水平对数值	390	0.895	−0.393	1.729	4.303
k	物质资本存量对数值	390	0.937	7.862	10.606	12.528
h	平均受教育年限	390	1.206	8.285	11.206	15.328
u	城市化水平	390	0.133	0.282	0.552	0.896
$open$	进出口总额与GDP比值	390	0.331	0.013	0.296	1.671
inf	单位面积的公路里程数	390	0.510	0.015	0.866	2.115

资料来源：作者整理所得。

6.1.2 内生性控制与估计方法选择

1. 内生性控制

第 2 章文献梳理发现,科技创业与创新之间存在较强的因果关系。一方面,科技创业是基于技术创新而将其商业化和产业化的过程,因此技术创新对于科技创业具有较强的促进作用,另一方面,在本书理论分析中,科技创业对技术创新具有明显的促进作用。这种互为因果的关系可能导致回归模型存在内生性问题,内生性检验的结果也表明,回归模型的确存在内生性问题。与第 5 章一样,本书选择地区滞后一期科技创业水平和各地区的 211 高校数作为工具变量,且工具变量选择通过了有效性检验。

2. 估计方法选择

本节估计方法的选择思路与第 5 章一样。在计量分析中,实际样本数据的复杂性,导致样本数据通常无法满足 OLS 估计方法的经典假定。因此,在对样本数据回归之前,需要通过相应的检验确定估计模型和方法,以获得有效估计结果。由于本研究的样本数据,$N=30$,$T=13$,属于短面板数据,固定效应模型是更为合理的模型。进一步通过 Hausman 检验来选择估计模型,检验结果表明,经济增长规模和经济增长效率的回归估计都应该采用固定效应模型。本研究采用 2SLS 的固定效应模型进行估计。

6.1.3 实证结果分析

1. 科技创业的创新效应回归结果分析

科技创业创新效应的回归结果如表 6-2 所示。

表 6-2 科技创业创新效应的回归结果

变量	创新能力(innc)	知识过滤穿透(innf)	知识溢出(inns)
	(1)	(2)	(3)
ste	0.255*	0.839***	−0.190
	(1.794)	(4.424)	(−0.596)
k	0.817***	0.023	0.581**
	(8.079)	(0.169)	(2.559)

续表

变量	创新能力（innc）(1)	知识过滤穿透（innf）(2)	知识溢出（inns）(3)
h	0.131***	0.223***	−0.026
	(3.231)	(4.135)	(−0.285)
u	0.886	1.418	9.884***
	(2.809)	(0.970)	(4.018)
open	−0.196	0.906***	−0.722*
	(−1.188)	(4.113)	(−1.948)
inf	0.005	−0.464	0.415
	(0.027)	(−1.768)	(0.941)
cons	−1.405***	4.083	2.266
	(−2.020)	(4.394)	(1.450)
N	360	360	360
DMtest	12.037***	2.903*	6.308**
AdersonLRtest	159.087***	159.087***	159.087***
HansenJtest	0.000	0.000	0.000

资料来源：作者根据 ststs16.0 运算结果整理。

注：括号中为 Z 统计量，*、**、*** 分别为 10%、5% 和 1% 的显著性水平。

表 6-2 中的模型（1）、模型（2）和模型（3）分别展示了科技创业对创新能力、知识过滤穿透和知识溢出的影响，具体分析如下。

（1）科技创业对创新能力的影响。表 6-2 中的模型（1）结果显示，随着科技创业水平的提升，将促进创新能力的提升，其回归结果通过了 10% 的显著性水平检验。这一结果表明科技创业对地区的创新能力具有促进作用，验证了第 3 章的理论分析。科技创业是创新技术研发与技术产业化和商业化的联结，是科学技术产业化的实体，也是创新知识产生和应用的重要载体。一方面，科技创业过程本身就是技术创新深化的过程，科技创业者不仅是创业者，也是技术创新的研发者。科技创业过程中，创业者不断将原有技术资源产业化和商业化，这个过程同时也是创新知识生产的过程，将有助于提升地区的技术创新水平。另一方面，与在位大企业相比，新创建的科技型小企业创新成本低，创业者有更强的激情进行创新。因此，科技创业往往具有颠覆性创新的优势。纵观全球经济发展过程，大多数前沿或突破性的创新往往是由科技创业企业产生的，这些颠覆性创新不断改进和完善，不断派生出一些新兴产业，深刻地改变了人们的生活和生产方式，拓展了经济发展的边界。因此，科技创业水平的提升，将有助于推动地区的创新能力提升，不断提高区域的创新水平。

（2）科技创业对知识过滤穿透的影响。表6-2中的模型（2）的回归结果显示，随着科技创业水平的提升，将有助于增强地区知识过滤穿透能力，且回归结果通过了1%的显著性水平检验。回归结果验证了第3章的理论分析，即科技创业有助于促进知识穿透知识过滤。在经济系统中，普遍存在有用经济知识小于经济体所产生的创新知识这一现象，即不满足内生经济增长理论的知识产生全部用于经济生产这一假设前提，知识过滤的存在影响了经济生产效率。知识过滤降低了知识的转化效率，导致部分知识无法立即实现商业化，而未被商业化的知识积累越多，意味着蕴含了更多的科技创业机会。一方面，科技创业者基于未被商业化的知识建立企业组织，整合和配置资源，将创新知识进一步商业化和产业化，助推其转化为市场上的有用经济知识，这一过程也是促进知识过滤穿透的过程。另一方面，随着科技创业水平的提升，将增加经济系统中科技企业数量，提升市场上经济主体的科技创新知识利用能力，即提高科技创新知识转化为有用经济知识的能力，形成科技创业与创新知识的良性循环。这无疑会提升科技创新知识转化为有用经济知识的效率，促进创新知识蜕变成社会生产力。

（3）科技创业对知识溢出的影响。表6-2中的模型（3）的回归结果显示，科技创业的系数为负，但没有通过显著性水平检验，表明科技创业对知识溢出没有显著影响。这一回归结果不支持第3章中的相应理论分析。可能是因为，在考察期内我国科技创业处于起步阶段，由第4章科技创业指标体系所计算的科技创业综合指数所知，除了东部沿海部分地区以外，我国大部分地区的科技创业处于中低水平阶段。因此，可能在北京、上海和深圳等城市内，科技创业水平高，其对溢出效应的作用更显著。对全国范围内而言，较低的科技创业水平扭曲了科技创业对知识溢出的促进效应，导致科技创业知识溢出效应动能不强。之后，随着全国整体科技创业水平的提升，科技创业将进一步发挥其知识溢出效应，提升创新知识的社会收益率。

2. 科技创业的创新效应对经济增长的影响

创新效应的中介效应检验结果如表6-3所示。

表6-3 创新效应的中介效应检验结果

变量	inn=innc			inn=innf			inn=inns		
	(1) gq	(2) innc	(3) gq	(4) gq	(5) innf	(6) gq	(7) gq	(8) inns	(9) gq
ste	0.103*** (4.119)	0.255* (1.794)	0.091*** (3.733)	0.103*** (4.119)	0.839*** (4.424)	0.085*** (3.258)	0.103*** (4.119)	−0.190 (−0.596)	0.104*** (4.175)
inn			0.045*** (4.711)			0.021*** (2.860)			0.007 (1.563)

变量	inn=innt			inn=innf			inn=inns		
	(10) ge	(11) innc	(12) ge	(13) ge	(14) innf	(15) ge	(16) ge	(17) inns	(18) ge
ste	3.321*** (1.930)	0.255* (1.794)	3.278* (1.870)	3.321*** (1.930)	0.839*** (4.424)	3.567* (1.947)	3.321* (1.930)	−0.190 (−0.596)	3.288* (1.908)
inn			0.170* (0.249)			−0.293 (−0.556)			−0.175 (−0.584)

资料来源：作者根据ststs16.0运算结果整理。

注：括号中为Z统计量，*、**、***分别为10%、5%和1%的显著性水平。

（1）创新能力的中介效应。由于篇幅有限，并且在中介效应检验时，只需要关注核心变量的显著性和作用系数大小，因此表6-3中只报告了核心变量的回归结果（下文相同）。由表6-3可知，当以创新能力为中介变量时，对于经济增长规模而言，模型（3）的作用系数小于模型（1）的作用系数，且模型（1）、（2）和（3）的回归结果均通过了显著性水平检验，这表明创新能力是科技创业驱动经济增长规模的动力机制。对于经济增长效率而言，模型（12）的作用系数小于模型（10）的作用系数，且模型（10）、（11）和（12）的回归结果均通过了显著性水平检验，这表明创新能力是科技创业驱动经济增长效率的动力机制。这一研究结论验证了第3章所提出的理论假说3，即在科技创业驱动经济增长过程中，创新能力发挥了显著的中介作用。这意味着，随着科技创业水平的提升，科技创业将通过强化地区的科技创新动能，提升区域的科技创新能力，进而驱动经济增长。科技创业型经济是一个经济增长由外生向内生转变的经济形态，与过去依靠技术引进驱动经济增长不同。技术引进的科技创新仍然属于外生增长，其科技创新源头在国外，是国外技术创新向国内扩散的过程。因此，基于技术引进的创新经济体现为依靠加工代工支撑经济发展。

我国在经济发展过程中面临着关键核心技术"卡脖子"问题，也正是因为长期依靠引进国外技术而产生潜在危机。依靠科技创业驱动的经济增长具有典型的内生增长特征，科技创业通过将创新知识商业化和实体化，促进知识资本和人力资本提升物质资本的效率，由此推动技术进步内生化，从根本上改变经济增长的内涵和方式。科技创业通过提升创新能力，促进创新知识和技术改造物质资本，提高劳动者素质和促进制度创新，产生比传统依靠要素投入支撑经济增长更强大的动力。同时，科技创业有助于促进知识、技术和制度等无形要素与现有资本、劳动、物质资源等有形要素的优化组合，形成内生性增长。科技创业通过促进创新不仅驱动了经济增长规模，也进一步提升了经济增长效率，实现经济增长的质量变革、效率变革和动力变革。

（2）知识过滤穿透的中介效应。由表6-3可知，当以知识过滤穿透为中介变量时，对于经济增长规模的估计结果而言，模型（6）中科技创业的作用系数小于模型（4）中科技创业的作用系数，且模型（4）、（5）和（6）的回归结果都通过了显著性水平检验，这表明知识过滤穿透在科技创业驱动经济增长规模中发挥了中介作用。对于经济增长效率而言，模型（15）的作用系数大于模型（13）的作用系数，且模型（15）中中介变量的作用系数未能通过显著性水平检验，这表明知识过滤穿透不是科技创业驱动经济增长效率的动力机制。这一研究结论验证了第3章所提出的理论假说4，即在科技创业影响经济增长过程中，知识过滤穿透发挥了中介作用。知识过滤穿透在科技创业驱动经济增长规模过程中发挥中介作用，表明科技创业是创新知识产业化的有效途径，科技创业有力地促进了创新知识突破知识过滤屏障，提高知识的流动性，提升经济主体对知识的识别、吸收和利用效率，促进创新知识对劳动、资本等要素的重新组合，不断催生出新的科技创新成果和孕育新兴产业，从而推动经济持续增长。但当前科技创业通过知识过滤穿透的经济增长的驱动效应主要体现在经济增长规模方面，对经济增长效率的驱动作用不明显。这可能是因为当前我国仍处于科技创业起步阶段，总体而言科技创业水平仍旧较低，这意味着科技创业促进穿透的效率仍旧不高。因此，知识过滤穿透尚未"撬动"科技创业的经济增长效率驱动效应。

（3）知识溢出的中介效应。由表6-3可知，当以知识溢出为中介变量时，对于经济增长规模而言，模型（9）中科技创业的作用系数大于模型（7）的作用系数，且模型（8）中的科技创业的作用系数和模型（9）中的中介变量的回归结果均未通过显著性水平检验，这表明在考察期内，知识溢出不是科技创业驱动经济增长规模的动力机制。对于经济增长效率而言，模型（18）的作用系数小于模型（16）的作用系数，且模型（17）中的科技创业的作用系数和模型（18）中的中介变量的作用系数未能通过显著性水平检验，这表明知识溢出不是科技创业驱动经济增长效率的动力机制。中介效应检验结果表明，考察期内，在科技创业驱动经济增长过程中知识溢出尚未发挥中介作用。这一实证结果不支持第3章创新效应动力机制分析中所归纳的理论假说5，即在科技创业作用于经济增长规模和经济增长效率过程中，创新知识溢出尚未发挥动力机制作用。研究结果表明，当前科技创业的创新效应主要体现在提升创新能力和促进知识过滤穿透两个方面，科技创业的知识溢出效应尚不明显。这是因为当前我国科技创业仍处于起步阶段，整体科技创业水平仍然较低，且地区间科技创业的差距较大。同时，当前我国尚处于创新驱动起步阶段，经济增长仍主要依靠要素驱动，创新知识对经济增长的动力作用还需进一步提升。因此，科技创业的知识溢出效应仍旧比较微弱，尚不能"撬动"科技创业的经济增长驱动效应。我国大力实施创新驱动发展战略，旨在调整经济发展模式，促进经济结构转型升级和培育经济增长新动力，推动创新成为经济增长的最主要动力。随着创新驱动发展战略的实施和我国经济转型进程的推进，科技创业水平的提高和创新对经济增长的驱动作用日益提升，科技创业的知识溢出效应会更加强化，届时，将会进一步驱动经济增长规模，也会驱动经济增长效率提升。

3. 多重中介效应的检验

多重动力机制的检验结果如表6-4所示。由表6-4可知，对于经济增长规模而言，当引入创新能力和知识过滤两个变量以后，模型（4）的作用系数小于模型（1）的作用系数，且模型（1）、（2）、（3）和模型（4）中的回归结果均通过了显著性水平检验，说明科技创业对经济增长规模仍具有显著的正向驱动作用，但驱动动能有所减弱。这表明在科技创业驱动经济增长规模扩大过程中，创新能力、知识过滤穿透共同发挥了多重中介效应，具有多重动力机制。对于经济增长效率而言，由上文中介效应检验可知，科技创业只通过创新能力驱动了经济增长规模，因此创新效应没有发挥多重中介作用。

表6-4 多重中介效应模型的结果

变量	经济增长规模			
	(1) gq	(2) innc	(3) innf	(4) gq
ste	0.103*** (4.119)	0.255* (1.794)	0.839*** (4.424)	0.080*** (3.145)
innc				0.041*** (4.286)
innf				0.015*** (1.977)

数据来源：作者根据 ststs16.0 运算结果整理。
注：括号中为Z统计量，*、**、*** 分别为10%、5%和1%的显著性水平。

4. 中介效应的稳健性检验

递归方程是相关研究中经常用来检验中介效应的方法，但是部分学者却认为递归方程检验仍存在一些问题，包括检验分析不深入、复杂中介效应检验方法不明确等（陈瑞等，2013）。鉴于此，为了保证科技创业驱动经济增长的动力机制作用的研究结果的准确性，有必要进一步验证中介效应检验的稳健性。除了递归方程以外，Sobel检验、Bootstrap检验和MCMC检验等方法也常被用于中介检验。本书将应用Sobel检验和Bootstrap检验对模型的中介效应做进一步检验，检验结果如表 6-5 所示。

表 6-5　创新效应的中介效应稳健性检验

变量	经济增长规模 (gq)					
^	Sobel 检验		Bootstrap 检验			
^	Z值	P值	Z值	P值	BC95% 的置信区间	
^	^	^	^	^	下限	上限
innc	8.606	0.000	7.890	0.000	0.233	0.388
innf	2.41	0.015	2.090	0.037	0.001	0.024
inns	−0.316	0.752	−0.160	0.872	−0.003	0.003

变量	经济增长效率 (ge)					
^	Sobel 检验		Bootstrap 检验			
^	Z值	P值	Z值	P值	BC95% 的置信区间	
^	^	^	^	^	下限	上限
innc	3.087	0.076	4.200	0.029	0.203	0.349
innf	−0.4292	0.668	−0.900	0.370	−0.188	0.070
inns	−1.098	0.272	−0.950	0.341	−0.795	0.275

数据来源：作者根据 ststs16.0 运算结果整理。

对创新能力变量而言，在经济增长规模模型中，Sobel 检验结果 P 值为 0.000，Bootstrap 检验统计量通过了显著性水平检验，且在 95% 的置信度下，其偏差校正置信区间为（0.233，0.388），可知零值没有位于区间内，表明创新能力是科技创业驱动经济增长规模的中介变量。在经济增长效率模型中，Sobel 检验结果 P 值为 0.076，Bootstrap 检验统计量通过了显著性水平检验，同样在 95% 的置信度下，其偏差校正置信区间为（0.203，0.349），可知零值没有位于区间内，检验结果表明创新能力是科技创业驱动经济增长效率提升的中介变量。两种检验结果与递归方程检验结果一致。

对知识过滤穿透而言，在经济增长规模模型中，Sobel 检验结果 P 值为 0.015，且通过了显著性水平检验，拒绝不存在中介效应的原假设。Bootstrap 检验统计量也通过了显著性水平检验，且在 95% 的置信度下，其偏差校正置信区间为（0.001，0.024），区间内没有包括零值，表明知识过滤穿透是科技创业驱动经济增长规模的中介变量。在经济增长效率模型中，Sobel 检验结果 P 值为 0.668，Bootstrap 检验统计量未通过显著性检验，同时在 95% 的置信度下，其偏差校正置信区间为（-0.188，0.070），零值处于区间内，表明知识过滤穿透不是科技创业驱动经济增长效率的中介变量。检验结果与递归方程检验结果一致，表明在考察期内，在科技创业驱动经济增长过程中，知识过滤穿透的中介效应仅体现在科技创业的经济增长规模驱动效应层面，而在经济增长效率驱动效应层面不明显。

对知识溢出而言，在经济增长规模模型中，Sobel 检验结果 P 值为 0.752，没有通过显著性检验，接受不存在中介效应的原假设。Bootstrap 统计量不显著，且在 95% 的置信度下，其偏差校正置信区间为（-0.003，0.003），零值刚好处于区间内，表明在考察期内知识溢出不是科技创业驱动经济增长规模的中介变量。在经济增长效率模型中，Sobel 检验结果 P 值为 0.272，Bootstrap 检验统计量的 P 值未通过显著性检验，且在 95% 的置信度下，其偏差校正置信区间为（-0.795，0.275），零值刚好处于区间内，表明知识溢出在科技创业驱动经济增长效率过程中未发挥中介机制作用。两种检验结果与递归方程检验结果一致，表明在考察期内，在科技创业驱动经济增长规模和经济增长效率过程中，知识溢出尚未发挥中介作用。

综上所述，在创新效应动力机制研究过程中，稳健性检验结果与递归方程检验结果一致，表明创新效应的中介效应检验结果具有较强的稳健性。科技创业通过创新效应对经济增长具有显著的驱动作用，但具体来看，科技创业通过提升创新能力驱动了经济增长规模和经济增长效率，通过促进知识穿透过滤驱动了经济增长规模，但知识溢出在科技创业驱动经济增长过程中尚未发挥显著的动力机制作用。

6.2 科技创业驱动经济增长的产业结构效应动力机制

经济发展的过程由各种产业的兴起、成长与发展组成，产业结构的演变成为推动经济发展的结构动力。随着新技术、新经济的发展，各种新兴产业层出不穷，成为引领经济不断发展的动力源。在经济发展新阶段，科技创业逐渐成为经济发展的主要新动力，科技创业驱动经济增长成为当代经济发展的主旋律。科技创业以科学技术创新知识为核心，脱离了科学技术知识就不能称之为科技创业。科技创业的属性特征决定了科技创业对于促进传统产业蜕变，推动产业的兴起、成长与发展，尤其是新兴产业的培育具有极为重要的促进作用。因此，科技创业对产业发展的影响主要体现为促进产业结构合理化和高级化，以及提升产业的动态能力。随着科技创业型经济的逐步到来，科技创业将成为推动产业演进的内生动力。梳理文献发现，目前针对科技创业与产业发展的研究大多集中于科技创业对新兴产业产生的影响（Baumol等，2007；朱子婧等，2019；倪星等，2020），且大多在研究创业对经济发展的影响中提及了创业与产业发展的关系，但专门研究科技创业对产业发展影响的文献仍然不多，且相对缺乏探讨科技创业促进产业结构合理化和增强产业动态能力的研究。本节将结合第3章理论分析，进一步探讨科技创业的产业结构效应，分析科技创业驱动经济增长过程中产业结构合理化、产业结构高级化和产业动态能力的动力机制作用，从而继续回答科技创业如何影响经济增长这一核心问题，验证第3章的理论假说6、理论假说7和理论假说8，以期能够比较全面、系统和深入地阐述科技创业的产业结构效应的动力机制。

6.2.1 模型构建与变量说明

1. 基本模型构建

为了进一步分析科技创业的产业结构效应，明确科技创业是否通过产业结构效应动力机制来驱动经济增长，进而验证第3章动力机制分析中所提出的理论假说6、理论假说7和理论假说8是否成立。采用与上一节相同的中介效应检验方法，建立三个回归方程式，即式（6.4）、（6.5）、（6.6），用来分析科技创业驱动经济增长的产业结构效应动力机制。基准回归模型设定如下：

$$y_{it} = \alpha_0 + \beta_1 \text{ste}_{it} + \beta_2 X_{it} + \delta_{it} \quad (6.4)$$

$$\text{ind}_{it} = \gamma_0 + \gamma_1 \text{ste}_{it} + \gamma_2 X_{it} + \varepsilon_{it} \quad (6.5)$$

$$y_{it} = \eta_0 + \eta_1 \text{ste}_{it} + \eta_2 \text{ind}_{it} + \eta_3 X_{it} + \tau_{it} \quad (6.6)$$

其中，y 代表经济增长；i 代表地区；t 代表年份；ste 代表科技创业水平，为本研究的核心解释变量，通过上文所构建的科技创业评价水平综合指标体系计算所得；ind 为可能的产业结构效应中介变量；δ、ε 和 τ 为方程残差项；α_0、γ_0 和 η_0 是常数项向量；β_1、β_2、γ_1、γ_2、η_1、η_2 和 η_3 是系数，表示解释变量对被解释变量的影响；X 为控制变量所组成的向量集。由上文中介效应模型检验可知，如果 β_1、γ_1、η_1 均显著，同时系数 η_1 小于系数 β_1 或者其显著性明显下降，则满足中介效应模型的条件，表明存在中介效应。

2. 变量选择

关于产业结构效应（ind），在第 3 章理论分析部分，分析了科技创业通过产业结构效应影响经济增长，本书将产业结构效应具体分为产业结构合理化、产业结构高级化和产业动态能力。本节的被解释变量将表征这三个具体动力机制。

（1）产业结构合理化（indr）。产业结构合理化表现为产业与产业之间协调性更强和耦合质量更高，资源在产业间的配置和利用效率更高、产业发展更为均衡。因此，产业结构合理化的指标选择，应该要涵盖括产业结构合理化内涵的两个维度，一是体现出产业之间的耦合质量，二是体现出资源在产业间的利用效率。过去研究中常采用结构偏离度来衡量产业结构合理化水平，但是这一方法存在一定的局限性，忽略了经济体中各产业的权重存在差异。干春晖等（2011）基于泰尔指数构建了产业结构合理化的表征指标，计算公式如下：

$$TL = \sum_{i=1}^{n} \left(\frac{Y_i}{Y}\right) \ln\left(\frac{Y_i}{L_i} \Big/ \frac{Y}{L}\right) \tag{6.7}$$

其中，Y 代表产业产值；L 代表就业数；i 代表产业次数；$TL = 0$ 时，处于理想均衡状态，此时产业结构最合理。TL 值越大，产业结构更加背离合理水平，其不合理程度越高。本书借鉴这一方法，为了更能直观地反映产业结构偏离度和分析问题，考虑到样本数据中泰尔指数不为零，本书选择泰尔指数的倒数用来测度产业结构合理化，计算公式如下：

$$indr = \frac{1}{TL} = 1 \Big/ \sum_{i=1}^{n} \left(\frac{Y_i}{Y}\right) \ln\left(\frac{Y_i}{L_i} \Big/ \frac{Y}{L}\right) \tag{6.8}$$

其中，indr 为产业结构合理化指标，其他变量的含义与式（6.6）中一样。indr 值越大，产业结构越合理，反之，则越不合理。

（2）产业结构高级化（indh），根据第 3 章分析可知，产业结构高级化主要是指产业结构从低水平状态向高水平状态演变的过程。刘伟（2008）等指出，产业结构高级化的内涵包括两个层次的内容：第一，主导产业的调整，表现为主导产业沿一、二、三产业顺序演变的过程；第二，劳动力生产效率的变化，表现为劳动力的生产效率提升的过程。因此，产业结构升级指标既要包含产业结构的比例关系，也要涵盖劳动生产率的变化，由此才能更为全面地反映产业结构升级的本质内涵。基于上述产业结构高级化内涵的阐述，产业结构高级化指标的计算公式如下：

$$\text{indh} = \sum_{i=1}^{3} v_i \times LP_i \qquad (6.9)$$

i 为 1、2、3，分别代表三次产业；v_i 是第 i 产业的产值占 GDP 的比重；LP_i 第 i 产业的劳动生产率。式中，v_i 是一个比值，是没有量纲的数值，LP_i 代表单位劳动力的产出，是一个有量纲的数值。因此，要对 LP_i 进行标准化，标准化公式如下：

$$LP_i^N = \frac{LP_i - LP_{ib}}{LP_{if} - LP_{ib}} \qquad (6.10)$$

其中，LP_i^N 是处理后第 i 产业的劳动生产率；LP_i 是原始计算的第 i 产业的劳动生产率，即第 i 产业的产值与就业人数的比值；LP_{ib} 是现代化初期第 i 产业的劳动力生产效率；LP_{if} 是现代化末期第 i 产业的劳动生产效率。因此，产业结构高级化的计算公式为 $\text{indh} = \sum_{i=1}^{3} v_i \times LP_i^N$，indh 值越大，则代表高级化水平越高。

根据霍利斯·钱纳里等（1995）的"世界发展模型"的标准结构，选择人均收入 706 美元表征现代化的初期，选择人均收入 10584 美元表征现代化的结束，并将美元按 2000 年人民币标准进行换算，用于计算产业结构高级化指标。为进一步分析中国地区间产业结构动态演变特征，分别对 1996 年、2000 年、2010 年和 2019 年中国省际产业结构层级分布进行了 Kernel 密度估计，如图 6-1 所示。

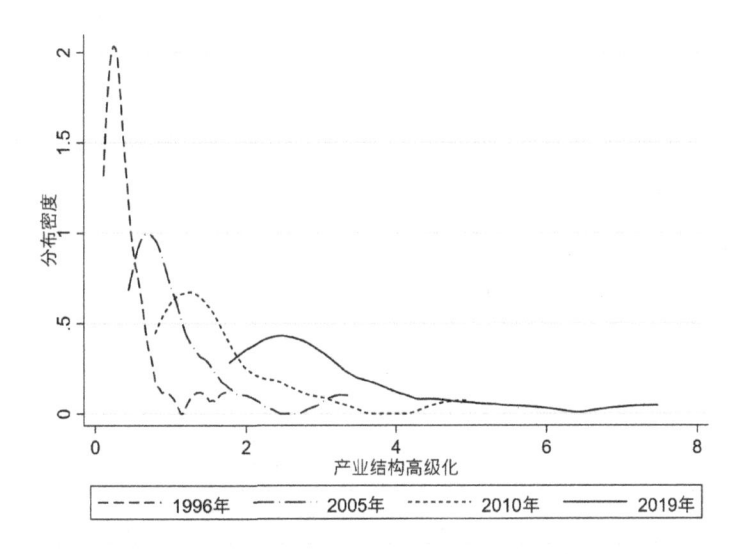

图 6-1　各地区产业结构高级化指数核密度分布曲线

资料来源：作者根据 ststs16.0 软件绘制。

由图 6-1 可知，在考察期内，中国省际产业结构层次分布状况出现了较大变化，产业结构高级化指数密度分布曲线波峰逐年右移，且移动幅度较大，表明中国产业结构呈逐年升级趋势，且产业结构升级速度较快。同时，产业结构升级指数核密度分布曲线的峰值逐年变低且宽度变宽，曲线右侧尾部逐年向右扩张，反映中国地区之间产业结构分化程度呈逐年加剧态势。

（3）产业动态能力（indc）。产业动态能力是指产业对资源的重组、整合和重构以主动调整产业结构来适应环境变化的能力，动态调整产业结构也会对外部环境产生影响（陈思洁和宋华，2017）。目前尚未发现学者提出产业动态能力的指标，在相关研究中，学者用研发支出比例、本科以上员工比例和资产报酬率等指标来度量企业的动态能力（杨林等，2020；陈庆江等，2021）。本书借鉴这一思路，采用产业研发支出来衡量产业动态能力。产业研发支出反映了产业对技术知识和创新的重视程度，是形成产业动态能力的最重要途径，能够较好反映地区的产业动态能力。因此，采取规模以上工业企业的研发支出来表征产业动态能力。

经济增长规模、经济增长效率、科技创业和控制变量指标选择与上文相同。

3. 数据来源与统计描述

样本数据为中华人民共和国30个省、直辖市和自治区的数据（未收录香港、澳门、台湾、西藏的数据）。其中，计算产业结构合理化和高级化所涉及到的GDP数据、就业数据和人民币兑美元汇率来源于2008—2020年《中国统计年鉴》。规模以上工业研发投入数据来源于2008—2020年《中国科技统计年鉴》，由于缺失2007年和2010年的数据，因此，2007年的数据用大中型企业研发投入代替，2010年的数据取前后两年数据的平均值代替；其余变量的数据来源和计算方法如第5章所示。各变量的描述性统计如表6-6所示。

表6-6 主要变量的统计描述

变量	变量解释	样本量	标准差	最小值	均值	最大值
gq	实际GDP的对数值	390	0.952	6.350	9.127	11.172
ge	经济增长集约化水平	390	0.197	−37.457	0.199	15.133
$indr$	产业结构合理化	390	10.364	1.263	6.772	103.948
$indh$	产业结构高级化	390	1.308	0.553	2.209	7.475
$indc$	产业动态能力	390	1.0445	−0.368	4.736	7.747
ste	科技创业水平对数值	390	0.895	−0.393	1.729	4.303
k	物质资本存量对数值	390	0.937	7.862	10.606	12.528
h	平均受教育年限	390	1.206	8.285	11.206	15.328
u	城市化水平	390	0.133	0.282	0.552	0.896
open	进出口总额与GDP比值	390	0.331	0.013	0.296	1.671
inf	单位面积的公路里程数	390	0.510	0.015	0.866	2.115

资料来源：作者整理。

6.2.2 内生性控制与估计方法选择

1. 内生性控制

第2章文献梳理结果显示，科技创业主要受社会文化氛围、制度、信息和创业者个体特性等因素影响，因此，产业结构与科技创业不存在明显的互为因果关系。内生性检验（见表6-7）表明，产业结构合理化、产业结构高级化和产业动态能力与科技创业不存在内生性。

2. 估计方法选择

根据上文分析可知,在计量分析中,实际样本数据的复杂性导致样本数据通常无法满足 OLS 估计方法的经典假定。因此,在对样本数据回归之前,需要通过相应的检验确定估计模型和方法,以获得有效的估计结果。由于本研究的数据样本 $N=30$,$T=13$,属于短面板数据,所以固定影响模型是更为合理的模型。进一步通过 Hausman 检验确定估计模型选择,检验结果表明对经济增长规模和经济增长效率的回归应该选择固定效应模型。由于产业结构合理化、产业结构高级化和产业动态能力与科技创业不存在内生性,故选择能够较好解决异方差和自相关问题的全面 FGLS 方法进行回归。

6.2.3 实证结果分析

1. 科技创业的产业结构效应回归结果分析

科技创业的产业结构效应的回归结果如表 6-7 所示。表中的模型(1)、模型(2)和模型(3)分别展示了科技创业对产业结构合理化、产业结构高级化和产业动态能力的影响,具体分析如下。

表 6-7 科技创业的产业结构效应的回归结果

变量	产业结构合理化(indr) (1)	产业结构高级化(indh) (2)	产业动态能力(indc) (3)
ste	1.810*** (7.8710)	0.136*** (3.347)	0.230*** (6.365)
k	−2.365*** (−9.577)	0.121*** (2.657)	0.884*** (18.784)
h	−0.428*** (−3.779)	0.111*** (6.175)	−0.028* (−1.747)
u	26.028*** (12.215)	6.215*** (12.650)	0.509 (1.138)

续表

变量	产业结构合理化（indr）(1)	产业结构高级化（indh）(2)	产业动态能力（indc）(3)
open	2.001*** (4.332)	−0.441*** (−6.218)	0.245*** (3.378)
inf	3.592*** (8.384)	0.038 (0.414)	0.551*** (6.613)
cons	14.887*** (7.334)	−3.770*** (−9.634)	−5.638*** (−12.537)
N	390	390	390
DMtest	0.374	0.239	2.257

资料来源：作者用stata16.0运算结果整理。

注：括号中为Z统计量；*、**、*** 分别为10%、5%和1%的显著性水平。

（1）科技创业对产业结构合理化的影响。如表6-7中模型（1）的回归结果所示，核心解释变量的作用系数为正且显著，表明随着科技创业水平的提升，将推动产业结构合理化。这一结果表明科技创业有利于提高区域产业结构的协调性，提高产业结构的耦合质量，验证了第3章中的理论分析。科技创业对产业结构合理化有显著的促进作用。一方面，科技创业将促使产业部门之间不断调整、协调，提高产业结构的耦合质量。产业结构不合理的根本原因是产业之间存在生产效率差距和边际收益不均衡现象，意味着生产效率较低和边际收益较低的部门和行业，蕴含着更多的科技创业机会。科技创业者依托技术和创新知识为核心，捕捉科技创业机会并投入和配置相应的创业资源，改变落后产业的发展模式，从而提高其生产效率，促进产业结构更加合理。另一方面，科技创业将打破原有的产业均衡，驱动产业结构趋向更高水平的合理化。与在位企业相比，科技创业企业在创新热情、路径依赖和创新成本方面都具有比较优势，在某一个行业创业成功的科技企业，将吸引更多的创业者、劳动力和资源流入，派生出更多的新需求，从而带动行业的调整和重构。同时，科技创业作为创新知识产生和应用的重要载体，其创业和发展过程本质上是科学技术知识产业化和商业化的过程，这一过程将对要素

第 6 章 科技创业驱动经济增长的动力机制——基于中介效应检验

进行新的组合，提高要素的使用效率，为消费者提供更高质量或者新的产品和服务。新的生产方式或者新的产品的出现，将淘汰落后企业和产业，带动上下游关联产业调整，形成市场上的"链式反应"，实现产业间的更高水平动态平衡。因此，科技创业有助于推动产业实现更高水平的合理化。

（2）科技创业对产业结构高级化的影响。如表 6-7 中模型（2）的回归结果所示，随着科技创业水平的提升，将有助于提高地区的产业结构高级化水平，且科技创业的作用系数通过了 1% 的显著性水平检验，这一回归结果与第 3 章的理论分析相契合。产业结构升级是主导产业向资本密集型产业演进和劳动生产率提高的动态过程，科技创业正是产业结构高级化的核心动能（洪银兴，2019）。作为创新实体化形式的科技创业，将推动创新转化为经济生产能力，从根本上改变经济生产方式，对产业结构高级化具有重要促进作用。一方面，当其在市场上依托创新知识改善原有产品和服务，或者提供新产品和新服务时，将会打破经济系统的均衡。特别是基于前沿技术创新的科技创业将会深层次地改变经济结构，不仅会带动新的行业产生，也会促使其他行业发生变革。例如，奔驰汽车公司和微软企业的成立，不仅改变了人类生活和生产方式，更成为相关产业的"中心"，带动上下游关联的产业发展，带动产业向更高水平演进。另一方面，科技创业具有带动效应。一旦相关科技创业成功，其将产生正外部性，促进创新知识溢出，带动其他科技创业者进行创业。科技创业引致的派生需求和供给结构的调整，将会创造出大量新的创业机会，吸引更多的创业者投入创业，形成"创业者连环创业"。当大量的创业企业集聚和发展时，会进一步形成创业企业集群，不断吸引资源流入汇集，进而提升集群内的创新动能，形成强大的促进产业结构升级的内在动力，最终推动区域产业结构的蜕变和革新，促进产业结构向更高水平演进。

（3）科技创业对产业动态能力的影响。如表 6-7 模型（3）的回归结果所示，科技创业的作用系数为正且通过了显著性水平检验，表明科技创业对产业动态能力提升有比较显著的正向影响。这一回归结果与第 3 章中相应理论分析相吻合。产业动态能力表现为产业内部整合和利用资源、外部适应环境变化和产业结构更新的能力，是产业自我优化升级能力的体现。在经济系统中，产业结构总是处于动态演变中。一些学者认为，与生命体类似，产业发展过程中也会经历孕育、出生、成长、成熟、衰老直至死亡的发展历程，具有其自身的生命周期（Gort等，1982）。如果产业具有较强的动态能力，就能够避免产业过早进入成熟衰退期，甚至实现自我的升级。产业内的企业正是产业动态能力的来源，无论是在产业演进中的产品规模扩大、质量改进和产品多样化，还是资源整合、效率提升和结构更新等，都离不开产业内的企业创新。科技创业具有明显的科技创新属性，科技创业水平的提升能够强化产业的动态能力。首先，科技创业有助于强化产业的资源整合能力。内生的科技创业机会往往具有边际收益递增的特征，科技创业捕捉创业机会，通过将创新技术商业化和产业化，吸引要素资源从生产效率低的部门或行业流入，对产业内要素进行新的组合，提高资源的整合和利用效率。其次，科技创业有助于增强产业的自我优化和升级能力。科技创业凭借所掌握的科学技术创新优势，无论是改进原有产品或服务的质量或功能，还是生产新的产品或服务，都将向市场上提供具有竞争优势的产品或服务，这将促进产业的自我革新和优化，增强产业的自我升级能力。最后，科技创业是培育新兴产业的最有效经济活动。特别是依托颠覆性科技创新技术的创业活动所成立的企业，将会带动上下游相关企业变革或吸引初创企业进入市场，将会带动更多新兴产业的产生和发展，淘汰生产率低的落后产业，实现"创新技术→科技创业→新兴产业"的产业变革模式。纵观当代产业发展的脉络，大多数新兴产业都是由科技创业孕育的，以美国硅谷为首引领的科技创业浪潮，催生了计算机、电脑软件、互联网、生物工程等科技新兴产业。当前，以大疆、商汤科技、SpaceX等新创科技企业的发展，又将引领新一轮的新兴产业发展浪潮。新兴产业具有创新快速和产品复杂等特征，这决定了科技创业是新兴产业结构演进的最主要动力。正是无数科技创业活动的持续发生，才能保证产业的动态调整，提升整体产业的动态能力。因此，活跃的地区科技创业活动将会强化地区的产业动态能力。

2. 科技创业的产业结构效应对经济增长的影响

产业结构效应的中介效应检验结果如表6-8所示。但由于篇幅有限，表6-8仍然没有报告控制变量的估计结果。

表 6-8 产业结构效应的中介效应检验结果

变量	ind = indr			ind = indh			ind = indc		
	(1) gq	(2) indr	(3) gq	(4) gq	(5) indh	(6) gq	(7) gq	(8) indc	(9) gq
ste	0.103*** (4.119)	1.810*** (7.871)	0.092*** (3.798)	0.103*** (4.119)	0.136*** (3.347)	0.096*** (5.394)	0.103*** (4.119)	0.230*** (6.365)	0.095*** (3.949)
ind			0.003*** (5.066)			0.072*** (11.003)			0.065*** (5.589)

变量	ind = indr			ind = indh			ind = indc		
	(10) ge	(11) indr	(12) ge	(13) ge	(14) indh	(15) ge	(16) ge	(17) indc	(18) ge
ste	3.321* (1.930)	1.810*** (7.871)	2.981* (1.731)	3.321* (1.930)	0.136*** (3.347)	3.545*** (2.057)	0.106*** (1.921)	3.321* (1.930)	3.378* (1.937)
ind			0.086** (2.189)			1.223** (2.317)			−0.473 (−0.561)

资料来源：作者根据 stata16.0 运算结果整理。

注：括号中为 Z 统计量，*、**、*** 分别为 10%、5% 和 1% 的显著性水平。

（1）产业结构合理化的中介效应。由表 6-8 可知，当以产业结构合理化为中介变量时，对于经济增长规模而言，模型（3）的作用系数小于模型（1）的作用系数，且模型（1）、模型（2）和模型（3）的回归结果均通过了显著性水平检验，表明产业结构合理化是科技创业驱动经济增长规模的动力机制。对于经济增长效率而言，模型（12）的估计系数小于模型（10）的估计系数，且模型（10）、模型（11）和（12）的回归结果均通过了显著性水平检验，表明产业结构合理化是科技创业驱动经济增长效率的动力机制。这一研究结论验证了第 3 章所提出的理论假说 6，即在科技创业影响经济增长过程中，产业结构合理化发挥了明显的中介作用。这意味着，随着科技创业水平的提升，科技创业将提高产业之间的协调性和关联水平，促进产业结构的动态均衡和产业素质的提高，从而驱动经济增长。科技创业通过促进产业结构合理化，提高专业化分工水平和加强产业间的联系，有效地促进要素资源在部门间良性流动，促使流向生产效率高或者边际收益递增的产业部门，推动资源的优化配置。同时，科技创业带动相关产业的发展，促进创业间的良性竞争，使经济系统各部门协调发展，经济系统内的生产、交换、分配和消费顺畅进行，保障社会扩大再生产能够顺利开展，从而推动国民经济稳定增长。科技创业通过产业结构合理化不仅扩大了经济增长规模，也提升了经济增长效率。产业结构合理化决定了要素资源的配置效果，可以说，在产业结构合理化过程中，要素资源在产业间的优化配置和有效利用本身就是经济增长效率的体现。产业结构合理化的最终目的是追求国民经济的各个部门得到全面的发展，而这一目标只有依托科技创业才能够得以实现。一方面，产业结构非合理化意味着产业之间存在生产效率之差和边际收益之差，这就蕴含了大量的科技创业机会。创业者捕捉到这一创业机会，通过科技创业提升生产效率较低部门或行业的生产效率，实现边际收益递增，最终既实现了产业结构的合理化，也实现了经济增长效率的提升。另一方面，随着经济的发展和分工的细化，产业之间的关联性日益增强。科技创新的边际收益递增和垄断所带来的"经济租金"将激励大量创业者依托技术创新投入科技创业活动，科技创业所带来的要素新组合和提供的新产品或服务，将引发产业的变革，促进优势产业和新兴产业的发展和兴起，淘汰落后产业，带动关联性强的产业发展，提升产业的整体效率，最终驱动整个经济系统共同发展。

（2）产业结构高级化的中介效应。由表6-8中的检验结果可知，当以产业结构高级化为中介变量时，对于经济增长规模而言，模型（6）的作用系数小于模型（4）的作用系数，且模型（4）、模型（5）和模型（6）的回归结果均通过了显著性水平检验，这表明产业结构高级化是科技创业驱动经济增长规模的动力机制。但对于经济增长效率而言，虽然模型（13）、模型（14）和模型（15）中变量的作用系数通过了显著性水平检验，但模型（15）中科技创业的作用系数大于模型（13）的作用系数，表明产业结构高级化不是科技创业驱动经济增长效率的动力机制。这一研究结论验证了第3章所提出的理论假说7，即在科技创业驱动经济增长过程中，产业结构发挥了中介作用，科技创业通过产业结构高级化驱动了经济增长规模扩大。产业结构高级化在科技创业驱动经济增长规模过程中发挥了中介作用。产业结构高级化是经济系统内产业部门调整和劳动生产效率提升的发展过程，其最直接体现为主导产业相继以第一、二、三产业的方向递进，资本密集型产业和生产性服务业的产值比重逐渐增加和劳动生产率日益提高。当前，非农产业特别是第三产业已成为吸纳就业和产值占比最大的产业，成为支撑经济增长的主要力量。科技创业通过产业结构高级化驱动了经济增长规模扩大。但是产业结构高级化在科技创业驱动经济增长过程中的中介效应仅仅存在于经济增长规模方面，在经济增长效率提升过程中并未发挥中介作用。这与干春晖等（2011）的研究结论相似，即产业结构高级化与经济增长之间的关系不稳定。这可能是因为随着信息技术产业的发展，产业结构高级化表现为产业结构服务化，第三产业成为吸纳劳动力、资本等资源的主要产业。在资源有限的情况下，过多资源投入服务业势必会挤占工业的资源投入，这不利于经济生产效率的提高，一般而言，工业的生产效率高于服务业（袁富华，2012）。因此，在考察期内，科技创业通过产业结构高级化并未显著地驱动经济增长效率的提升。在考察期内，产业结构高级化是科技创业影响经济增长规模的动力机制，但其尚未"撬动"科技创业的经济增长效率驱动效应。

（3）产业动态能力的中介效应。由表6-8可知，当以产业动态能力为中介变量时，对于经济增长规模而言，模型（9）的作用系数小于模型（7）的作用系数，且模型（7）、模型（8）和模型（9）中的回归结果均通过了显著性水平检验，这表明产业动态能力在科技创业驱动经济增长规模中发挥了中介作用。该研究结论验证了第3章动力机制分析中所提出的理论假说8，即科技创业通过强化产业动态能力有助于驱动经济增长。但对于经济增长效率而言，模型（18）中科技创业的作用系数大于模型（16）的作用系数，模型（17）中的作用系数通过了显著性水平检验，但模型（18）中的中介变量的作用系数未能通过显著性水平检验，这表明产业动态能力不是科技创业驱动经济增长效率的动力机制。产业动态能力表现为产业内部整合和利用资源、外部适应环境变化和产业结构更新的能力，是产业自我优化升级能力的体现。产业动态能力的提升，不仅是产业结构优化的体现，也能够提升经济增长的韧性，是经济高质量发展的支撑基础。但当前我国产业结构的动态能力仍旧不高，突出体现在产业的资源配置效率不高、资源利用效率较低和产业创新能力较弱等方面。当前，我国仍旧以中低端产业为主，在全球价值链上仍处于中低端，其根本原因是产业的科技创新含量不高（洪银兴，2015），而科技创新特别是产业化创新是决定产业动态能力的基础。因此，当前我国较弱的产业动态能力尚未对经济增长效率提升产生明显驱动作用。在我国经济发展实践中，亟须进一步解决科技创新和产业创新的衔接问题。一是提高科技创新成果转化效率；二是促进科技创新知识生产者和产业领域企业家的协同，而科技创业正完美地解决了这一衔接问题。但当前我国科技创业水平和产业动态能力仍旧不高，在经济高质量发展阶段，需要进一步促进创新创业，通过科技创业水平促进产业化创新，从而提升产业的动态能力，进而驱动我国经济增长规模扩大和增长效率提升。

3. 多重中介效应的检验

由表6-8可知，科技创业驱动经济增长规模的产业结构效应存在多个中介变量，而驱动经济增长效率提升的产业结构效应只存在产业结构合理化这单一中介变量。因此，需要进一步检验在科技创业下，产业结构效应是否存在多重中介效应。多重中介效应模型的结果如表6-9所示。

表6-9 多重中介效应模型的结果

变量	经济增长规模				
	(1) gq	(2) indr	(3) indh	(4) indc	(5) gq
ste	0.103*** (4.119)	1.810*** (7.8710)	0.136*** (3.347)	0.230*** (6.365)	0.099*** (5.223)
indr					0.002*** (4.414)
indh					0.075*** (12.946)
indc					0.078*** (8.490)

资料来源：作者用stata16.0运算结果整理。

注：括号中为Z统计量，*、**、***分别为10%、5%和1%的显著性水平。

由表6-9可知，对于经济增长规模而言，当引入产业结构合理化、产业结构高级化和产业动态能力三个变量以后,模型(5)的作用系数小于模型(1)的作用系数,表明科技创业对经济增长规模仍具有显著的正向影响,但促进作用有所减弱。模型(1)、模型(2)、模型(3)、模型(4)和模型(5)中的回归结果均通过了显著性水平检验,这表明在科技创业驱动经济增长规模过程中,产业结构合理化、产业结构高级化和产业动态能力共同发挥了多重中介效应,产业结构效应具有多重动力机制。

4. 中介效应的稳健性检验

与上节一样,本节将应用Sobel和Bootstrap检验,对科技创业驱动经济增长模型中产业结构的中介效应做进一步检验,以验证研究结果的稳健性。产业结构效应的中介效应检验结果如表6-10所示。

表6-10 产业结构效应的中介效应稳健性检验

变量	经济增长规模(gq)				
^	Sobel检验		Bootstrap检验		
^	Z值	P值	Z值	P值	BC95%的置信区间
^	^	^	^	^	下限　　上限
indr	1.988	0.047	1.77	0.077	0.001　　0.019
indh	5.600	0.000	3.700	0.000	0.001　　0.003
indc	6.262	0.000	3.75	0.000	0.003　　0.010

变量	经济增长效率(ge)				
^	Sobel检验		Bootstrap检验		
^	Z值	P值	Z值	P值	BC95%的置信区间
^	^	^	^	^	下限　　上限
indr	1.949	0.051	−1.320	0.187	−0.250　　0.049
indh	1.751	0.079	0.760	0.449	−0.114　　0.257
indc	−0.605	0.545	−0.34	0.733	−0.572　　0.402

资料来源:作者用stata16.0运算结果整理。

由表6-10可知,对于产业结构合理化而言,在经济增长规模模型中,Sobel

检验的 Z 统计量通过了 5% 的显著性水平检验，Bootstrap 检验统计量的 P 值为 0.077，且在 95% 的置信度下，其偏差校正置信区间为（0.001，0.019），可知零值没有位于区间内。检验结果表明，产业结构合理化在科技创业驱动经济增长规模的过程中发挥了显著的中介作用。在经济增长效率模型中，Sobel 检验结果 P 值为 0.051，表明产业结构合理化在科技创业驱动经济增长效率过程中发挥了中介作用。但 Bootstrap 检验统计量的 P 值为 0.187，没有通过显著性水平检验，且在 95% 的置信度下，其偏差校正置信区间分别为（−0.250，0.049），可知零值位于区间内，说明产业结构合理化的中介效应没有通过 Bootstrap 检验。Sobel 检验结果与递归方程检验结果一致，表明产业结构合理化是科技创业驱动经济增长的动力机制。

对产业结构高级化而言，在经济增长规模模型中，Sobel 检验结果 P 值为 0.000，通过了显著性水平检验，检验结果拒绝不存在中介效应的原假设。Bootstrap 检验统计量通过了显著性水平检验，且在 95% 的置信度下，其偏差校正置信区间为（0.001，0.003），可知零值没有位于区间内。两种检验方法的检验结果都支持产业结构高级化在科技创业驱动经济增长规模过程中发挥了显著的中介作用。在经济增长效率模型中，Sobel 检验结果 P 值为 0.079，表明产业结构高级化在科技创业驱动经济增长效率中发挥了显著的中介作用。Bootstrap 检验统计量未通过显著性水平检验，且在 95% 的置信度下，其偏差校正置信区间为（−0.114，0.257），可知零值位于区间内。Bootstrap 检验结果与递归方程的检验结果基本相同，表明在考察期内，产业结构高级化在科技创业驱动经济增长效率过程中尚未发挥显著的中介作用。

对产业动态能力而言，在经济增长规模模型中，Sobel 检验结果 P 值为 0.000，且通过了 1% 的显著性水平检验，拒绝不存在中介效应的原假设。Bootstrap 检验统计量通过了显著性水平检验，且在 95% 的置信度下，其偏差校正置信区间为（0.003，0.010），可知零值没有位于区间内。两种方法的检验结果皆表明，在考察期内，产业动态能力是科技创业驱动经济增长规模的中介机制，发挥了显著的动力机制作用。在经济增长效率模型中，Sobel 检验结果 P 值为 0.545，Bootstrap 检验统计量的 P 值也未通过显著性水平检验，且在 95% 的置信度下，其偏差校正置信区间为（-0.572, 0.402），可知零值位于区间内。两种方法的检验结果表明产业动态能力不是科技创业驱动经济增长效率的中介变量，即科技创业尚未能够通过提升产业动态能力驱动经济增长效率提高。两种检验结果与递归方程检验结果一致，表明在考察期内，在科技创业驱动经济增长规模过程中，产业动态能力发挥了中介作用，但在驱动经济增长效率过程中，产业动态能力尚未发挥中介作用。

综上所述，在产业结构效应检验过程中，除了经济增长效率模型中产业结构合理化的 Bootstrap 检验和产业结构高级化的 Sobel 方法检验的结果与递归方差结果不一致以外，其他稳健性检验结果与递归方程检验结果一致，这表明中介效应检验结果具有一定的稳健性。由此可知，在科技创业驱动经济增长过程中，产业结构效应发挥了显著的动力机制作用。具体来看，在科技创业驱动经济增长规模和经济增长效率过程中，产业结构合理化发挥了显著的动力机制作用；通过促进产业结构高级化和提升产业动态能力驱动了经济增长规模，但产业结构高级化和产业动态能力，在科技创业驱动经济增长效率过程中尚未发挥显著的动力机制作用。

6.3 科技创业驱动经济增长的就业效应动力机制

创业作为就业的一种特殊形式，突破了一般就业"一人一岗"的传统就业模式，形成"一人就业带动多人就业"的"链式"就业模式，因此，创业就业存在"就业倍增"效应。正是基于此，我国在过去经济发展实践过程中，陆续出台了一系列政策推动创业带动就业。近年来，推动创新创业成为国家经济发展的重要战略，将创新创业视为吸纳就业和促进经济发展的重要依托。但对于创业的就业效应，学术研究却存在不同的结论。一是认为创业通过建立新企业与发展新企业，会创造更多的就业岗位，从而降低失业率（Audretsch，2003；董志强等，2012）。二是对创业带动就业的效应存在疑问，创业带动就业或减少失业的产生是有条件的（卢成镐，2012），特别是创业扶持政策存在缺陷，难以发挥创业的带动就业效应（辜胜阻等，2008），甚至有学者认为创业对就业存在一定的挤出效应。关于创业与就业的关系，既有研究更多地关注创业对就业规模的影响，但这只能衡量就业规模方面的就业效应，尚不能全面表征创业的就业效应。同时，科技创业有别于一般性创业，创新知识赋予科技创业独有的特征，其就业效应也应当存在不同。

基于第 3 章的理论分析，本书认为在经济系统中，科技创业对经济增长的就业效应主要体现在以下三个方面。一是科技创业作为特殊的就业形式，具有"就业倍增"效应，科技创业将创造就业岗位，降低失业，从而促进经济增长。二是科技创业的科技创新属性决定了科技创业需要具有更高人力资本水平的高素质劳动力，因此，科技创业一方面能够促进就业结构优化，另一方面有利于发挥人力资本的经济价值，从而促进经济增长。三是科技创业依托新知识形成新生产组织，创造了高质量就业岗位，在教育快速发展的背景下，通过科技创业能够提供更多与高素质劳动力相匹配的岗位，从而促进劳动力资源的优化配置，这将有利于促进经济增长。在科技创业驱动经济增长过程中，就业效应是否存在上述三类作用机制还有待进一步检验。因此，本节将侧重于科技创业的就业效应，着重关注科技创业影响就业的过程而非结果，进一步厘清科技创业通过就业效应驱动经济增长的动力机制，从而检验第 3 章所提出的理论假说 9、理论假说 10 和理论假说 11，并全面、系统地探讨科技创业的就业效应，回答既有研究中关于创业是否带动就业的争论。

6.3.1 模型构建与变量说明

1. 基本模型构建

本节将利用实证分析方法继续研究在科技创业驱动经济增长过程中，就业效应是否发挥了中介机制作用，深入探讨就业规模、就业结构优化和劳动力资源优化配置是否发挥了动力机制作用，进而验证第三章所提出的理论假说 9、理论假说 10 和理论假说 11 是否成立。使用上文的中介效应研究方法，建立以下三个回归方程式，用来分析科技创业驱动经济增长的就业效应作用机制。基准检验模型构建如下：

$$y_{it} = \alpha_0 + \beta_1 \text{ste}_{it} + \beta_2 X_{it} + \delta_{it} \tag{6.11}$$

第6章 科技创业驱动经济增长的动力机制——基于中介效应检验

$$\text{job}_{it} = \gamma_0 + \gamma_1 \text{ste}_{it} + \gamma_2 X_{it} + \varepsilon_{it} \quad (6.12)$$

$$y_{it} = \eta_0 + \eta_1 \text{ste}_{it} + \eta_2 \text{job}_{it} + \eta_3 X_{it} + \tau_{it} \quad (6.13)$$

其中，y 代表经济增长；i 代表地区；t 代表年份；ste 代表科技创业水平，为本研究的核心解释变量，通过构建的科技创业水平综合评价指标体系计算科技创业水平综合指数所得；job 为可能的就业效应中介变量；δ、ε 和 τ 为方程残差项；α_0、γ_0 和 η_0 是常数项向量；β_1、β_2、γ_1、γ_2、η_1、η_2 和 η_3 是作用系数，表示解释变量对被解释变量的影响；X 为控制变量所组成的向量集。与上文中介效应的检验思路一样，如果 β_1、γ_1、η_1 均显著，同时系数 η_1 小于系数 β_1 或者其显著性明显下降，则满足中介效应模型的条件，表明存在中介效应。

2. 变量选择

关于就业效应（job）的中介变量选择，根据本书第3章理论分析部分的内容，就业效应具体分为就业规模、就业结构优化和劳动力资源优化配置。本部分中介变量选择将表征这些具体的动力机制。

（1）就业规模（jobn）。就业规模主要用来衡量就业效应数量维度的内容，采用各地区就业数量作为就业规模的表征指标。

（2）就业结构优化（jobs）。本研究主要关注产业部门间的就业问题，因此，重点考察的就业结构主要是指各产业间的就业数量和比例关系。借鉴已有研究，选择第三产业的就业规模占社会总就业的比值来表征，比值越大，说明就业结构水平越优化。

（3）劳动力资源优化配置（joba）。劳动力资源优化配置是影响经济系统效率的关键变量，也是学术界关注的重要课题。在既有研究中，学者关于劳动力资源配置问题提出了不同的估算模型、测度方法和指标。例如，任韬和王文举（2014）基于 Cobb–Douglas 生产函数建立了劳动力资源优化配置模型；刘涛（2021）从劳动力资源的利用效率和结构效率两个维度来测度劳动力资源的配置效率。本书考虑劳动力资源在三次产业间的配置，重点关注就业结构与产业结构的适配性问题。因此，选择结构偏离度来衡量劳动力资源配置效率，其计算公式如下：

$$E = \sum_{i=1}^{n} \left| \frac{Y_i}{Y} \bigg/ \frac{L_i}{L} - 1 \right| \quad (6.14)$$

其中，E代表结构偏离度；Y代表产业产值；L代表就业数；i代表产业；n代表产业次数；$\frac{Y_i}{Y}$表示第i次产业的产出比重，用来表示产业结构；$\frac{L_i}{L}$表示第i次产业的就业比重，用来表示就业结构。当经济处于均衡状态时，各产业的劳动生产率相等，就业结构和产业结构完全耦合，劳动力资源处于最优配置状态，此时，$E=0$。E值越大，表明就业结构与产业结构越偏离均衡，劳动力资源配置效率越低。本书在实证分析中选择结构偏离度来衡量劳动力资源配置效率，具体计算如下：

$$joba = E \qquad (6.15)$$

其中，$joba$为劳动力资源配置效率指标，其他参数的含义与式（6.14）相同。$joba$值越小，劳动力资源配置效率越高，就业结构与产业结构适配性越高，反之，劳动力资源配置效率越低，就业结构与产业结构适配性越低。

经济增长规模、经济增长效率、科技创业和控制变量的选择与计算与上文相同。

3. 数据来源与统计描述

本节利用中国省际面板数据模型检验就业的中介效应，数据样本包含中华人民共和国30个省级行政单位的数据（未收录香港、澳门、台湾、西藏的数据）。其中总的就业规模、各产业就业数量、总产值和各产业产值数据来源于2008—2020年《中国统计年鉴》，产业结构合理化、产业结构高级化和劳动力资源优化配置的计算方法如上文所述。科技创业水平数据由所构建的指标体系计算所得，数据来源和计算方法见第4章。控制变量的资料来源和计算方法如第5章所示。各变量的描述性统计如表6-11所示。

表6-11　主要变量的统计描述

变量	变量解释	样本量	标准差	最小值	均值	最大值
gq	实际GDP的对数值	390	0.952	6.350	9.127	11.172
ge	经济增长集约化水平	390	0.197	−37.457	0.199	15.133
$jobn$	就业规模	390	0.794	5.699	7.626	8.875
$jobs$	就业结构优化	390	0.108	0.167	0.385	0.831

续表

变量	变量解释	样本量	标准差	最小值	均值	最大值
joba	劳动力资源配置	390	0.847	0.964	2.135	5.853
ste	科技创业水平对数值	390	0.895	−0.393	1.729	4.303
k	物质资本存量对数值	390	0.937	7.862	10.606	12.528
h	平均受教育年限	390	1.206	8.285	11.206	15.328
u	城市化水平	390	0.133	0.282	0.552	0.896
open	进出口总额与 GDP 比值	390	0.331	0.013	0.296	1.671
inf	单位面积的公路里程数	390	0.510	0.015	0.866	2.115

资料来源：作者整理。

6.3.2 内生性控制与估计方法选择

1. 内生性控制

内生性问题的存在会导致实证回归结果失真，从而得到错误的研究结论，不能有效地解释经济实践问题。在回归分析中必须克服内生性问题所导致的偏误问题。科技创业与就业之间可能存在一定的互为因果关系。一方面，科技创业通过成立生产组织，在创业企业建立、创业企业发展和扩大再生产过程中，会创造就业机会。同时，科技创业的派生需求会带动关联产业扩大再生产，从而带动就业。另一方面，就业有助于扩大创业者的规模，这是因为劳动力直接参与经济生产过程，积累了丰富的业界经验，提高了创业机会的识别和捕捉能力，一定程度对科技创业具有促进作用。因此，创业与就业互为因果关系。进一步通过内生性检验，结果证明科技创业与就业规模和就业结构之间存在内生性问题。与第5章一样，本书选择地区前一期科技创业水平和各地区的211高校数作为工具变量，且选择的工具变量通过了有效性检验（表6-12）。

2. 估计方法选择

根据上文分析可知，在实证检验中，实际样本数据的复杂性导致样本数据通常无法满足 OLS 估计方法的经典假定。因此，在对样本数据回归之前，需要通过相应的检验确定估计模型和方法，以获得有效估计结果。由于本研究的数据样本 $N=30$，$T=13$，属于短面板数据，因此，固定效应模型是更为合理的模型。进一步通过 Hausman 检验来选择回归模型，检验结果表明，经济增长规模和经济增长效率的估计模型都应该选择固定效应模型。因此，在就业效应回归模型中，劳动力资源配置与科技创业回归模型选择能够有效克服异方差和自相关问题的全面 FGLS 回归方法，其他模型回归采用 2SLS 回归方法。

6.3.3 实证结果分析

1. 科技创业的就业规模促进效应回归结果分析

科技创业的就业效应的回归结果如表 6-12 所示。表中的模型（1）、模型（2）和模型（3）分别展示了科技创业对就业规模、就业结构优化和劳动力资源配置的影响，具体分析如下。

表 6-12 科技创业的就业效应的回归结果

变量	就业规模（jobn）(1)	就业结构优化（jobs）(2)	劳动力资源配置（joba）(3)
ste	0.116***	0.054***	−0.396***
	(3.813)	(3.843)	(−4.044)
k	0.090***	0.045***	0.345***
	(4.148)	(4.511)	(3.603)
h	0.017*	−0.004	0.137***
	(1.900)	(−1.030)	(3.125)
u	−1.418***	−0.320***	−3.300***
	(−6.024)	(−2.965)	(−2.874)
open	−0.124***	−0.053***	−0.247
	(−3.484)	(−3.282)	(−1.618)
inf	−0.006	0.020	−0.315
	(−0.150)	(1.022)	(−1.562)
cons	7.109***	0.036	−0.259
	(47.531)	(0.532)	(−0.460)
N	360	360	390

续表

变量	就业规模 (jobn)	就业结构优化 (jobs)	劳动力资源配置 (joba)
	(1)	(2)	(3)
DMtest	4.463**	13.107***	2.301
AdersonLRtest	159.087***	159.087***	—
HansenJtest	0.000	0.000	

资料来源：作者根据 stata16.0 计算结果整理。

注：括号中为 Z 统计量和 t 统计量，***、**、* 分别为 1%、5% 和 10% 的显著性水平。

（1）科技创业对就业规模的影响。如表 6-12 中模型（1）的回归结果所示，科技创业的作用系数为正，且通过了 1% 的显著性水平检验，表明随着科技创业水平的提升，科技创业将创造更多的就业机会，促进就业规模的扩大。这一结果表明科技创业有利于通过创业带动就业，通过科技创业可以有效解决失业问题。在市场上存在着创业就业和雇佣就业两种基本的就业形式。从创业的本质来看，科技创业是一种特殊的就业形式。但从经济发展内在逻辑来看，创业就业是雇佣就业的前提和基础，只有通过创业企业的产生和发展，创造就业需求，才能为就业提供劳动力需求市场。随着技术进步，经济发展模式已经发生了本质变化，创业成本支撑经济发展的主要动力，从而产生了创业型经济这一新经济形态。从我国经济发展进程来看，2019 年我国就业规模高达 7.75 亿人，比 1978 年新增了 3.73 亿人，仅依靠在位企业的就业规模扩大是无法吸纳如此巨大的新增就业需求的，必须依靠持续的创业和创业成长来扩大就业需求，以保障经济系统能够良好循环，从而推动经济持续增长。科技创业作为创业的更高形态，其就业规模效应会更加显著。首先，市场需求和创新知识产生的科技创业机会一旦被创业者成功捕捉，从创业初期、成长期到企业扩大再生产的过程都需要雇佣劳动力参与生产和管理，这直接创造了新的就业机会，扩大了市场就业需求规模。其次，在创新经济时代，分工呈现日益专业化和精细化趋势，同时，科技创业企业依托技术创新所提供的产品具有明显的科技创新含量高和高度复杂化特征，单一企业不能完成产品的全部生产流程，需要多家企业协同合作才能生产最终产品。随着经济全球化的分工体系形成，科技企业的产品全球化生产成为主流趋势，产业之间的联系更加紧密。

因此，科技创业所创造的新需求一方面为关联产业创造了扩大再生产的机会，另一方面又创造出新的科技创业机会。最后，科技创业将促进就业形式多样化，扩大就业的边界。当前，信息技术的发展改变了经济生产模式，特别是基于"互联网+"的科技创业模式，颠覆了传统的就业形态，极大地降低了创业的门槛和成本，增加了就业的多样化。例如，当前的网络直播、自媒体等创业或就业模式的出现，无不丰富了就业的形式，为扩大就业规模增加了更多可能性。因此，科技创业将会直接或间接地创造就业机会，且这种促进作用具有乘数效应，随着科技创业型经济的到来，科技创业将成为扩大就业的中坚力量。

（2）科技创业对就业结构优化的影响。如表6-12中模型（2）的结果所示，科技创业的作用系数为正且通过了显著性水平检验，表明了科技创业对就业结构优化具有显著的促进作用。在经济系统中，随着科技创业水平的提升，将会改善就业结构。这一研究结论与第3章的理论分析相契合，科技创业不仅具有就业规模扩大效应，还具有就业结构优化效应。就业问题不仅是经济问题，也是一个社会问题，是社会稳定和经济平稳增长的基础。对就业问题的关注，不仅要重视就业需求的扩大，也应当关注就业结构的优化问题。仅仅是就业需求的扩大而不促进就业结构的优化，会带来结构性失业问题，这不仅会造成劳动力资源的错配，也会阻碍经济的转型升级。在经济由要素驱动转向创新驱动的阶段，科技创业将成为促进就业结构优化的持续动力。科技创业促进就业结构优化升级，也是新发展格局下实现高水平就业和形成经济系统高质量循环的重要内容。一方面，科技创业对就业的影响不仅仅是扩大了就业需求规模，更重要的是创造了更多的高质量就业需求。科技创业企业所提供的产品或服务创新含量更高、产品构成更加复杂和生产流程更加专业化与精细化，这决定了科技创业企业所需的劳动力必须具备更高的人力资本水平。随着科技创业企业的成长，在其扩大再生产过程中将会雇佣大量研发、制造、管理和销售等专业人才，当大量的科技创业企业成长和带动关联企业扩大再生产时，将会极大程度地推动就业结构优化升级。另一方面，科技创业对生产效率低的岗位具有挤出效应，这也是学术界对于创业带动就业争论所在。创业企业的成立必定会在市场上引发竞争，而以创新知识为内核的科技创业往往具有边际收益递增和生产效率提高的竞争优势。在市场机制作用下，成功的科技创业将会促使那些生产效率较低、产品或服务不再具有竞争优势、无法适应消费者新需求的企业萎缩、淘汰或转型，从而减少甚至淘汰生产效率低的就业岗位。但科技创业所派生出的新需求会进一步吸纳这些劳动力，促进其重新流入就业市场。例如，我国经济结构调整和转型升级过程中，从淘汰产业流出的劳动力流入了电商平台和快递行业等新型服务业，加速了就业服务化趋势。因此，科技创业通过"高质量就业需求创造"和"低效率就业淘汰"双重效应促进了就业结构的优化。

（3）科技创业对劳动力资源配置的影响。如表6-12中的模型（3）所示，科技创业的作用系数为负且通过了显著性水平检验，说明科技创业水平的提升会降低就业结构偏离度，即科技创业促进了劳动力资源的优化配置，这一研究结论与第3章的相应理论分析相吻合。劳动力资源配置问题不仅是经济增长问题，也是经济效率提升的重要课题。劳动力要素既是生产端的投入要素，又是需求端商品和服务的需求者，是新发展格局的关键主体。同时，劳动力资源作为特殊的要素资源，决定了其他要素资源的利用效率。因此，促进劳动力资源优化配置和提高其利用效率是经济迈向高质量发展的重要内容，而科技创业对促进劳动力资源优化配置具有重要的影响作用。首先，科技创业将促进劳动力跨部门、跨行业和跨地区流动，促进科技创业在空间上的流动配置。以科技创新为内核的科技创业具有更高水平的生产效率，借助创新实现要素的新组合，突破了传统企业所面临的边际收益递减约束。同时，科技创业往往产生于创新基础条件良好、产业发展水平较高和产业链条较全的地区，因为这些地区具有更强的吸引力，吸引资源、人口、资金、企业和产业等要素流入，形成生产和消费的空间集中。当一定数量的科技创业企业集中，就会形成科技创业集群，科技创业企业通常具有较高的报酬率，会吸引劳动力的流入。从中国经济发展实践来看，我国科技创业水平较高的珠三角地区、长三角地区和京津冀地区，成为高素质劳动力流入的主要区域。其次，科技创业提供了更多的就业选择。科技创业增加了生产要素组合的多样化，拓展了经济发展的生产可能性边界，满足了消费的多样化。科技创业创造的新需求、新供给和其所派生的需求，进一步孕育了创业机会，增加了就业的形态，为劳动力市场提供了更多的就业选择，提升了劳动力的人力资本水平与就业岗位的匹配程度,提高了人力资本的配置和使用效率。最后,科技创业促进了就业结构与产业结构的适配性。进入经济高质量发展阶段,向结构要动力成为培育经济增长动力的重要途径。就业结构与产业结构的低适配性会导致劳动力资源的结构性浪费,降低劳动力资源的配置效率。从上文分析可知,科技创业有助于提升产业结构的耦合质量、促进产业结果向更高水平演进和提升产业动态能力,促进高素质产业发展,为我国每年庞大规模的高校毕业生提供了相应的就业岗位,促进了高素质劳动力资源的配置。因此,科技创业水平的提升,有助于促进劳动力资源的配置,进一步提高就业结构与产业结构的适配性。

2. 科技创业的就业效应对经济增长的影响

就业效应的中介效应模型回归结果如表6-13所示。

表6-13 中介效应模型的回归结果

变量	job = jobn			job = jobs			job = joba		
	(1) gq	(2) jobn	(3) gq	(4) gq	(5) jobs	(6) gq	(7) gq	(8) joba	(9) gq
ste	0.103*** (4.119)	0.116*** (3.813)	0.091*** (3.571)	0.103*** (4.119)	0.054*** (3.843)	0.076*** (3.164)	0.103*** (4.119)	−0.396*** (−4.044)	0.108*** (4.211)
job			0.099*** (2.139)			0.491*** (5.039)			0.011 (1.195)
变量	job = jobn			job = jobs			job = joba		
	(10) ge	(11) jobn	(12) ge	(13) ge	(14) jobs	(15) ge	(16) ge	(17) joba	(18) ge
ste	3.321* (1.930)	0.116*** (3.813)	3.099** (1.741)	3.321* (1.930)	0.054*** (3.843)	2.898* (1.671)	3.321* (1.930)	−0.396*** (−4.044)	3.741* (2.112)
job			1.911 (0.595)			7.874 (1.124)			0.853 (1.342)

资料来源:作者根据stata16.0软件计算结果整理。

注:括号中为Z统计量和t统计量,*、**、***分别为10%、5%和1%的显著性水平。

(1)就业规模的中介效应。由于篇幅有限,表6-13中只报告了核心解释变量的估计结果。当以就业规模为中介变量时,对于经济增长规模而言,模型(3)

的作用系数小于模型（1）的作用系数，且模型（1）、模型（2）和模型（3）的回归结果均通过了1%的显著性水平检验，这表明就业规模在科技创业驱动经济增长规模过程中发挥了中介作用，就业规模是科技创业驱动经济增长的动力机制，研究结论验证了第3章动力机制分析中所提出的理论假说9。但对于经济增长效率而言，模型（12）中科技创业的作用系数小于模型（10）的作用系数，但模型（12）中中介变量的作用系数未通过显著性水平检验，这表明就业规模不是科技创业驱动经济增长效率的动力机制。检验结果表明，就业规模是科技创业影响经济增长的动力机制，但就业规模的动力机制效应主要体现在经济增长规模维度，对经济增长效率提升没有明显的促进作用。就业问题不仅仅是一个重要经济问题，也是一个社会问题，对于维持社会稳定和改善社会福利具有重要作用。在经济增长理论模型中，无论是新古典经济增长理论，还是新经济增长理论，劳动力始终都被视为影响经济增长的重要变量，经济产出需要相应的劳动力要素投入，因此，就业规模的扩大必然会促进经济增长。但当前，依托科技创业所带动的就业主要促进了经济规模的增长，对经济增长效率的提升尚未发挥显著作用。经济增长效率的提升源于经济体生产效率的提高，是经济增长方式转变的结果，依托于经济增长动力的重构。只有经济体的生产方式由依靠要素投入的粗放型生产方式转向依靠创新驱动的集约化和效率化的生产方式，社会生产要素的集约效率和生产效率得到普遍的提升，才能够显著地提升经济的增长效率。而科技创业促进就业规模的扩大，仍旧属于加大劳动力要素投入的生产方式，并未从根本上调整经济生产方式和提高社会生产效率，就业规模的扩大并未显著地提升经济增长效率。中介效应检验结果表明，在科技创业驱动经济增长过程中，就业规模发挥了中介机制作用，但就业规模的中介作用更多地表现在驱动经济增长规模中。因此，科技创业水平的提升通过促进就业规模扩大驱动了经济规模的增长，但尚未明显驱动经济增长效率提升。

（2）就业结构优化的中介效应。由表6-3的检验结果可知，当以就业结构优化为中介变量时，对于经济增长规模而言，模型（6）的作用系数小于模型（4）的作用系数，且模型（4）、模型（5）和模型（6）的回归结果均通过了显著性水平检验，这表明就业结构优化在科技创业驱动经济增长规模中发挥了中介效应。

这一研究结论验证了第3章所提出的理论假说10，即在科技创业驱动经济增长过程中，就业结构优化发挥了中介作用。对于经济增长效率而言，模型（15）中科技创业的作用系数小于模型（13）的作用系数，且通过了显著性水平检验，但模型（15）中的中介变量的作用系数未能通过显著性水平检验，这表明就业结构优化在科技创业驱动经济增长效率过程中没有发挥中介效应。中介效应检验结果表明，就业结构优化是科技创业驱动经济增长的动力机制，但在考察期内，就业结构优化的经济增长驱动效应仅表现为经济增长规模扩大效应，其经济增长效率提升效应并不明显。就业结构优化更多表现为非农产业就业比重的增加，非农产业成为吸纳劳动力的主要产业。从三大产业产值来看，非农产业发展早已成为支撑我国经济增长的根本动力，特别是改革开放以来，制度改革促进了大量的劳动力从农业流向非农产业，大幅度地激发了我国经济增长的潜能，支撑我国经济保持了数十年的高速增长，创造了经济增长奇迹。依托科学技术创新优势的科技创业带动上下游关联产业发展，通过示范效应带动更多的创业活动，从而创造了大量高质量就业需求，为高素质劳动力提供了更多相匹配的就业机会，促进了就业结构优化，提高了就业适配性，有助于发挥劳动力的生产效能，从而驱动经济增长。但在考察期内，科技创业通过就业结构优化对经济增长效率提升的驱动效应并不明显。这可能是因为，随着工业化进程的推进，经济效率的提升取决于生产方式的调整，具体来看，依赖于科技和设备应用来代替劳动力，从而提高生产效率（刘伟等，2015）。特别是科学技术水平的提升，为机器大规模替代劳动力创造了条件，科技创业企业更依赖于增加研发和投资来改进装备和生产能力，其对研发、管理和销售等就业需求更大。同时，科技创业派生需求带动新型服务业的发展，促进劳动力流入第三产业。因此，就业结构优化更主要表现为第三产业的就业比重快速增加，其对生产效率的提升作用有限，不能"撬动"科技创业对经济增长效率提升的驱动效应。

（3）劳动力资源优化配置的中介效应。由表6-13可知，当以劳动力资源优化配置为中介变量时，对于经济增长规模而言，模型（9）的作用系数大于模型（7）的作用系数，且模型（7）、模型（8）和模型（9）的科技创业的作用系数均通过了显著性水平检验，但中介变量的作用系数未通过显著性水平检验。对于经济增长效率而言,模型(18)中科技创业的作用系数大于模型(16)的作用系数,且科技创业的作用系数均显著,但模型(18)中的中介变量的作用系数未能通过显著性水平检验。中介效应检验结果表明,劳动力资源优化配置在科技创业驱动经济增长规模过程中不具有中介效应,也不是科技创业驱动经济增长效率的动力机制。这一研究结论不支持第3章就业效应动力机制分析中所提出的理论假说11。劳动力资源优化配置是实现经济高质量发展的重要内容,劳动力优化配置旨在促进劳动力能够有效地与适宜的就业岗位相匹配,从而提升劳动力资源的使用效率。

本书的检验结果表明,在考察期内,劳动力资源配置的经济增长效应并不显著,科技创业通过促进劳动力资源优化配置并未改善经济增长效率,也未促进经济增长规模。究其原因,可能是因为当前我国科技创业和劳动力资源优化配置呈现出地区非均质化和低水平化特征。一方面,我国各地区之间的科技创业水平差距较大,且大多数地区的科技创业水平不高。根据第4章科技创业水平综合指标体系计算结果,除了北京、上海、江苏、浙江、广东和天津等地区,我国科技创业水平普遍处于中低水平,因此,全国范围内科技创业对就业的影响更多地表现为增加就业规模和促进就业结构优化,其对劳动力资源配置的作用较小,通过科技创业尚不能大幅度地促进劳动力资源优化配置。另一方面,我国劳动力资源配置效率仍旧不高,大多数地区的经济发展水平、产业结构和制度供给尚不能有效地识别出各类劳动力,导致高素质劳动力没有被配置到适合的岗位上,高素质劳动力没有完全发挥其应有作用(梁泳梅等,2011)。因此,较低的配置效率使劳动力资源配置的经济增长驱动效应大打折扣。在科技创业与劳动力资源配置"双低"情形下,劳动力资源配置进一步弱化了科技创业的经济增长驱动效应,科技创业通过劳动力资源配置不仅没有显著地驱动经济增长规模,也未显著地提升经济增长效率。而随着科技创业水平和劳动力优化配置水平的提高,可预期这一状态会发生变化。

3. 多重中介效应的检验

由表6-13可知,科技创业驱动经济增长规模的就业效应存在两个中介机制,而驱动经济增长效率提升的就业效应不存在中介机制。本书将进一步检验在科技创业驱动经济增长过程中，就业效应是否存在多重动力机制，检验结果如表6-14所示。

表6-14 多重中介效应模型的结果

变量	经济增长规模			
	(1) gq	(2) $jobn$	(3) $jobs$	(4) gq
ste	0.103*** (4.119)	0.116*** (3.813)	0.054*** (3.843)	0.072*** (2.936)
jobn				0.046 (0.998)
jobs				0.463*** (4.581)

资料来源：作者根据stata16.0软件计算结果整理。
注：括号中为Z统计量，*、**、***分别为10%、5%和1%的显著性水平。

由表6-14可知，对于经济增长规模而言，当引入就业规模、就业结构优化两个变量以后，模型（4）的作用系数小于模型（1）的作用系数，表明科技创业对经济增长规模仍具有显著的正向影响，但影响作用有所降低。模型（1）、模型（2）和模型（4）中的回归结果均通过了显著性水平检验，但模型（4）中就业规模的作用系数不显著，这表明在科技创业驱动经济增长规模过程中，就业规模、就业结构优化没有发挥多重中介效应，说明就业效应在科技创业驱动经济增长规模中不存在多重动力机制。在科技创业影响经济增长效率提升作用过程中，不存在就业效应的中介效应。因此，就业效应在科技创业驱动经济增长中不存在多重动力机制。

4. 中介效应的稳健性检验

本节仍然应用Sobel检验和Bootstrap检验对科技创业驱动经济增长中的中介效应做进一步检验，以验证研究结果的稳健性。就业效应的中介效应的稳健性检验结果表6-15所示。

表 6-15　就业效应的中介效应稳健性检验

变量	经济增长规模（gq）					
^	Sobel 检验		Bootstrap 检验			
^	Z值	P值	Z值	P值	BC95% 的置信区间	
^	^	^	^	^	下限	上限
jobn	2.254	0.024	2.34	0.020	0.014	0.160
jobs	2.409	0.016	2.360	0.018	0.002	0.021
joba	1.331	0.183	1.36	0.173	−0.004	0.023

变量	经济增长效率（ge）					
^	Sobel 检验		Bootstrap 检验			
^	Z值	P值	Z值	P值	BC95% 的置信区间	
^	^	^	^	^	下限	上限
jobn	−0.650	0.516	−0.690	0.493	−0.121	0.058
jobs	0.095	0.924	0.06	0.952	−0.067	0.071
joba	−1.004	0.296	−1.020	0.310	−0.131	0.042

资料来源：作者根据 stata16.0 软件计算结果整理。

由表 6-15 可知，对于就业规模而言，在经济增长规模模型中，Sobel 检验统计量的 P 值为 0.024，表明通过了 5% 的显著性水平检验。Bootstrap 检验统计量的 P 值为 0.020，通过了 5% 的显著性水平检验，且在 95% 的置信度下，其偏差校正置信区间为（0.014，0.160），可知零值没有位于区间内。两种检验方法的检验结果均表明，就业规模在科技创业驱动经济增长规模的过程中发挥了显著的中介作用。在经济增长效率模型中，Sobel 检验结果 P 值为 0.516，没有通过显著性水平检验。Bootstrap 检验统计量的 P 值为 0.493，也没有通过显著性水平检验，且在 95% 的置信度下，其偏差校正置信区间为（−0.121，0.058），可知零值位于区间内，这表明就业规模在科技创业驱动经济增长效率过程中未发挥中介作用。检验结果与递归方程的检验结果一致，就业规模在科技创业驱动经济增长过程中发挥了中介作用，但其中介作用仅体现在经济增长规模驱动效应方面。

对就业结构优化而言，在经济增长规模模型中，Sobel 检验统计量的 P 值为 0.016，通过了 5% 显著性水平检验，拒绝不存在中介效应的原假设。Bootstrap 检验统计量的 P 值为 0.018，也通过了显著性水平检验，且在 95% 的置信度下，其偏差校正置信区间为（0.002，0.021），可知零值没有位于区间内。两种方法的检验结果皆表明，在考察期内，就业结构优化是科技创业驱动经济增长规模的中介变量，发挥了显著的动力机制作用。在经济增长效率模型中，Sobel 检验统计量的 P 值为 0.924，检验结果不显著。Bootstrap 检验统计量的 P 值为 0.952，也未通过显著性检验，且在 95% 的置信度下，其偏差校正置信区间为（-0.067，0.071），可知零值位于区间内。两种方法的检验结果表明，在考察期内，就业结构优化不是科技创业驱动经济增长效率的中介变量，即科技创业尚未能够通过促进就业结构优化来驱动经济增长效率提高。两种检验结果与递归方程检验结果一致，表明考察期内，在科技创业驱动经济增长规模过程中，就业结构优化发挥了中介作用，但在驱动经济增长效率过程中，就业结构优化尚未发挥中介作用。

对劳动力资源优化配置而言，在经济增长规模模型中，Sobel 检验统计量的 P 值为 0.183，未通过显著性水平检验，接受不存在中介效应的原假设。Bootstrap 检验统计量的 P 值为 0.173，也未通过显著性水平检验，且在 95% 的置信度下，其偏差校正置信区间为（-0.004，0.023），可知区间内包含零值。两种方法的检验结果皆表明，在考察期内，劳动力资源配置不是科技创业驱动经济增长规模的中介变量，尚未发挥显著的动力机制作用。在经济增长效率模型中，Sobel 检验统计量的 P 值为 0.296，未通过显著性水平检验。Bootstrap 检验统计量的 P 值为 0.310，也未通过显著性水平检验，且在 95% 的置信度下，其偏差校正置信区间为（-0.131，0.042），可知零值位于区间内。两种方法的检验结果表明，在考察期内，劳动力资源配置不是科技创业驱动经济增长效率的中介变量，即科技创业尚未能够通过促进劳动力资源优化配置来驱动经济增长效率提高。两种检验结果与递归方程检验结果一致，表明在考察期内，科技创业驱动经济增长规模和经济增长效率过程中劳动力资源配置尚未发挥中介作用。

综上所述，在就业效应检验过程中，稳健性检验结果与递归方程检验结果一致，表明就业效应的中介效应检验结果具有较强的稳健性。在科技创业驱动经济增长过程中，就业效应发挥了动力机制作用。具体来看，科技创业有助于扩大就业规模和促进就业结构优化，从而驱动经济增长规模扩大，但并未显著地驱动经济增长效率提升。劳动力资源配置在科技创业驱动经济增长规模和效率过程中均未发挥显著的动力机制作用。

6.4 创新效应、产业结构效应和就业效应影响经济增长的多重动力机制研究

上文中分别验证了科技创业驱动经济增长的三大效应动力机制，结果表明，科技创业通过创新效应、产业结构效应和就业效应会影响经济增长。三大效应动力机制的区别在于，科技创业在通过具体动力机制影响经济增长时，通过大部分动力机制作用于经济增长规模，通过少量的动力机制会作用于经济增长效率。研究结果表明，当前我国科技创业通过动力机制对经济增长规模的驱动作用更加显著。本节将构建结构方程模型，进一步将科技创业与三大效应纳入统一研究模型，研究科技创业影响经济增长的动力机制，以增强本章研究内容的科学性。

6.4.1 模型构建与变量说明

1. 基本模型构建

本节将利用实证分析方法继续研究在科技创业驱动经济增长过程中，创新效应、产业结构效应和就业效应是否共同发挥了动力机制作用。根据研究的目的，结合上文的研究内容，构建科技创业、创新效应、产业结构效应和就业效应与经济增长规模的结构方程模型路径图，如图 6-2 所示。其中，单箭头表示变量之间存在因果关系；方框代表可测变量；ε_1、ε_2、ε_3、ε_4、ε_5、ε_6、ε_7、ε_8 分别代表模型的误差项。

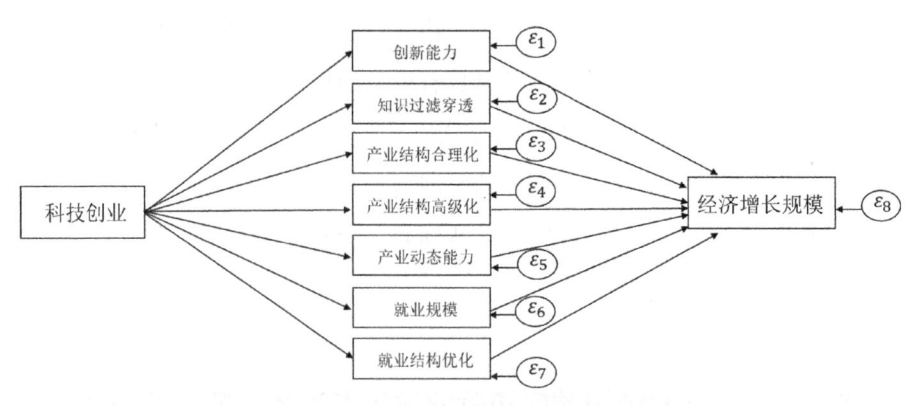

图 6-2 科技创业驱动经济增长规模的路径图

2. 变量说明

模型中各指标选择如上文所示，本节相关变量的选择和计算方法与上文一样，包括：①经济增长规模（gq），选取地区实际生产总值（GDP）规模来衡量；②科技创业水平（ste），根据第 4 章所构建的科技创业水平综合指标体系，利用熵值法计算所得的科技创业水平综合指数来衡量；③创新能力（$innc$），采用专利授权量来衡量；④知识过滤穿透（$innf$），选取高技术产业产值规模来衡量知识过滤穿透；⑤产业结构合理化（$innc$），采用第 5 章所计算的产业结构合理化指标来衡量；⑥产业结构高级化（$indh$），采用第 5 章所计算的产业结构高级化指标来衡量；⑦产业动态能力（$indc$），与第 5 章一样，选择规模以上工业研发支出总额的对数作为产业动态能力的代理变量；⑧就业规模（$jobn$），采用各地区就业总数来衡量；⑨就业结构优化（$jobs$），与第 6 章指标选取一样，采用第三产业就业规模占总就业规模的比值来衡量。

样本数据包含中华人民共和国的 30 个省、自治区、直辖市的数据（未收录香港、澳门、台湾和西藏的数据），相关指标的数据来源和计算方法详见以上章节。

6.4.2 实证结果分析

根据上文中介效应检验结果可得，创新效应（创新能力和知识过滤穿透）、产业结构效应（产业结构合理化、产业结构高级化和产业动态能力）和就业效应（就业规模和就业结构优化）是科技创业驱动经济增长规模的动力机制，但是就业效应不是科技创业驱动经济增长效率的动力机制。因此，本节只检验科技创业驱动经济增长规模过程中三大效应是否发挥动力机制作用。估计结果如表 6-16 所示。

表 6-16 模型的实证分析结果

变量	\multicolumn{3}{c}{gq}
ste → innc	0.823***	innc → gq	0.090***
ste → innf	0.899***	innf → gq	0.085***
ste → indr	0.553***	indr → gq	−0.042***
ste → indh	0.752***	indh → gq	0.244***
ste → indc	0.771***	indc → gq	0.274***
ste → jobn	0.240***	jobn → gq	0.643***
ste → jobs	0.660***	jobs → gq	0.066***
N	\multicolumn{3}{c}{390}
chi2ms(22)	\multicolumn{3}{c}{1915.365***}
chi2bs(36)	\multicolumn{3}{c}{5489.233***}

资料来源：作者根据 stata16.0 软件计算结果整理。
注：*、**、*** 分别为 10%、5% 和 1% 的显著性水平。

表 6-16 显示了科技创业通过创新效应、产业结构优化效应和就业效应与经济增长之间的分析结果。从 chi2 统计量来看，模型的拟合优度较好，表明中介效应分析的中介机制在统一模型中仍然是科技创业驱动经济增长规模的动力机制。具体来看，科技创业对创新能力的作用系数为正且显著，创新能力对经济增长规模的作用系数为正且显著，表明科技创业通过促进创新能力能够显著地促进经济增长规模扩大；科技创业对知识过滤穿透的作用系数为正且显著，知识过滤穿透对经济增长规模的作用系数为正且显著，表明科技创业通过促进知识过滤穿透能够显著地促进经济增长规模扩大；科技创业对产业结构合理化的作用系数为正且

显著，产业结构合理化的作用系数为负且显著，表明科技创业能够促进产业结构合理化，但是产业结构合理化反而抑制了经济规模的扩大，这与单独研究产业结构效应动力机制的研究结果不一致；科技创业对产业结构高级化的作用系数为正且显著，产业结构高级化对经济增长的作用系数为正且显著，表明科技创业通过产业结构高级化促进了经济增长；科技创业对产业动态能力的作用系数为正且显著，产业动态能力对经济增长的作用系数为正，且通过了1%的显著性水平检验，表明科技创业通过促进产业动态能力提升能够促进经济增长规模扩大；科技创业对就业规模的作用系数为正，且通过了1%的显著性水平检验，就业规模对经济增长规模扩大的作用系数为正且显著，表明科技创业通过就业规模扩大能够促进经济增长规模扩大；科技创业对就业结构优化的作用系数为正且通过了1%的显著性水平检验，就业结构优化对经济增长规模的作用系数为正且显著，表明科技创业通过促进就业结构优化能够驱动经济增长规模扩大。

将三大效应的7个变量统一放入同一个模型回归，结构方程模型的回归结果表明创新能力、知识过滤穿透、产业结构合理化、产业结构高级化、产业动态能力、就业规模、就业结构优化是科技创业影响经济增长的作用机制，但产业结构合理化的效应有所改变。总体而言，创新效应、产业结构效应和就业效应是科技创业驱动经济增长规模的动力机制。

6.5　本章小结

在上文中，基于理论分析和计量方法考察了科技创业驱动经济增长的作用，采用多种实证方法验证第3章所提出的理论假说1和理论假说2，研究结果表明科技创业不仅驱动了经济增长规模扩大，也驱动了经济增长效率提升。本章进一步探讨科技创业驱动经济增长的动力机制，并依次对第3章中所提出的理论假说3—理论假说11进行检验，系统回答了科技创业如何驱动经济增长这一核心问题。本章的主要研究内容总结如下。

首先，研究科技创业驱动经济增长的创新效应及其动力机制。将科技创业的创新效应具体分为创新能力、知识过滤穿透和知识溢出，并逐一检验在科技创业驱动经济增长过程中创新能力、知识过滤穿透和知识溢出是否存在中介效应。创新效应的中介效应检验结果表明,在考察期内,科技创业水平的提升能显著地增强创新能力,创新能力在科技创业驱动经济增长过程中发挥了中介效应,并且创新能力的中介效应不仅体现为经济增长规模扩大效应,也体现为经济增长效率提升效应,科技创业水平的提升通过创新能力提高驱动了经济增长规模和经济增长效率,研究结论验证了理论假说3。科技创业对知识过滤穿透具有显著的促进作用,知识过滤穿透是科技创业驱动经济增长的中介机制,但知识过滤穿透的中介效应仅体现在驱动经济增长规模方面,对经济增长效率提升没有明显作用,即科技创业通过促进知识过滤穿透驱动了经济增长规模扩大,但未能显著地促进经济增长效率提升,研究结论验证了理论假说4。科技创业对知识溢出的影响效应没有通过显著性水平检验,因此,知识溢出在科技创业驱动经济增长过程中没有发挥中介作用,科技创业通过知识溢出既未提升经济增长效率,也未促进经济增长规模扩大,研究结论不支持理论假说5。本节进一步对创新效应的多重中介效应进行检验,检验结果表明,科技创业作用于经济增长规模过程中,存在创新能力和知识过滤穿透多重动力机制,而科技创业驱动经济增长效率提升过程中,不存在多重动力机制。紧接着,利用Sobel和Bootstrap方法对中介检验结果进行稳健性检验,结果表明研究结果具有较强的稳健性。本节并对相关的检验结果进行了较为深入的分析。

其次,研究科技创业驱动经济增长的产业结构效应及其动力机制。中介效应检验结果表明,在考察期内,科技创业水平的提升将有助于推动产业结构合理化,产业结构合理化在科技创业驱动经济增长过程中发挥了中介作用,科技创业通过产业结构合理化,不仅驱动了经济增长规模扩大,也促进了经济增长效率的提升,研究结论验证了理论假说6。科技创业有助于推动产业结构高级化,产业结构高级化在科技创业驱动经济增长过程中发挥了中介效应,但其中介效应表现为经济增长规模扩大效应,不具备经济增长效率提升效应,即科技创业通过产业结构高级化驱动了经济增长规模,但对经济增长效率提升的作用不明显,研究结论验证了理论假说7。产业动态能力表现为产业整合、利用资源和自我更新的能力,科技创业水平的提升显著地强化了产业动态能力。产业动态能力在科技创业驱动经济增长过程中存在中介效应，但其中介效应主要作用于经济增长规模，对经济增长效率提升的作用不明显。科技创业通过产业动态能力驱动了经济增长规模扩大，但不能显著地驱动经济增长效率的提升，研究结论验证了理论假说8。本节进一步对产业结构效应的多重中介效应进行检验，检验结果表明，在科技创业影响经济增长规模过程中，产业结构合理化、产业结构高级化和产业动态能力共同发挥了多重动力机制作用。在科技创业驱动经济增长效率提升作用过程中，不存在多重中介效应。紧接着，利用Sobel和Bootstrap方法对中介检验结果进行稳健性检验，结果表明研究结果具有较强的稳健性。本节并对相关的检验结果进行了较为深入的分析。

再次，研究科技创业驱动经济增长的就业效应及其动力机制。就业效应的中介效应检验结果表明，在考察期内，随着科技创业水平的提升，科技创业将创造就业机会，促进就业规模的扩大。就业规模在科技创业驱动经济增长过程中具有中介作用，是科技创业驱动经济增长的动力机制。但就业规模的中介效应主要作用于经济增长规模，对经济增长效率的提升作用不明显。科技创业通过就业规模扩大将促进经济增长规模，但不能提升经济增长效率，研究结论验证了理论假说9。科技创业对就业结构优化具有显著的促进作用，科技创业水平的提升将促进就业结构优化。就业结构优化是科技创业驱动经济增长规模的动力机制，其中介效应主要体现为促进经济增长规模扩大，其经济增长效率提升效应不显著，研究结论验证了理论假说10。科技创业对劳动力资源优化配置具有显著的促进作用，科技创业水平的提升将促进劳动力资源优化配置。劳动力资源优化配置在科技创业驱动经济增长过程中没有发挥中介效应，即科技创业通过劳动力资源优化配置对经济增长规模和经济增长效率的驱动作用不显著，研究结论不支持理论假说11。本节还进一步对就业效应的多重中介效应进行了检验，检验结果表明，在科技创业驱动经济增长规模过程中，就业规模和就业结构没有发挥多重中介效应。在科技创业驱动经济增长效率提升过程中，不存在多重中介效应。紧接着，利用Sobel和Bootstrap方法对中介检验结果进行稳健性检验，结果表明研究结果具有较强的稳健性。因此，就业效应在科技创业驱动经济增长过程中不存在多重动力机制。本节对相关的检验结果进行了较深入的分析。

最后，将创新效应、产业结构效应和就业效应三大动力机制纳入统一模型进行检验，根据结构方程模型的回归结果，创新效应、产业结构效应和就业效应是科技创业驱动经济增长规模的动力机制。

第 7 章 科技创业驱动经济增长的动态效应研究

在第 5 章中，深入地研究了科技创业对经济增长的驱动效应和异质性特征，在第 6 章又进一步从创新效应、产业结构效应和就业效应三个维度探讨了科技创业驱动经济增长的动力机制。总之，这两章主要从静态角度探讨科技创业对经济增长的驱动作用。在既有研究中，一些学者认为创业对经济影响存在阶段性特征，即存在动态影响。例如，Carrce 和 Thurik（2008）在研究 OECD 国家的创业与经济增长的关系时，认为创业的经济效应存在阶段性特征，在第一阶段，创业企业进入市场有助于提升经济绩效；在第二阶段，由于部分创业企业失败退出，会对经济绩效产生不利影响；在第三阶段，创业企业的发展和扩大再生产，会对经济绩效产生积极影响。卢成镐（2012）认为创业对经济具有"直接促进影响"和"间接挤出效应"，存在动态特征。基于此，本书认为有必要进一步研究科技创业驱动经济增长的动态效应，以期能够更为全面地掌握科技创业对经济增长的驱动作用。本章将构建面板向量自回归模型（PVAR），通过脉冲响应函数和方差分解，进一步从动态角度探讨科技创业对经济增长的驱动作用。

7.1 科技创业、创新效应驱动经济增长的动态研究

7.1.1 模型构建与变量说明

1. 模型构建

为了研究在创新效应动力机制作用下，科技创业驱动经济增长的动态效应，本节将通过构建科技创业、创新效应和经济增长的面板向量自回归（PVAR）模型。PVAR 模型由 Holtz-Eakin（1988）所构建，PVAR 模型具有向量自回归（VAR）模

型的特点，可以用来确定经济系统的动态结构。同时，本节又结合了面板模型的优点，充分利用了数据样本的空间和时间两个维度上的信息。基本模型构建如下：

$$y_{it} = \alpha_i + \beta_i + \sum_{j=1}^{p} \beta_p y_{i,t-p} + \delta_{i,t} \qquad (7.1)$$

模型中的 i 代表地区；t 代表时期。本节主要研究科技创业—创新效应动力机制—经济增长的逻辑机理，与上文研究相同，创新效应动力机制又具体分为创新能力、知识过滤穿透和知识溢出三个动力机制，经济增长分为经济增长规模和经济增长效率两个维度。因此，y 是由经济增长规模、经济增长效率、科技创业、创新能力、知识过滤穿透和知识溢出六个变量所构成的向量集合，y=（gq, ge, ste, innc, innf, inns）；p 为滞后阶数；α_i 表示个体效应，用来刻画样本的个体差异；β_i 为表示时间效应，用来反映变量的时间趋势；β_p 为第 p 期滞后变量的作用系数；$\delta_{i,t}$ 为随机扰动项。

2. 变量选择

本节的六个变量的选择和计算与上文一样，包括：①经济增长规模（gq），选取地区实际生产总值（GDP）规模来衡量；②经济增长效率（ge），采用经济增长集约化水平来衡量；③科技创业（ste），根据第 4 章所构建的科技创业水平综合指标体系，利用熵值法计算所得的科技创业水平综合指数来衡量；④创新能力（innc），采用专利申请授权量这一指标来衡量；⑤知识过滤穿透（innf），选取高技术产业产值规模来衡量知识过滤穿透；⑥知识溢出（inns），选择技术市场交易规模作为知识溢出的代理变量。在前文的研究基础上，本节进一步从三个机制来研究科技创业、创新效应对经济增长的动态驱动效应，能比较全面地把握科技创业、创新效应与经济增长之间的关系。

3. 数据来源与统计描述

样本数据包含中华人民共和国 30 个省、自治区、直辖市的数据（未收录香港、澳门、台湾和西藏的数据）。其中，经济增长规模和经济增长效率的数据根据 2008—2020 年《中国统计年鉴》计算整理所得；专利授权量和技术市场交易规模的数据来源于 2008—2020 年《中国科技统计年鉴》；知识过滤穿透指标的数据来源于2008—2020年《中国火炬统计年鉴》；科技创业水平数据由本书所构建的指标体系计算所得，数据来源和计算方法详见第4章。各变量的描述性统计如表7-1所示。

表7-1　主要变量的统计描述

变量	变量解释	样本量	标准差	最小值	均值	最大值
gq	实际GDP的对数值	390	0.952	6.350	9.127	11.172
ge	经济增长集约化水平	390	0.197	−37.457	0.199	15.133
ste	科技创业水平对数值	390	0.895	−0.393	1.729	4.303
$innc$	专利授权量	390	1.559	5.403	9.596	13.176
$innf$	高技术产业产值	390	1.014	6.015	8.934	10.952
$inns$	技术市场规模	390	1.832	8.623	13.415	17.858

资料来源：作者整理。

7.1.2　实证分析

1. 平稳性检验

由计量经济学研究方法可知，在用向量自回归（VAR）模型研究经济问题时，需要对时间序列做平稳性检验。同理可得，利用面板向量自回归（PVAR）模型回归之前，需要检验变量的平稳性，本节将对样本数据进行单位根检验，结果如表7-2所示。

表7-2　"科技创业—创新效应—经济增长"的单位根检验结果

变量	LLC统计量	IPS统计量	ADF–Fisher统计量
ste	−8.396[***]	−2.069[***]	63.301
gq	−15.502[***]	−6.595[***]	187.368[***]
ge	11.913	1.339	62.4593
$innc$	−8.519[***]	−0.896	95.915[***]
$innf$	−4.737[***]	1.825	45.868

续表

变量	LLC统计量	IPS统计量	ADF-Fisher统计量
inns	−0.643	5.880	32.011
Δste	−20.901***	−12.309***	162.396***
Δgq	−8.919***	−3.856***	89.526***
Δge	−6.146***	−6.1317***	208.184***
Δinnc	−11.000***	−6.276***	145.640***
Δinnf	−14.618***	−11.342***	343.497***
Δinns	−13.337***	−9.466***	155.997***

资料来源：作者根据stata16.0软件计算结果整理。

注：*、**、***分别为10%、5%和1%的显著性水平。

由表7-2检验结果可知，大部分经济变量没有通过平稳性检验，属于非平稳变量。在5%的显著性水平检验下，所有变量经过一阶差分以后，Δste、Δgq、Δge、Δinnc、Δinnf和Δinns都是平稳时间序列，即变量ste、gq、ge、innc、innf和inns都是一阶单整序列$I(1)$。

由计量经济学理论可知，在一定条件下，非平稳序列的线性表出或许能够平稳，即变量之间是协整的，说明这些经济变量之间也可能存在长期的均衡关系。因此，在一阶单整情况下，进一步对本书的研究变量进行协整检验，以检验变量之间的协整关系，并基于检验结果为下一步研究选择适合的模型奠定计量基础。总的来说，如果变量是长期均衡的，即是协整的，就选择面板向量误差修正（PVEC）模型，反之，应该选择面板向量自回归（PVAR）模型。

由第6章研究可知，创新能力在科技创业驱动经济增长规模和经济增长效率过程中发挥了中介作用，知识过滤穿透在科技创业驱动经济增长规模过程中发挥了中介作用。本节根据该研究结论，将变量分为三组进行协整检验，分别为：经济增长规模（gq）、科技创业（ste）和创新能力（innc）；经济增长规模（gq）、科技创业（ste）和知识过滤穿透（innf）；经济增长效率（ge）、科技创业（ste）和创新能力（innc）。检验结果如表7-3、表7-4和表7-5所示。

表 7-3 "科技创业—创新能力—经济增长规模"协整检验结果

变量	统计量	Z值	P值
Gt	−1.204	4.942	1.000
Ga	−4.789	3.786	1.000
Pt	−3.936	5.275	1.000
Pa	−5.579	0.281	0.611

资料来源：作者根据 stata16.0 软件计算结果整理。

由表 7-3 可知，在 5% 的显著性水平下，Gt、Ga、Pt 和 Pa 四个统计量均未通过显著性水平检验，说明经济增长规模（gq）、科技创业（ste）和创新能力（innc）之间不存在协整关系，即三个变量之间在长期中是非均衡的。

表 7-4 "科技创业—知识过滤穿透—经济增长规模"协整检验结果

变量	统计量	Z值	P值
Gt	−1.424	3.634	1.000
Ga	−4.116	4.374	1.000
Pt	−5.310	3.944	1.000
Pa	−5.457	0.399	0.655

资料来源：作者根据 stata16.0 软件计算结果整理。

由表 7-4 可知，在 5% 的显著性水平下，Gt、Ga、Pt 和 Pa 四个统计量均未通过显著性水平检验，说明经济增长规模（gq）、科技创业（ste）和知识过滤穿透（innf）之间不存在协整关系，即三个变量之间在长期中是非均衡的。

表 7-5 "科技创业—创新能力—经济增长效率"协整检验结果

变量	统计量	Z值	P值
Gt	−0.967	6.350	1.000
Ga	−25.936	−14.680	0.000
Pt	−4.312	4.910	1.000
Pa	−6.925	−1.038	0.150

资料来源：作者根据 stata16.0 软件计算结果整理。

由表 7-5 可知，在 5% 的显著性水平下，Gt、Ga、Pt 和 Pa 四个统计量均未通过显著性水平检验，说明经济增长效率（ge）、科技创业（ste）和创新能力（innc）之间不存在协整关系，即三个变量之间在长期中是非均衡的。

由协整检验结果可知，三组变量不是协整的。因此，研究中应该选择面板向量自回归（PVAR）模型进行估计。本节利用 2007—2019 年全国 30 个省（自治区、直辖市）的面板数据，对三组变量分别构建面板向量自回归（PVAR）模型，实证分析科技创业、创新能力对经济增长规模和经济增长效率的动态影响，实证分析科技创业、知识过滤穿透对经济增长规模的动态影响。

2. 滞后阶数的选择

在构建面板向量自回归（PVAR）模型前，首先需要确定适合的模型滞后阶数，才能够建立准确的回归模型。采取 AIC、BIC 和 HQIC 信息准则来选择滞后阶数，基于 AIC、BIC 和 HQIC 的信息准则，根据取值的大小选取滞后阶数，当取值最小时，其阶数为模型的最优滞后阶数。检验结果如表 7-6、表 7-7 和表 7-8 所示。

表 7-6 "科技创业—创新能力—经济增长规模"的滞后阶数检验

变量	PVAR（1）	PVAR（2）	PVAR（3）	PVAR（4）	PVAR（5）
AIC	−5.297	−7.015	−5.502	0.389	−8.697*
BIC	−4.157	−5.681	−3.943	2.216	−6.546*
HQIC	−4.842	−6.481	−4.876	1.125	−7.827*

由表 7-6 的检验结果可知，AIC、BIC 和 HQIC 的统计量均在滞后阶数为 5 时统计量值最小。因此，经济增长规模（gq）、科技创业（ste）和创新能力（innc）构建 PVAR 模型的滞后阶数为 5，建立 PVAR（5）模型。

表 7-7 "科技创业—知识过滤穿透—经济增长规模"的滞后阶数检验

变量	PVAR（1）	PVAR（2）	PVAR（3）	PVAR（4）	PVAR（5）
AIC	−4.620	−6.497	−7.092	−7.833	−7.900*
BIC	−3.480	−5.164	−5.533	−6.006*	−5.749
HQIC	−4.165	−5.964	−6.466	−7.097*	−7.030

由表7-7的检验结果可知，BIC和HQIC的统计量均在滞后阶数为4时统计量值最小，而AIC的统计量值在滞后阶数为5时值最小。从模型选择来看，一般而言，BIC和HQIC信息准则所确定的更为简洁，而AIC信息准则所确定的比较复杂，当三种方法判断结果不一致时，BIC和HQIC的判断结果优于AIC。因此，经济增长规模（gq）、科技创业（ste）和知识过滤穿透（innf）构建PVAR模型的滞后阶数为4，建立PVAR（4）模型。

表7-8 "科技创业—创新能力—经济增长效率"的滞后阶数检验

变量	PVAR（1）	PVAR（2）	PVAR（3）	PVAR（4）	PVAR（5）
AIC	11.658	4.574	3.587	3.677	2.916*
BIC	12.798	5.907	5.147	5.504	5.067*
HQIC	12.113	5.107	4.213	4.413	3.786*

由表7-8的检验结果可知，AIC、BIC和HQIC的统计量均在滞后阶数为5时显著，此时统计量值最小。因此，经济增长效率（ge）、科技创业（ste）和创新能力（innc）构建PVAR模型滞后阶数为5，建立PVAR（5）模型。

3. 面板向量自回归（PVAR）估计

由上文分析可知，PVAR模型具有时间序列数据和面板数据的特点，因此具有固定效应，包括时间效应和个体效应，所以在构建PVAR模型前，运用均值差分消除模型的固定效应，以克服固定效应所导致的估计偏误问题。本书分别使用经济增长规模（gq）和经济增长效率（ge）作为因变量，建立PVAR模型。

首先，利用经济增长规模（gq）、科技创业（ste）和创新能力（innc）三个变量的面板数据建立PVAR（5）模型，研究科技创业对创新能力和经济增长规模的动态影响，在创新能力动力机制下分析科技创业对经济增长规模的动态驱动作用；其次，利用经济增长规模（gq）、科技创业（ste）和知识过滤穿透（innf）三个变量的面板数据建立PVAR（4）模型，研究科技创业对知识过滤穿透和经济增长规模的动态影响，在知识过滤穿透动力机制下分析科技创业对经济增长规模的动态驱动作用；最后，利用经济增长规模（gq）、科技创业（ste）和创新能力（innc）三个变量的面板数据建立 PVAR（5）模型，研究科技创业对创新能力和经济增长效率的动态影响，在创新能力动力机制下分析科技创业对经济增长效率的动态驱动作用。在研究中，因为向量自回归的估计系数不具备经济学上的价值，相比较而言，相应的脉冲响应函数与方差分解更具有经济学上的理论意义，故本部分将不报告 PVAR 模型的回归结果。

4. 脉冲响应函数分析

为了检验科技创业、创新效应与经济增长之间的动态关系，本书采用脉冲响应函数研究内生变量的当期冲击对其他内生变量的当期和未来所产生的影响效应。一般脉冲响应函数都存在交叉的干扰源，导致脉冲响应函数的解释出现了困难，通常需要利用 Cholesky 分解法将交叉的干扰源分解为独立的干扰源。同时，在利用正交化脉冲响应函数研究各变量的相互作用的动态效应时，应当慎重安排变量之间的次序，因为这会影响到函数的结果，通常将约束变量排在前面。在科技创业、创新效应和经济增长规模的 PVAR 模型中，考虑到在实际经济发展过程中，只有当经济水平和创新发展到一定阶段以后，才会涌现出大量的科技创业活动，而科技创业的发展又进一步地促进知识过滤穿透，从而促进经济增长规模。因此，在应用正交化脉冲响应函数研究三者之间的动态关系时，将经济增长规模（gq）排在前面。在科技创业、创新效应和经济增长效率 PVAR 模型中，更多的是经济系统中整体创新水平的提升，从而孕育更多的科技创业机会和推动科技创业活动产生，进而促进经济效率的改善。在应用正交化脉冲响应函数研究三者之间的动态关系时，将创新能力（innc）排在前面。因此，三组变量分别为（gq、innc、ste）、（gq、ste、innf）和（innc、ste、ge），并分别展开研究。

（1）科技创业—创新能力—经济增长规模的正交化脉冲响应函数分析。本书利用地区实际生产总值对数、地区专利授权量对数和科技创业综合指数建立 PVAR（5）模型，给予（gq、innc、ste）组内生变量的随机误差项一个标准差的冲击，利用统计软件（Stata）获取变量之间的正交化脉冲响应函数图，如图 7-1 所示。

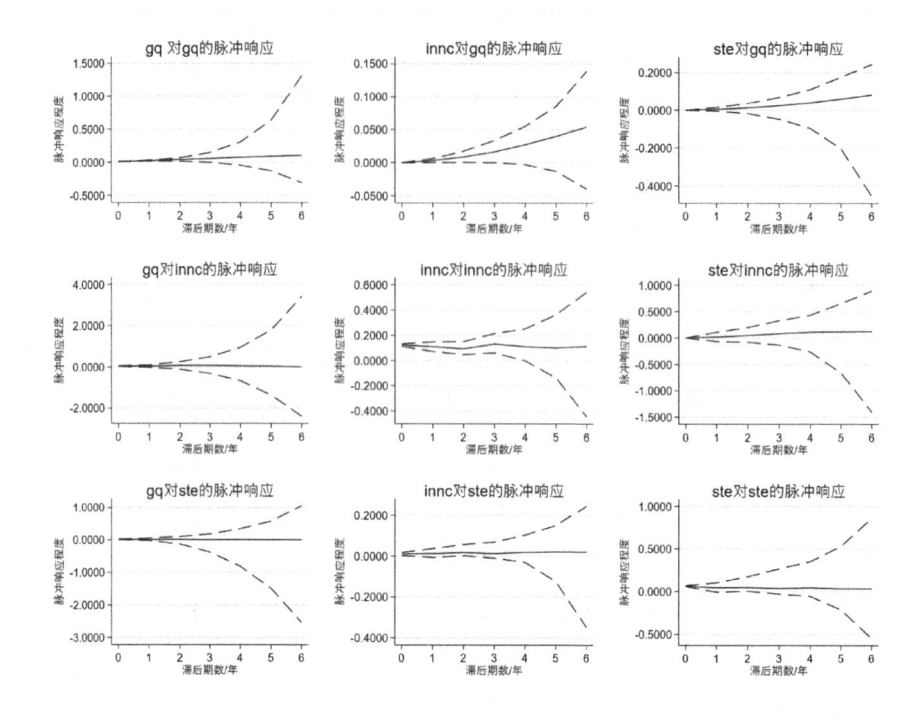

图 7-1　科技创业、创新能力和经济增长规模的正交化脉冲响应函数图

首先,从科技创业对经济增长规模的正交化脉冲响应(图 7-1 的第一行,第三列)可知,科技创业的一个正交化新息的冲击,会对经济增长规模产生连续的正向影响,且正向促进效应呈扩大趋势,表明科技创业的冲击对经济增长规模有显著的驱动作用,且驱动作用呈现递增趋势。

其次,从科技创业对创新能力的正交化脉冲响应(图 7-1 的第二行,第三列)可知,科技创业的一个正交化新息冲击,对创新能力具有促进作用,该促进作用具有长期性,且有缓慢扩大趋势,表明在考察期内,科技创业的冲击对创新能力有持续正向的促进作用,科技创业有助于增强创新能力。

最后,分析科技创业—创新能力—经济增长规模的动力机制和影响效应。根据科技创业对创新能力的正交化脉冲响应(图 7-1 的第二行,第三列)和创新能力对经济增长规模的正交化脉冲响应(图 7-1 的第一行,第二列)可得出,在间接影响路径下,科技创业的一个正交化新息冲击会对创新能力产生正向影响,进而通过创新能力对经济增长规模产生促进作用,形成科技创业—创新能力—

经济增长规模的影响路径。因此，创新能力是科技创业驱动经济增长规模的动力机制，且科技创业的冲击通过创新能力对经济增长规模的动态驱动效应呈扩大趋势。

总而言之，在考虑创新能力动力机制作用情况下，科技创业对创新能力和经济增长规模都产生了正向促进作用，并且在科技创业—创新能力—经济增长规模的作用路径下，当期科技创业通过创新能力对未来经济增长规模产生了显著的驱动作用。

（2）科技创业—知识过滤穿透—经济增长规模的正交化脉冲响应函数分析。本书利用地区实际生产总值对数、高新技术产业工业总产值对数和科技创业综合指数建立 PVAR（4）模型，给予（gq、ste、innf）组内生变量的随机误差项一个标准差的冲击，利用统计软件（Stata）获取变量之间的正交化脉冲响应函数图，如图 7-2 所示。

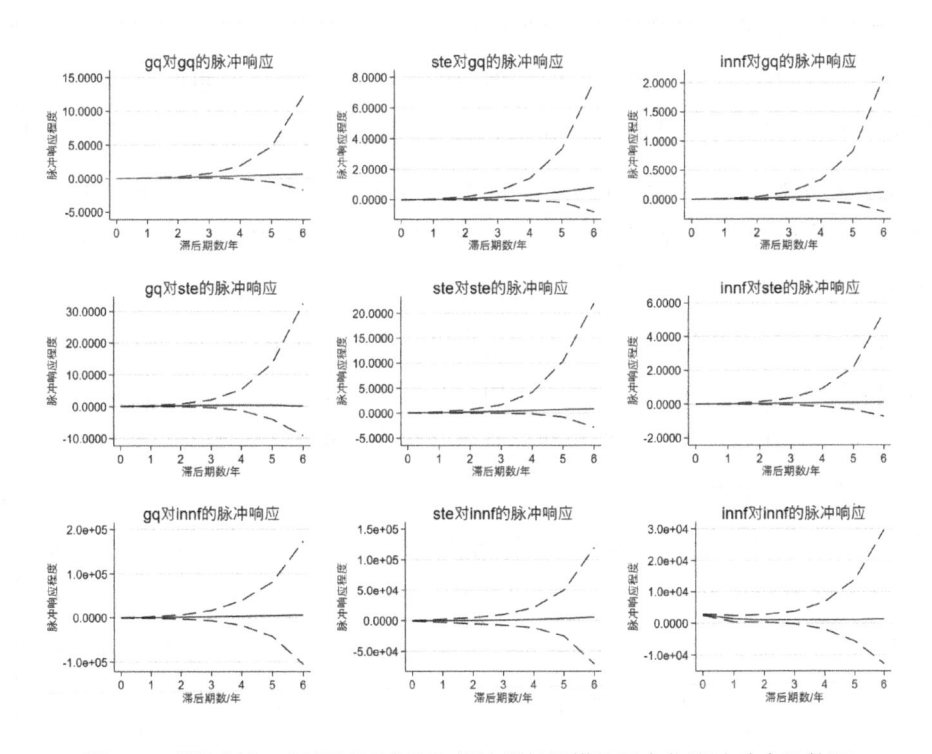

图 7-2 科技创业、知识过滤穿透和经济增长规模的正交化脉冲响应函数图

首先，从科技创业对经济增长规模的正交化脉冲响应（图7-2第一行，第二列）可得出，科技创业的一个正交化新息的冲击，将导致经济增长规模的产生显著的波动，在当期影响效应为正但较弱，在第二期以后，科技创业会持续推动经济增长规模扩大，且这一驱动效应呈扩大趋势，表明科技创业的冲击对长期经济增长规模有明显的驱动作用，且驱动作用随时期延长而日益增强。

其次，从科技创业对知识过滤穿透的正交化脉冲响应（图7-2的第三行，第二列）可知，科技创业的一个正交化新息冲击，将导致知识过滤穿透产生波动，这一影响效应持续为正且有缓慢扩大趋势，表明在考察期内，科技创业的冲击对知识过滤穿透有持续正向促进作用，科技创业有助于促进知识穿透过滤转化为有用经济知识。

最后，分析科技创业—知识过滤穿透—经济增长规模的动力机制和动态影响效应。根据科技创业对知识过滤穿透的正交化脉冲响应（图7-2的第三行，第二列）和知识过滤穿透对经济增长规模的正交化脉冲响应（图7-2第一行,第三列）可得出，在间接作用路径下，科技创业的一个正交化新息冲击会对知识过滤穿透产生正向影响，进而通过知识过滤穿透对经济增长规模产生促进作用，形成科技创业—知识过滤穿透—经济增长规模的作用路径。因此，知识过滤穿透是科技创业驱动经济增长规模的动力机制，且这种动态驱动效应呈扩大趋势。

总而言之，在考虑知识过滤穿透动力机制作用情况下，科技创业对知识过滤穿透和经济增长都产生了正向促进作用，并且在科技创业→知识过滤穿透→经济增长规模的作用路径下，当期科技创业通过知识过滤穿透对未来经济增长规模的驱动作用呈扩大趋势。

（3）科技创业—创新能力—经济增长效率的正交化脉冲响应函数分析。利用地区经济集约化水平、技术市场规模对数和科技创业综合指数建立PVAR（5）模型，给予（innc、ste、ge）组内生变量的随机误差项一个标准差的冲击，利用统计软件（Stata）获取变量之间的正交化脉冲响应函数图，如图7-3所示。

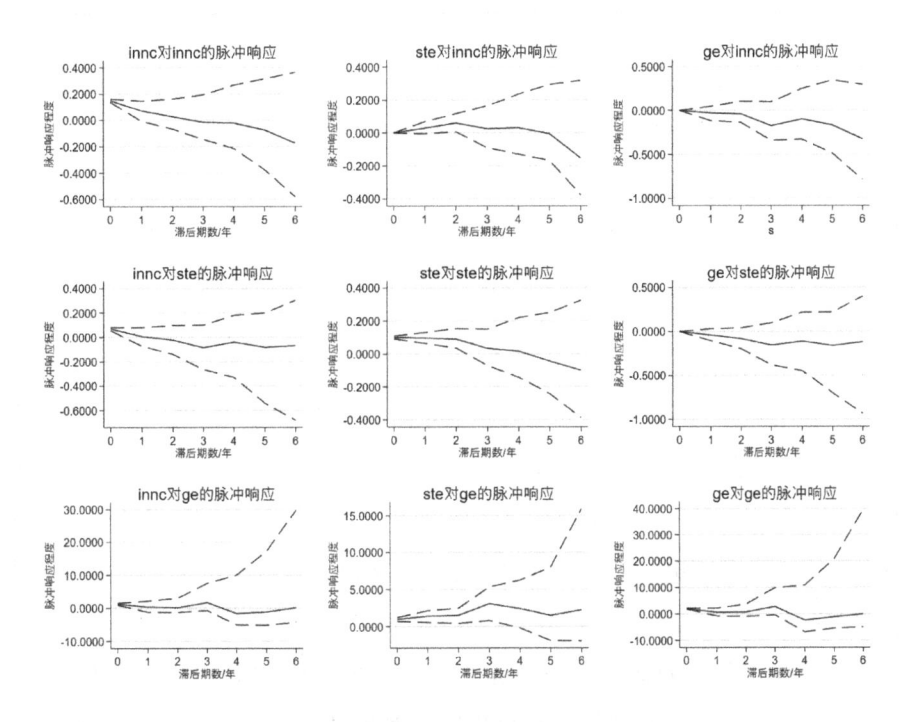

图 7-3 科技创业、创新能力和经济增长规模的正交化脉冲响应函数图

首先,从科技创业对经济增长效率的正交化脉冲响应(图 7-3 的第三行,第二列)可知,科技创业的一个正交化新息冲击将对经济增长效率具有持续的正向影响,表明科技创业的冲击对经济增长效率有显著的驱动作用,科技创业水平的提升能显著地提升当期和未来的经济增长效率。

其次,从科技创业对创新能力的正交化脉冲响应(图 7-3 的第一行,第二列)可知,科技创业的一个正交化新息冲击对知识创新能力的影响效应在滞后第一期到第五期持续为正,但在滞后第六期,其影响效应转为负,但从六期累积效应来看,总体上科技创业对创新能力具有正向促进作用。

最后,分析科技创业—创新能力—经济增长效率的动力机制,并进一步研究其动态驱动效应。从科技创业对创新能力的正交化脉冲响应(图 7-3 的第一行,第二列)和创新能力对经济增长效率的正交化脉冲响应(图 7-3 的第三行,第一列)可知,在间接影响路径下,短期内科技创业的一个正交化新息冲击会对创新能力产生正向影响,通过提升地区的创新能力,优化经济生产方式,进而提升地区的经济增长效率，形成科技创业—创新能力—经济增长效率的作用路径。因此，创新能力是科技创业驱动经济增长效率的动力机制，且这种驱动效应具有动态特征，当期的科技创业对短期内的经济增长效率具有显著的驱动作用。

总而言之，在考虑创新能力动力机制作用情况下，短期内科技创业对创新能力和经济增长都产生了正向促进作用，并且在科技创业—创新能力—经济增长效率的作用路径下，科技创业通过创新能力驱动了经济增长效率。

5. 方差分解分析

上文利用脉冲响应函数研究了内生变量之间对于彼此冲击的响应，比较生动地刻画了变量之间的动态关系。本小节将进一步通过方差分解获得各变量对彼此预测方差的相对贡献度，用来研究不同新息冲击对相应的内生变量的标准差影响的贡献度，力求能够更深入地把握科技创业、创新效应和经济增长三个变量的相互作用关系。

（1）科技创业—创新能力—经济增长规模的方差分解分析。利用地区实际生产总值对数、地区专利授权量对数和科技创业综合指数建立 PVAR（5）模型，并对所建立的 PVAR（5）模型实施方差分解，方差分解结果如表7-9所示。

表7-9　"科技创业—创新能力—经济增长规模"方差分解结果

变量	时期	gq	innc	ste
gq	5	0.770	0.071	0.159
innc	5	0.195	0.605	0.199
ste	5	0.052	0.084	0.864
gq	10	0.452	0.167	0.381
innc	10	0.209	0.466	0.325
ste	10	0.056	0.156	0.788

表7-9中，在考虑创新能力动力机制作用下，科技创业对自身具有较大的冲击影响，在第5期对自身方差的相对贡献为86.4%，之后有所下降，在第10期降为78.8%。

科技创业对经济增长规模变动具有较为明显的贡献，且贡献度在一定时期内呈扩大趋势，在第 5 期科技创业对经济增长规模变动的相对贡献度为 15.9%，在第 10 期这一数值增加到 38.1%，表明在考虑创新能力路径下，经济增长规模变动的较大份额可以由科技创业解释；经济增长规模对自身的冲击影响最大，在第 5 期这一影响高达 77%，到第 10 期下降到 45.2%。

科技创业对创新能力变动也具有较强的解释力，在第 5 期科技创业对创新能力变动的相对贡献度为 19.9%，到第 10 期这一数值增加到 32.5%，表明创新能力变动的较大部分可以由科技创业解释；创新能力对自身也具有极大的冲击影响，在第 5 期为 60.5%，但这种影响有下降趋势，到第 10 期下降到 46.6%。

（2）科技创业—知识过滤穿透—经济增长规模的方差分解分析。利用地区实际生产总值对数、高新技术产业工业产值对数和科技创业综合指数建立 PVAR（4）模型，并对所建立的 PVAR（4）模型实施方差分解，方差分解结果如表 7-10 所示。

表 7-10　"科技创业—知识过滤穿透—经济增长规模"方差分解结果

变量	时期	gq	ste	innf
gq	5	0.712	0.280	0.008
ste	5	0.500	0.490	0.010
innf	5	0.481	0.143	0.376
gq	10	0.295	0.692	0.013
ste	10	0.843	0.152	0.004
innf	10	0.261	0.686	0.053

表 7-10 中，在考虑知识过滤穿透动力机制作用下，科技创业对自身具有较大的冲击影响，在第 5 期其对自身方差的相对贡献为 49.0%，但之后呈下降趋势，在第 10 期降低到 15.2%，表明科技创业较大部分可以由自身解释。

科技创业对经济增长规模变动具有极为明显的贡献，且呈递增趋势，在第 5 期科技创业对经济增长规模变动的相对贡献度为 28%，在第 10 期增加到 69.2%，表明在考虑知识过滤穿透路径下，经济增长规模变动的较大份额可以由科技创业解释，且这一贡献度呈动态递增趋势；经济增长规模对自身的冲击影响最大，但呈下降趋势，在第 5 期影响为 71.2%，到第 10 期降低到 29.5%。

科技创业对知识过滤穿透变动也具有较强的解释力，在第5期科技创业对知识过滤穿透变动的相对贡献度为14.3%，之后呈快速增长趋势，到第10期这一贡献度进一步增加到68.6%，表明随着时期延长，知识过滤穿透变动的绝大部分可以由科技创业解释；短期内知识过滤穿透对自身变动有较大的冲击影响，在第5期对自身变动的相对贡献度为37.6%，但在第10期下降到5.3%。

（3）科技创业—创新能力—经济增长效率的方差分解分析。利用地区经济集约化水平、技术市场规模对数和科技创业综合指数建立PVAR（5）模型，对所建立的PVAR（5）模型实施方差分解，方差分解结果如表7-11所示。

表7-11　"科技创业—创新能力—经济增长效率"方差分解结果

变量	时期	innc	ste	ge
innc	5	0.377	0.075	0.547
ste	5	0.159	0.337	0.504
ge	5	0.156	0.444	0.400
innc	10	0.198	0.272	0.531
ste	10	0.208	0.195	0.597
ge	10	0.236	0.233	0.532

在表7-11中，在考虑创新能力动力机制作用下，科技创业对自身具有一定的冲击影响，且这种影响有下降的趋势。在第5期，科技创业对自身方差的相对贡献为33.7%，在第10期则下降到19.5%。

科技创业对经济增长效率变动具有较大的贡献，在第5期科技创业对经济增长效率变动的相对贡献度高达44.4%，之后则逐渐下降，在第10期贡献度下降到23.3%，表明在考虑知识过滤穿透路径下，经济增长效率变动的较大份额可以由科技创业解释；经济增长效率对自身的冲击影响最大，在第5期这一影响为40.0%，到第10期这一影响增加到53.2%，表明绝大部分的经济增长效率变动由自身贡献。

科技创业对创新能力变动也具有较强的解释力，在第5期科技创业对创新能力变动的相对贡献度为7.5%，到第10期增加到27.2%，表明创新能力变动的较大部分可以由科技创业解释,科技创业对创新能力的促进作用呈递增趋势;创新能力对自身变动的冲击影响也较大,在第 5 期为 37.7%,但这一影响呈下降趋势,到第 10 期下降到 19.8%。

7.2 科技创业、产业结构效应驱动经济增长的动态研究

7.2.1 模型构建与变量说明

1. 模型构建

由第 6 章研究结果可知,产业结构合理化、产业结构高级化和产业动态能力是科技创业驱动经济增长规模的动力机制,产业结构合理化是科技创业驱动增长效率的动力机制。本节将进一步分析科技创业通过产业结构效应驱动经济增长的动态效应。与上文一样,首先构建科技创业、产业结构效应驱动经济增长的面板向量自回归(PVAR)模型。基本模型构建如下:

$$s_{i,t} = \alpha_i + \beta_i + \sum_{j=1}^{p}\beta_p s_{i,t-p} + \delta_{i,t} \quad (7.2)$$

模型中的 i 代表地区;t 代表时期;p 为滞后阶数;α_i 表示个体效应,刻画样本的个体差异;β_i 表示时间效应,用来反映变量的时间趋势;β_p 为第 p 期滞后变量的系数;$\delta_{i,t}$ 为随机扰动项。本节主要研究科技创业—产业结构效应—经济增长的动力机制和相互关系。从上文可知,产业结构效应又具体分为产业结构合理化、产业结构高级化和产业动态能力三个维度,经济增长分为经济增长规模和经济增长效率两个维度。因此,s 表示一个由经济增长规模、经济增长效率、科技创业、产业结构合理化、产业结构高级化和产业动态能力六个变量所构成的向量,$s = (gq, ge, \text{ste}, \text{indr}, \text{indc}, \text{indh})$。

2. 变量选择

本节模型中的六个变量分别为经济增长规模、经济增长效率、科技创业、产业结构合理化、产业结构高级化和产业动态能力。变量的选择和计算与上文一样,包括:①经济增长规模(gq),选取地区实际生产总值(GDP)规模来衡量;

②经济增长效率（ge），采用经济增长集约化水平来衡量；③科技创业（ste），根据第4章构建的科技创业水平综合指标体系，利用熵值法计算所得的科技创业水平综合指数来衡量；④产业结构合理化（innc），采用第5章所计算的产业结构合理化指标来衡量；⑤产业结构高级化（indh），采用第5章所计算的产业结构高级化指标来衡量；⑥产业动态能力（indc），与第5章一样，选择规模以上工业研发支出总额的对数作为产业动态能力的代理变量。在前文的研究基础上，本节将分别从产业结构的三个具体动力机制来研究科技创业驱动经济增长的动态效应，能比较全面而深入地把握科技创业、产业结构效应与经济增长之间的动态关系。

3. 数据来源与统计描述

样本数据包含中华人民共和国的30个省、自治区、直辖市的数据（未收录香港、澳门、台湾和西藏的数据）。其中，经济增长规模和经济增长效率的数据根据2008—2020年《中国统计年鉴》计算整理所得；计算产业结构合理化和高级化所涉及的GDP数据、就业数据和人民币兑美元汇率来源于2008—2020年《中国统计年鉴》；规模以上工业研发投入数据来源于2008—2020年《中国科技统计年鉴》，由于缺失2007年和2010年的数据，2007年的数据用大中型企业研发投入代替，2010年的数据取前后两年数据的平均值代替。各主要变量的描述性统计如表7-12所示。

表7-12 主要变量的统计描述

变量	变量解释	样本量	标准差	最小值	均值	最大值
gq	实际GDP的对数值	390	0.952	6.350	9.127	11.172
ge	经济增长集约化水平	390	0.197	−37.457	0.199	15.133
ste	科技创业水平对数值	390	0.895	−0.393	1.729	4.303
indr	产业结构合理化	390	10.364	1.263	6.772	103.948
indh	产业结构高级化	390	1.308	0.553	2.209	7.475
indc	产业动态能力	390	1.0445	−0.368	4.736	7.747

资料来源：作者整理。

7.2.2 实证结果分析

1. 平稳性检验

由计量经济学研究方法可知,在用向量自回归(VAR)模型研究经济问题时,需要对时间序列进行平稳性检验。同理可得,利用面板向量自回归(PVAR)模型回归之前,也需要检验变量的平稳性,本节将对样本数据进行单位根检验。单位根检验结果如表 7-13 所示。

表 7-13 "科技创业—产业结构效应—经济增长"单位根检验结果

变量	LLC统计量	IPS统计量	ADF-Fisher统计量
ste	−8.396***	−2.069**	63.301
gq	−15.502***	−6.595***	187.368***
ge	11.913	1.339	62.4593
indr	−8.519***	0.622	100.244***
indh	7.451	12.273	5.011
indc	−7.855***	−5.827***	240.386***
Δste	−20.901***	−12.309***	162.396***
Δgq	−8.919***	−3.856***	89.526***
Δge	−6.146***	−6.1317***	208.184***
Δindr	−6.703***	−3.880***	166.877***
Δindh	−9.694***	−4.618***	97.213***
Δindc	−10.141***	−11.993***	128.519***

注：*、**、*** 分别表示 10%、5%、1% 的显著性水平。

由表 7-13 检验结果可知,大部分经济变量没有通过平稳性检验,属于非平稳变量。在 5% 的显著性水平检验下,所有变量经过一阶差分以后,Δste、Δgq、Δge、Δindr、Δindh 和 Δindc 都是平稳时间序列,即变量 ste、gq、ge、indr、indh 和 indc 都是一阶单整序列 $I(1)$。

由计量经济学理论可知,在一定条件下,非平稳序列的线性表出或许也能够平稳,即变量之间是协整的,说明这些经济变量之间也可能具有长期的均衡关系。

因此，在一阶单整情况下，将进一步对本书的研究变量进行协整检验，以检验变量之间的协整关系，并基于协整检验结果为本节下一步研究确定适合的模型。总的来说，如果变量之间是长期均衡的，即是协整的，就选择面板向量误差修正（PVEC）模型，反之，应该选择面板向量自回归（PVAR）模型。

由第6章产业结构效应的中介效应检验结果可知，产业结构合理化在科技创业驱动经济增长规模和经济增长效率过程中发挥了中介作用，而产业结构高级化和产业动态能力在科技创业驱动经济增长规模过程中发挥了中介作用，但在科技创业驱动经济增长效率中不存在中介效应。本节将根据这一研究结果分别进行协整检验，其变量为：经济增长规模（gq）、科技创业（ste）和产业结构合理化（indr）；经济增长规模（gq）、科技创业（ste）和产业结构高级化（indh）；经济增长规模（gq）、科技创业（ste）和产业动态能力（indc）；经济增长效率（ge）、科技创业（ste）和产业结构合理化（indr）。检验结果如表7-14、表7-15、表7-16、表7-17所示。

表7-14 "科技创业—产业结构合理化—经济增长规模"协整检验结果

变量	统计量	Z值	P值
Gt	−1.125	5.413	1.000
Ga	−5.308	3.333	1.000
Pt	−6.861	2.442	0.993
Pa	−7.138	−1.247	0.106

由表7-14可知，在5%的显著性水平检验下，Gt、Ga、Pt和Pa四个统计量均未通过显著性水平检验，说明经济增长规模（gq）、科技创业（ste）和产业结构合理化（indr）之间不存在协整关系，即三个变量之间不是长期均衡的。

表7-15 "科技创业—产业结构高级化—经济增长规模"协整检验结果

变量	统计量	Z值	P值
Gt	−0.258	10.568	1.000
Ga	−2.505	5.781	1.000
Pt	−2.645	6.554	1.000
Pa	−2.645	3.155	0.999

由表 7-15 可知，在 5% 的显著性水平检验下，Gt、Ga、Pt 和 Pa 四个统计量均未通过显著性水平检验，说明经济增长规模（gq）、科技创业（ste）和产业结构高级化（indh）之间也不存在协整关系，即三个变量之间不是长期均衡的。

表 7-16 "科技创业—产业动态能力—经济增长规模"协整检验结果

变量	统计量	Z值	P值
Gt	−1.509	3.127	0.999
Ga	−5.613	3.067	0.999
Pt	−7.853	1.482	0.931
Pa	−7.806	−1.902	0.029

由表 7-16 可知，在 5% 的显著性水平检验下，Gt、Ga 和 Pt 三个统计量均未通过显著性水平检验，说明经济增长规模（gq）、科技创业（ste）和产业动态能力（indc）之间不存在协整关系，即三个变量之间不是长期均衡的。

表 7-17 "科技创业—产业结构合理化—经济增长效率"协整检验结果

变量	统计量	Z值	P值
Gt	−1.383	3.877	1.000
Ga	−29.645	−17.919	0.000
Pt	−8.995	0.376	0.647
Pa	−20.183	−14.026	0.000

由表 7-17 可知，在 5% 的显著性水平检验下，Gt 和 Pt 两个统计量均未通过显著性水平检验，说明经济增长效率（ge）、科技创业（ste）和产业结构合理化（indr）之间不存在协整关系，即三个变量之间不是长期均衡的。

由协整检验结果可知，四组变量均不是协整的。因此，研究中应该选择面板向量自回归（PVAR）模型。与上节一样，对四组变量分别构建面板向量自回归（PVAR）模型，实证分析科技创业、产业结构合理化对经济增长规模和经济增长效率的动态影响；实证分析科技创业、产业结构高级化对经济增长规模的动态影响；实证分析科技创业、产业动态能力对经济增长规模的动态影响。

2. 滞后阶数的选择

在构建面板向量自回归（PVAR）模型前，首先需要确定适合的模型滞后阶数，如此才能够建立准确的回归模型。采取 AIC、BIC 和 HQIC 信息准则来选择滞后阶数，基于 AIC、BIC 和 HQIC 信息准则的取值，根据取值的大小选取滞后阶数，当取值最小时，其阶数为模型的滞后阶数，检验结果如表 7–18、表 7–19、表 7–20、表 7–21 所示。

表 7–18 "科技创业—产业结构合理化—经济增长规模"的滞后阶数检验

变量	PVAR（1）	PVAR（2）	PVAR（3）	PVAR（4）	PVAR（5）
AIC	1.370	−0.217	4.859	1.259	−2.066*
BIC	2.509	1.116	6.418	3.086	0.085*
HQIC	1.824	0.316	5.485	1.995	−1.197*

由表 7–18 的检验结果可知，AIC、BIC 和 HQIC 的统计量均在滞后阶数为 5 时统计量值最小。因此，经济增长规模（gq）、科技创业（ste）和产业结构合理化（$indr$）构建 PVAR 模型的滞后阶数为 5，建立 PVAR（5）模型。

表 7–19 "科技创业—产业结构高级化—经济增长规模"的滞后阶数检验

变量	PVAR（1）	PVAR（2）	PVAR（3）	PVAR（4）	PVAR（5）
AIC	−7.779	−6.379	−7.785*	−2.068	−7.497
BIC	−6.452	−6.639*	−4.820	−0.241	−5.345
HQIC	−7.252	−7.324*	−5.753	−1.332	−6.627

由表 7–19 的检验结果可知，BIC 和 HQIC 的统计量均在滞后阶数为 2 时统计量值最小，而 AIC 的统计量值在滞后阶数为 3 时统计量值最小。由上文分析可知，从选择的模型来看，一般而言，BIC 和 HQIC 信息准则所确定的更为简洁，而 AIC 信息准则所确定的比较复杂，当三种方法判断结果不一致时，BIC 和 HQIC 的判断结果优于 AIC。因此，经济增长规模（gq）、科技创业（ste）和产业结构高级化（$indh$）构建 PVAR 模型的滞后阶数为 2，建立 PVAR（2）模型。

第7章 科技创业驱动经济增长的动态效应研究

表 7-20 "科技创业—产业动态能力—经济增长规模"的滞后阶数检验

变量	PVAR（1）	PVAR（2）	PVAR（3）	PVAR（4）	PVAR（5）
AIC	1.683	−5.967	−3.468	−3.169	−9.118*
BIC	2.823	−4.634	−1.909	−1.341	−6.967*
HQIC	2.138	−5.434	−2.842	−2.432	−8.249*

由表 7-20 的检验结果可知，AIC、BIC 和 HQIC 的统计量均在滞后阶数为 5 时统计量值最小。因此，经济增长规模（gq）、科技创业（ste）和产业动态能力（indc）构建 PVAR 模型的滞后阶数为 5，建立 PVAR（5）模型。

表 7-21 "科技创业—产业结构合理化—经济增长效率"的滞后阶数检验

变量	PVAR（1）	PVAR（2）	PVAR（3）	PVAR（4）	PVAR（5）
AIC	8.825*	10.140	13.481	9.435	8.976
BIC	9.965*	11.474	15.041	11.262	11.127
HQIC	9.280*	10.674	14.107	10.171	9.846

由表 7-21 的检验结果可知，AIC、BIC 和 HQIC 的统计量均在滞后阶数为 1 时统计量值最小。因此，经济增长效率（ge）、科技创业（ste）和产业结构合理化（indr）构建 PVAR 模型的滞后阶数为 1，建立 PVAR（1）模型。

3. 面板向量自回归（PVAR）估计

由上文分析可知，PVAR 模型包含时间序列数据和面板数据的特点，因此具有固定效应，包括时间效应和个体效应，所以在构建 PVAR 模型前，运用均值差分消除模型的固定效应，以克服固定效应所导致的模型估计偏误问题。本书分别使用经济增长规模（gq）和经济增长效率（ge）作为因变量，建立 PVAR 模型。

首先，利用经济增长规模（gq）、科技创业（ste）和产业结构合理化（indr）三个变量的面板数据建立 PVAR（5）模型，研究科技创业对产业结构合理化和经济增长规模的动态影响，在产业结构合理化动力机制下分析科技创业对经济增长规模的动态驱动作用；其次，利用经济增长规模（gq）、科技创业（ste）和产业结构高级化（indh）三个变量的面板数据建立 PVAR（2）模型，研究科技创业对产业结构高级化和经济增长规模的动态影响，在产业结构高级化动力机制下分析科技创业对经济增长规模的驱动作用；再次，利用经济增长规模（gq）、科技创业（ste）和产业动态能力（$indc$）三个变量的面板数据建立PVAR（5）模型，研究科技创业对产业动态能力和经济增长规模的动态影响，在产业动态能力动力机制下分析科技创业对经济增长规模的驱动作用；最后，利用经济增长效率（ge）、科技创业（ste）和产业结构合理化（$indr$）三个变量的面板数据建立PVAR（1）模型，用来考察科技创业、产业结构合理化和经济增长效率的相互作用，以及探究在产业结构合理化的动力机制作用下，科技创业驱动经济增长效率的动态效应。与上文研究类似，在研究中，因为向量自回归的估计系数不具备经济学上的分析价值，相比较而言，相应的脉冲响应函数与方差分解更具有经济学上的理论意义。因此，本部分将不报告PVAR模型的回归结果，着重根据脉冲响应函数和方差分解的研究结果来阐释科技创业对经济增长的动态驱动效应。

4. 脉冲响应函数分析

为了检验科技创业、产业结构效应与经济增长之间的动态关系，本书采用脉冲响应函数研究内生变量的冲击对其他内生变量的当期和未来所产生的影响效应。由上文陈述可知，一般脉冲响应函数都存在交叉的干扰源，导致脉冲响应函数的解释出现了困难，通常需要借助Cholesky分解法将其分解为独立的干扰源。同时，在利用正交化脉冲响应函数研究各变量的相互作用的动态效应时，应当慎重安排变量之间的次序，因为这会影响到函数的结果，通常将约束变量排在前面。在科技创业、产业结构合理化和经济增长规模的PVAR模型中，考虑到在实际经济发展过程中，科技创业促进产业结构合理化，从而推动经济增长规模扩大，因此将科技创业（ste）排在前面。在科技创业、产业高级化和经济增长规模的PVAR模型中，考虑到在实际经济发展过程中，科技创业推动经济发展，只有当科技创业和经济发展由量变到质变，最终推动产业结构转型升级，实现产业结构高级化，因此将科技创业（ste）排在前面。在科技创业、产业动态能力和经济增长规模的PVAR模型中，考虑到科技创业是产业动态能力的重要支撑，当经济系统产生大量的科技创业时，产业动态能力就能自然而然地得到提升，从而提高产业的更新升级能力，促进产业整体发展，从而带动经济整体增长，因此将科技创业（ste）排在前面。在科技创业、产业结构合理化和经济增长效率的 PVAR 模型中，考虑到产业结构合理化有助于提升经济效率，而经济效率的提升代表着生产方式的转换，在经济结构转变中通常内生出大量的科技创业机会，因此将产业结构合理化（indr）排在前面。因此，四组变量分别为（ste、indr、gq）、（ste、gq、indh）、（ste、indc、gq）、（indr、ge、ste），并分别展开研究。

（1）科技创业—产业结构合理化—经济增长规模的脉冲响应函数分析。本书利用地区实际生产总值对数、产业结构合理化指数和科技创业综合指数建立 PVAR（5）模型，给予（ste、indr、gq）组内生变量的随机误差项一个标准差的冲击，由统计软件（Stata）得到各内生变量之间的正交化脉冲响应函数图，如图 7-4 所示。

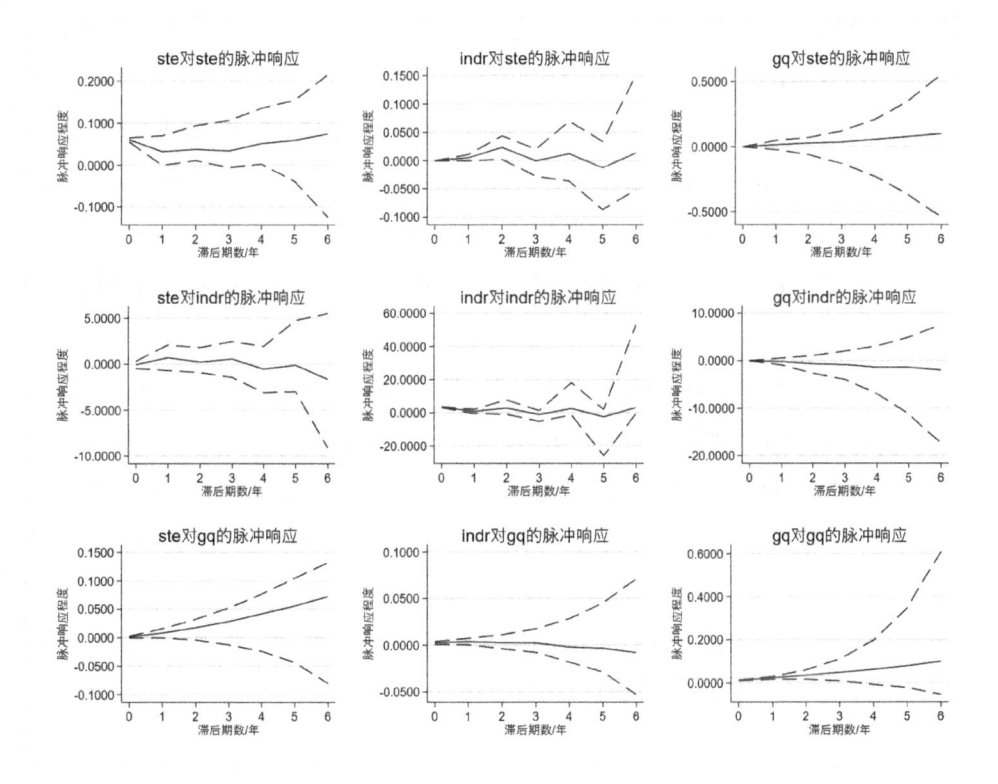

图 7-4 科技创业、产业结构合理化与经济增长规模的正交化脉冲响应函数图

首先，从科技创业对经济增长规模的正交化脉冲响应（图7-4的第三行，第一列）可得出，科技创业的一个正交化新息的冲击将经济增长规模扩大，且这一促进作用呈快速扩大趋势，表明科技创业的冲击对当期和未来经济增长规模具有显著的驱动作用，且驱动作用随着时期延长而日益增强。

其次，从科技创业对产业结构合理化的正交化脉冲响应（图7-4的第二行，第一列）可得，科技创业冲击对产业结构合理化所产生的影响具有阶段性特征，科技创业的一个正交化新息冲击对产业结构合理化的影响效应在一定的时期内为正，超过一定的时期以后，科技创业不利于产业结构合理化，表明一定时期内科技创业的产业结构合理化具有正向促进作用。

最后，分析科技创业—产业结构合理化—经济增长规模的动力机制和影响效应。根据科技创业对产业结构合理化的正交化脉冲响应（图7-4的第二行，第一列）和产业结构合理化对经济增长规模的正交化脉冲响应（图7-4的第三行，第二列）可得出，在间接影响路径下，在一定时期内，科技创业的一个正交化新息冲击会对产业结构合理化产生正向影响，进而通过产业结构合理化对经济增长规模产生正向促进作用，形成科技创业—产业结构合理化—经济增长规模的驱动机制。因此，短期内产业结构合理化是科技创业驱动经济增长规模的动力机制，但这种动态影响效应有一定的时间期限，超过某一时期以后影响效应将由正转负。

总而言之，在考虑产业结构合理化动力机制作用情况下，短期内科技创业对产业结构合理化和经济增长规模都产生了正向促进作用，并且在科技创业—产业结构合理化—经济增长规模的作用路径下，当期科技创业通过促进产业结构合理化对短期内经济增长规模具有促进作用，但这种驱动作用有一定的时效性。

（2）科技创业—产业结构高级化—经济增长规模的脉冲响应函数分析。本书利用地区实际生产总值对数、产业结构高级化指数和科技创业水平综合指数建立PVAR（2）模型，给予（ste、gq、indh）组内生变量的随机误差项一个标准差的冲击，利用统计软件（Stata）获得各内生变量之间的正交化脉冲响应函数图，如图7-5所示。

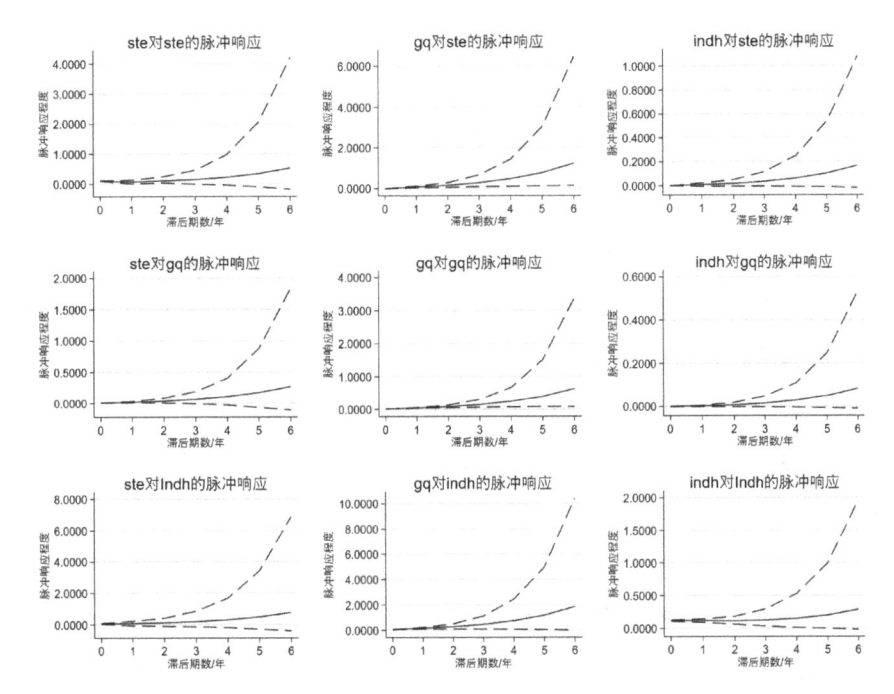

图 7-5 科技创业、产业结构高级化和经济增长规模的正交化脉冲响应函数图

首先,从科技创业对经济增长规模的正交化脉冲响应(图 7-5 的第二行,第一列)可得出,科技创业的一个正交化新息的冲击对经济增长规模的驱动作用在当期为正但较弱,但科技创业对经济增长规模的影响持续为正,且驱动效应呈扩大趋势,表明科技创业的冲击对经济增长规模具有显著的驱动作用,且驱动效应日益增强。

其次,从科技创业对产业结构高级化的正交化脉冲响应(图 7-5 的第三行,第一列)可得出,科技创业的一个正交化新息冲击对产业结构高级化的影响效应持续为正且呈缓慢扩大趋势,表明科技创业的冲击对产业结构高级化有持续正向促进作用,且随着时期的延长,科技创业对产业结构向更高水平演进的驱动作用越明显。

最后,分析科技创业—产业结构合理化—经济增长效率的动力机制和动态驱动效应。从科技创业对产业结构高级化的正交化脉冲响应(图 7-5 的第三行,第一列)和产业结构高级化对经济增长规模的正交化脉冲响应(图 7-5 的第二行,第三列)可得出,在动力机制作用下,科技创业的一个正交化新息冲击会对产业结构高级化产生正向影响,进而通过产业结构高级化对经济增长规模产生促进作用，形成科技创业—产业结构高级化—经济增长规模的作用路径。因此，产业结构高级化是科技创业驱动经济增长规模的动力机制，科技创业通过促进产业结构高级化对中长期经济增长规模具有促进作用，且这种动态影响效应随时期的延长呈扩大趋势。

总而言之，在考虑产业结构高级化作为动力机制条件下，科技创业能够驱动产业结构高级化，进而能够直接或间接地驱动经济增长规模，并且在科技创业—产业结构高级化—经济增长规模的作用路径下，当期科技创业能够通过促进产业结构高级化对中长期经济增长规模的驱动作用呈明显扩大趋势。

（3）科技创业—产业动态能力—经济增长规模的正交化脉冲响应函数分析。本书利用地区经济集约化水平、规模以上工业的研发支出和科技创业水平综合指数建立PVAR（5）模型，给予（ste、indc、gq）组内生变量的随机误差项一个标准差的冲击，利用统计软件（Stata）获取各内生变量之间的正交化脉冲响应函数图，如图7-6所示。

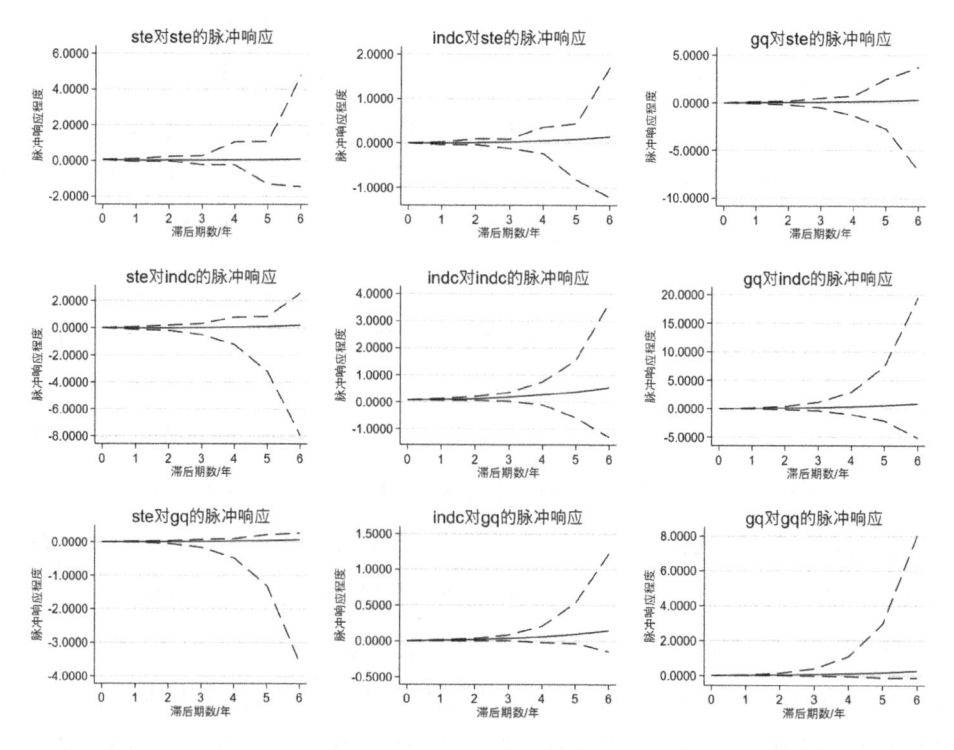

图7-6 科技创业、产业动态能力与经济增长规模的正交化脉冲响应函数图

首先，从科技创业对经济增长规模的正交化脉冲响应（图7-6的第三行，第一列）可得出，科技创业的一个正交化新息冲击对经济增长规模具有持续的正向影响，但影响效应相对较弱，表明科技创业的冲击对经济增长规模具有一定的驱动作用，科技创业水平的提升能促进当期和未来的经济增长规模。

其次，从科技创业对产业动态能力的正交化脉冲响应（图7-6的第二行，第一列）可得出，科技创业的一个正交化新息冲击对产业动态能力的影响效应持续为正，且有缓慢扩大的趋势，表明总体上科技创业对产业动态能力有一定的正向促进作用。

最后，分析科技创业—产业动态能力—经济增长规模的动力机制和动态驱动效应。根据科技创业对产业动态能力的正交化脉冲响应（图7-6的第二行，第一列）和产业动态能力对经济增长规模的正交化脉冲响应（图7-6的第三行，第二列）可知，在动力机制作用下，科技创业的一个正交化新息冲击会对产业动态能力产生促进作用，进而通过产业动态能力对经济增长规模产生驱动作用，形成科技创业—产业动态能力—经济增长规模的作用路径。因此，产业动态能力是科技创业驱动经济增长规模的动力机制，且这种驱动效应具有动态特征，当期的科技创业通过促进产业动态能力的提升对中长期的经济增长规模具有显著的驱动作用，且随着时期延长，其驱动动能日益增强。

总而言之，在考虑产业动态能力中介作用机制情况下，科技创业对产业动态能力和经济增长规模都产生了正向促进作用，并且在科技创业—产业动态能力—经济增长规模的作用路径下，当期科技创业通过产业动态能力对中长期经济增长规模具有较强的驱动作用。

（4）科技创业—产业结构合理化—经济增长效率的正交化脉冲响应函数分析。本书利用地区经济集约化水平、产业结构合理化指数和科技创业水平综合指数建立PVAR（1）模型，给予（indr、ge、ste）组内生变量的随机误差项一个标准差的冲击，利用统计软件（Stata）获取各内生变量之间的正交化脉冲响应函数图，如图7-7所示。

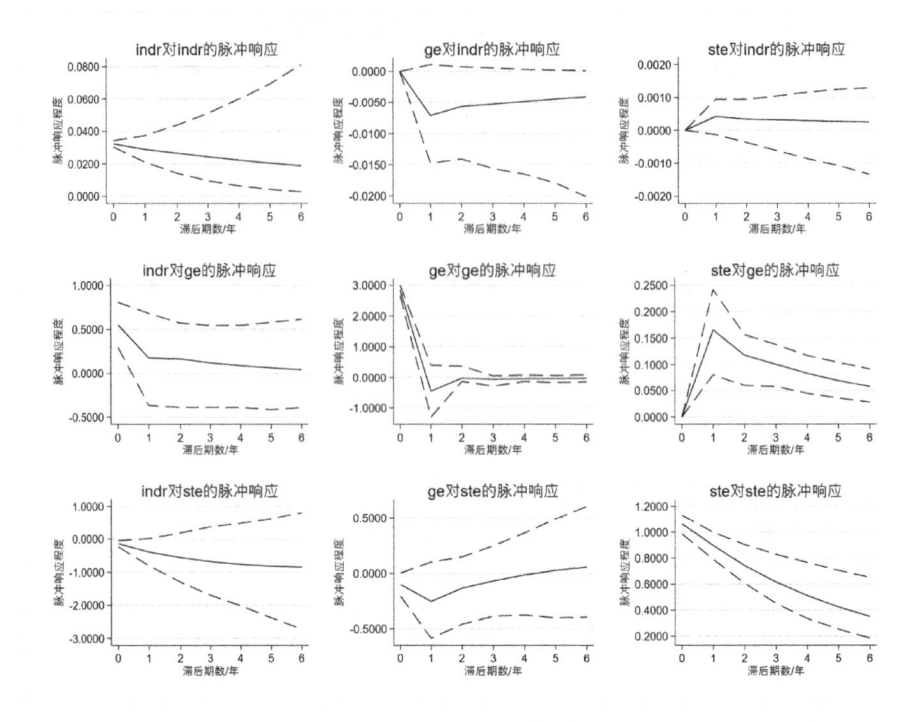

图 7-7　科技创业、产业结构合理化与经济增长效率的正交化脉冲响应函数图

首先，从科技创业对经济增长效率的正交化脉冲响应（图 7-7 的第二行，第三列）可得出，科技创业的一个正交化新息的冲击对经济增长效率的影响持续为正，且在滞后一期的影响效应最大，之后递减，表明科技创业的冲击对当期和未来的经济增长效率具有显著的驱动作用，在滞后一期的时候其驱动作用最强。

其次，从科技创业对产业结构合理化的正交化脉冲响应（图 7-7 的第一行，第三列）可得出，科技创业的一个正交化新息冲击对产业结构合理化的影响效应持续为正，且在滞后一期时科技创业对产业结构合理化的促进作用最强，之后递减，表明科技创业水平的提升能促进当期和未来的产业结构合理化。

最后，分析科技创业—产业结构合理化—经济增长效率的动力机制和动态驱动效应，从科技创业对产业结构合理化的正交化脉冲响应（图 7-7 的第一行，第三列）和产业结构合理化对经济增长效率的正交化脉冲响应（图 7-7 的第二行，第一列）可得出，在动力作用机制下，科技创业的一个正交化新息冲击会对产业结构合理化产生正向影响，进而通过产业结构合理化对经济增长效率产生正向促进作用,形成科技创业—产业结构合理化—经济增长效率的驱动路径。因此,产业结构合理化是科技创业驱动经济增长效率的动力机制,科技创业通过促进产业结构合理化,从而驱动中长期经济增长效率的提升。

总而言之,在考虑产业结构合理化动力机制作用情况下,科技创业对产业结构合理化和经济增长效率都产生了正向促进作用,并且在科技创业—产业结构合理化—经济增长效率的作用路径下,当期科技创业能够提升产业结构合理化水平,进而驱动中长期经济增长效率提升。

5. 方差分解分析

与上文研究过程一样,本小节将进一步通过方差分解获得各变量对彼此预测方差的相对贡献度,来研究不同新息冲击对相应的内生变量的标准差影响的贡献度,力求能够更深入地把握科技创业、产业结构效应和经济增长三个变量的相互影响程度和动态驱动效应。

(1) 科技创业—产业结构合理化—经济增长规模的方差分解分析。利用地区实际生产总值对数、产业结构合理化指数和科技创业综合指数建立PVAR(5)模型,并对PVAR(5)实施方差分解,方差分解结果如表7-22所示。

表7-22 "科技创业—产业结构合理化—经济增长规模"方差分解结果

变量	时期	ste	indr	gq
ste	5	0.614	0.045	0.341
indr	5	0.034	0.876	0.091
gq	5	0.255	0.003	0.742
ste	10	0.376	0.022	0.603
indr	10	0.092	0.724	0.184
gq	10	0.337	0.004	0.659

表7-22中,在考虑产业结构合理化的中介机制作用下,科技创业对自身具有较大的冲击影响,在第5期对其自身方差的相对贡献度为61.4%,之后有所下降,在第10期降为37.6%。

科技创业对经济增长规模变动具有较为明显的贡献,在第5期科技创业对经济增长规模变动的相对贡献度为 25.5%，之后有所增加，在第 10 期增加到 33.7%，表明在考虑产业结构合理化动力机制作用下，经济增长规模变动的较大份额可以由科技创业解释；经济增长规模在短期内对自身的冲击影响最大，在第 5 期这一冲击影响高达 74.2%，长期来看，冲击效应呈递减趋势，到第 10 期降为 65.9%，但绝大部分的经济增长规模变动还是由自身冲击所导致。

科技创业对产业结构合理化变动也具有一定的解释力，且呈递增趋势。在第 5 期科技创业对产业结构合理化变动的相对贡献度为 3.4%，到第 10 期增加到 9.2%，表明部分产业结构合理化变动可以由科技创业解释；产业结构合理化对自身也具有极大的冲击影响，在第 5 期其影响为 87.6%，到第 10 期略有下降，但仍然高达 72.4%，表明绝大部分产业结构合理化变动由自身冲击所贡献。

（2）科技创业—产业结构高级化—经济增长规模的方差分解分析。利用地区实际生产总值对数、产业结构高级化指数和科技创业综合指数建立 PVAR（2）模型，并对 PVAR（2）实施方差分解，方差分解结果如表 7-23 所示。

表 7-23 "科技创业—产业结构高级化—经济增长规模"方差分解结果

变量	时期	ste	indh	gq
ste	5	0.909	0.052	0.040
indh	5	0.072	0.823	0.104
gq	5	0.087	0.198	0.716
ste	10	0.833	0.117	0.049
indh	10	0.081	0.789	0.130
gq	10	0.149	0.341	0.511

表 7-23 中，在考虑产业结构高级化动力机制作用下，科技创业对自身具有极大的冲击影响，在第 5 期其对自身方差的相对贡献为 90.9%，在第 10 期略有下降，但仍高达 83.3%，表明在产业结构高级化动力机制下，考察期内科技创业的变动绝大部分由自身变动所贡献。

科技创业对经济增长规模变动具有较为明显的贡献，且呈递增趋势，在第 5 期科技创业对经济增长规模变动的相对贡献度为 8.7%，在第 10 期增加到 14.9%，表明在考虑产业结构高级化动力机制作用下,科技创业对经济增长规模变动有较大的贡献,且随着时期的延长,这一贡献度逐渐增加;经济增长规模对自身的冲击影响具有极大的影响,在第 5 期这一影响高达 71.6%,到第 10 期下降到 51.1%,表明超过一半的经济增长规模波动来源于经济增长规模自身的冲击影响。

科技创业对产业结构高级化变动也具有一定的贡献度,在第 5 期科技创业对产业结构高级化的相对贡献度为 7.2%,到第 10 期这一贡献略微增加到 8.1%,表明部分产业结构高级化变动是由科技创业冲击所导致的;产业结构高级化对自身变动存在极大的冲击影响,在第 5 期其影响为 82.3%,但这一冲击影响有下降趋势,到第 10 期下降为 78.9%。

(3) 科技创业—产业动态能力—经济增长规模的方差分解分析。利用地区实际生产总值对数、规模以上工业研发支出对数和科技创业综合指数建立 PVAR(5) 模型,并对 PVAR(5) 实施方差分解,方差分解结果如表 7-24 所示。

表 7-24 "科技创业—产业动态能力—经济增长规模"方差分解结果

变量	时期	ste	indc	gq
ste	5	0.215	0.089	0.696
indc	5	0.014	0.358	0.628
gq	5	0.043	0.187	0.770
ste	10	0.062	0.193	0.745
indc	10	0.049	0.224	0.727
gq	10	0.052	0.212	0.838

表 7-24 中,在考虑产业动态能力中介机制作用下,科技创业对自身具有较大的影响,在第 5 期其对自身方差的相对贡献为 21.5%,在第 10 期下降到 6.2%,表明在产业动态能力动力机制作用下,科技创业对自身的变动具有一定的贡献,且随着时期的延长,这种贡献作用有较快下降趋势。

科技创业对经济增长规模变动具有一定的贡献,在第 5 期科技创业对经济增长规模变动的相对贡献度为 4.3%,在第 10 期增加到 5.2%,表明在考虑产业动态能力动力机制作用下,科技创业对经济增长规模变动有一定的贡献,且随着时期的延长，这一贡献度有所增加，随着科技创业水平的提高，科技创业对中长期经济增长规模具有显著的驱动作用；经济增长规模对其自身的冲击影响具有极大的影响，在第 5 期这一影响高达 77%，到第 10 期增加到 83.8%，表明绝大部分的经济增长规模波动来源于经济规模自身的冲击影响。

科技创业对产业动态能力变动也具有一定的贡献度，在第 5 期科技创业对产业结构动态能力的相对贡献度较小，仅为 1.4%，但随着时期的延长，科技创业对产业动态能力的促进作用会逐渐增强，到第 10 期这一贡献增加到了 5.2%，表明部分产业结构动态能力变动由科技创业冲击所贡献；产业动态能力对自身变动存在较大的冲击影响，在第 5 期其影响为 35.8%，但这种影响有下降趋势，到第 10 期下降为 22.4%，表明产业动态能力的变动部分由自身冲击所致。

（4）科技创业—产业结构合理化—经济增长效率的方差分解分析。本书利用地区实际生产总值对数、产业结构合理化指数和科技创业综合指数建立 PVAR（1）模型，并对 PVAR（1）实施方差分解，方差分解结果如表 7-25 所示。

表 7-25 "科技创业—产业结构合理化—经济增长效率"方差分解结果

变量	时期	ste	indr	ge
ste	5	0.926	0.018	0.055
indr	5	0.002	0.828	0.170
ge	5	0.003	0.275	0.722
ste	10	0.865	0.017	0.118
indr	10	0.003	0.815	0.170
ge	10	0.004	0.266	0.729

表 7-25 中，在考虑产业结构合理化动力机制作用下，科技创业对自身具有极大的冲击影响，在第 5 期对自身方差的相对贡献度为 92.6%，在第 10 期虽有所下降，但仍高达 86.5%，表明绝大部分科技创业的波动来源于自身的冲击影响。

科技创业对经济增长效率变动的贡献较小，在第 5 期科技创业对经济增长效率变动的相对贡献度为 0.3%，在第 10 期的相对贡献度也仅为 0.4%，表明在考虑产业结构合理化动力机制下，科技创业对经济增长效率变动的直接影响比较小；经济增长效率对自身变动的冲击影响最大，在第 5 期这一冲击影响高达 72.2%，到第 10 期略微增加到 72.9%，表明绝大部分的经济增长效率变动由经济增长效率自身冲击所贡献。

科技创业对产业结构合理化变动的贡献也比较小，在第 5 期科技创业对产业结构合理化变动的相对贡献度为 0.2%，到第 10 期也仅为 0.3%，表明短期内科技创业对产业结构合理化的驱动作用为正但较弱；产业结构合理化对其自身具有巨大的冲击影响，在第 5 期经济增长效率变动的 82.8% 由自身贡献，到第 10 期这一相对贡献度仍然高达 81.5%，表明超过 80% 的产业结构合理化变动由自身冲击所导致。

7.3 科技创业、就业效应驱动经济增长的动态研究

7.3.1 模型构建与变量说明

1. 模型构建

由第 6 章就业效应的中介效应检验结果可知，科技创业通过就业效应会驱动经济增长。与上文研究步骤相似，本节首先通过构建科技创业、就业效应驱动经济增长的面板向量自回归（PVAR）模型，来研究科技创业、就业效应驱动经济增长的动力机制和动态效应。基本模型构建如下：

$$h_{i,t} = \alpha_i + \beta_i + \sum_{j=1}^{p} \beta_p h_{i,t-p} + \delta_{i,t} \quad (7.3)$$

模型中的 i 代表地区；t 代表时间；p 为滞后阶数；α_i 表示个体效应，用来刻画样本的个体差异；β_i 为表示时间效应，用来反映变量的时间趋势；β_p 为第 p 期滞后变量的系数；$\delta_{i,t}$ 为随机扰动项。本节主要研究科技创业—就业效应—经济增长的关系。其中，就业效应又具体分为就业规模、就业结构优化和劳动力资源优化配置，经济增长分为经济增长规模和经济增长效率两个维度。因此，h 是包含六个变量的向量，$h = (gq, ge, \text{ste}, \text{jobn}, \text{jobs}, \text{joba})$。

2. 变量选择

本节模型中的六个变量分别为经济增长规模、经济增长效率、科技创业、

就业规模、就业结构优化和劳动力资源优化配置。变量的选择和计算与上文一样，包括：①经济增长规模（gq），选取地区实际生产总值（GDP）规模来衡量；②经济增长效率（ge），采用经济增长集约化水平来衡量；③科技创业（ste），根据第4章所构建的科技创业水平综合评价指标体系，利用熵值法计算所得的科技创业水平综合指数来衡量；④就业规模（jobn），采用各地区就业总数来衡量；⑤就业结构优化（jobs），与第6章指标选取一样，采用第三产业就业规模占总就业规模的比值来衡量；⑥劳动力资源优化配置（joba），选取第6章所计算的劳动力资源优化配置指标来衡量。在前文的研究基础上，本节进一步从就业效应的动力机制来研究科技创业、就业效应对经济增长的动态影响，以期能更全面而深入地把握科技创业、就业效应与经济增长之间的动态关系。

3. 数据来源与统计描述

样本数据包含中华人民共和国30个省、直辖市、自治区的数据（未收录香港、澳门、台湾和西藏的数据）。其中，经济增长规模、经济增长效率、就业规模、就业结构优化和劳动力资源配置效率的数据根据2008—2020年《中国统计年鉴》计算整理所得；科技创业水平的数据由本书所构建的指标体系计算所得，数据来源和计算方法详见第4章。各主要变量的描述性统计如表7-26所示。

表7-26 主要变量的统计描述

变量	变量解释	样本量	标准差	最小值	均值	最大值
gq	实际GDP的对数值	390	0.952	6.350	9.127	11.172
ge	经济增长集约化水平	390	0.197	−37.457	0.199	15.133
ste	科技创业水平对数值	390	0.895	−0.393	1.729	4.303
$jobn$	就业规模	390	0.794	5.699	7.626	8.875
$jobs$	就业结构优化	390	0.108	0.167	0.385	0.831
$joba$	劳动力资源配置	390	0.847	0.964	2.135	5.853

资料来源：作者整理。

7.3.2 实证结果分析

1. 平稳性检验

由计量经济学研究方法可知,在用向量自回归(VAR)模型研究经济问题时,需要对时间序列进行平稳性检验。同理可得,在利用面板向量自回归(PVAR)模型回归之前,也需要检验变量的平稳性,本节将对样本数据进行单位根检验,结果如表7-27所示。

表7-27 "科技创业—就业效应—经济增长"单位根检验结果

变量	LLC统计量	IPS统计量	ADF-Fisher统计量
ste	−8.396***	−2.069**	63.301
gq	−15.502***	−6.595***	187.368***
ge	11.913	1.339	62.4593
jobn	−8.480***	−2.703	117.905***
jobs	6.322	10.639	7.419
joba	−3.975	0.575	71.104
Δste	−20.901***	−12.309***	162.396***
Δgq	−8.919***	−3.856***	89.526***
Δge	−6.146***	−6.1317***	208.184***
Δjobn	−4.431***	−2.645***	107.431***
Δjobs	−5.035***	−5.876***	115.839***
Δjoba	−4.751***	−5.671***	106.239***

注:*、**、***分别表示10%、5%、1%的显著性水平。

由表7-27所示的检验结果可知,大部分经济变量没有通过平稳性检验,属于非平稳变量。所有变量经过一阶差分以后,在5%的显著性水平检验下,Δste、Δgq、Δge、Δjobn、Δjobs 和 Δjoba 都是平稳时间序列,即变量ste、gq、ge、jobn、jobs和joba都是一阶单整序列$I(1)$。

由计量经济学理论可知,在一定条件下,非平稳序列的线性表出或许也能平稳,即变量之间是协整的,说明这些经济变量之间也可能是长期均衡的。因此,在一阶单整情况下,将进一步对本书的研究变量做协整检验,并基于协整检验结果为科技创业、就业效应与经济增长的动态关系研究选择适合的模型。总的来说,如果变量之间是长期均衡的，即是协整的，就选择面板向量误差修正（PVEC）模型，反之，应该选择面板向量自回归（PVAR）模型。

由第 6 章就业效应的中介效应检验结果可知，就业规模和就业结构优化在科技创业驱动经济增长规模过程中存在中介效应，但在科技创业驱动经济增长效率过程中没有发挥中介效应，而劳动力资源优化配置在科技创业驱动经济增长规模和经济增长效率过程中都未发挥中介机制作用。本部分将根据这一研究结果进行协整检验，分别为：经济增长规模（gq）、科技创业（ste）和就业规模（jobn）；经济增长规模（gq）、科技创业（ste）和就业结构优化（jobs）。检验结果如表 7-28、表 7-29 所示。

表 7-28 "科技创业—就业规模—经济增长规模"协整检验结果

变量	统计量	Z值	P值
Gt	−0.617	8.431	1.000
Ga	−2.947	5.395	1.000
Pt	−4.417	4.809	1.000
Pa	−5.132	0.718	0.764

由表 7-28 可知，在 5% 的显著性水平检验下，Gt、Ga、Pt 和 Pa 四个统计量均未通过显著性水平检验，说明经济增长规模（gq）、科技创业（ste）和就业规模（jobn）之间不存在协整关系，即三个变量之间不是长期均衡的。

表 7-29 "科技创业—就业结构优化—经济增长规模"协整检验结果

变量	统计量	Z值	P值
Gt	−0.502	9.115	1.000
Ga	−3.806	4.645	1.000
Pt	−5.936	3.338	1.000
Pa	−6.863	−0.978	0.164

由表 7-29 可知，在 5% 的显著性水平检验下，Gt、Ga、Pt 和 Pa 四个统计量均未通过显著性水平检验，说明经济增长规模（gq）、科技创业（ste）和就

业结构优化（jobs）之间不存在协整关系，即三个变量之间不是长期均衡的。

由协整检验结果可知，两组变量均不存在协整关系，因此，研究中应该选择面板向量自回归（PVAR）模型。与上文研究思路相同，对两组变量分别构建面板向量自回归（PVAR）模型，实证分析科技创业、就业规模驱动经济增长规模的动态特征；实证分析科技创业、就业结构优化驱动经济增长规模的动态特征。

2. 滞后阶数的选择

在构建面板向量自回归（PVAR）模型前，首先需要确定适合的模型滞后阶数，如此才能够建立准确的回归模型。采取 AIC、BIC 和 HQIC 信息准则来选择滞后阶数，基于 AIC、BIC 和 HQIC 信息准则的取值，根据取值的大小选取滞后阶数，当取值最小时，其阶数为模型的滞后阶数。检验结果如表 7-30、表 7-31 可知。

表 7-30 "科技创业—就业规模—经济增长规模"的滞后阶数检验

变量	PVAR（1）	PVAR（2）	PVAR（3）	PVAR（4）	PVAR（5）
AIC	−9.086	−11.674*	−9.758	0.313	−11.517
BIC	−7.946	−10.340*	−8.199	2.140	−9.365
HQIC	−8.631	−11.140*	−9.132	1.049	−10.647

由表 7-30 的检验结果可知，AIC、BIC 和 HQIC 的统计量均在滞后阶数为 2 时其统计量值最小。因此，经济增长规模（gq）、科技创业（ste）和就业规模（jobn）构建 PVAR 模型的滞后阶数为 2，建立 PVAR（2）模型。

表 7-31 "科技创业—就业结构优化—经济增长规模"的滞后阶数检验

变量	PVAR（1）	PVAR（2）	PVAR（3）	PVAR（4）	PVAR（5）
AIC	−12.298	−12.094	−11.934	−13.110	−13.125*
BIC	−11.159	−10.760	−10.374	−11.283*	−10.974
HQIC	−11.845	−11.560	−11.308	−12.374*	−12.255

由表 7-31 的检验结果可知，BIC 和 HQIC 的统计量均在滞后阶数为 4 时其

统计量值最小，而 AIC 的统计量值在滞后阶数为 5 时值最小。由上文分析可知，从所选择的模型来看，一般而言，BIC 和 HQIC 信息准则所确定的更为简洁，而 AIC 信息准则所确定的比较复杂，当三种方法判断结果不一致时，BIC 和 HQIC 的判断结果优于 AIC。因此，经济增长规模（gq）、科技创业（ste）和就业结构优化（$jobs$）所构建的面板向量自回归模型的滞后阶数为 4，设定 PVAR（4）模型。

3. 面板向量自回归（PVAR）估计

由上文分析可知，PVAR 模型具有时间序列数据和面板数据的特点，因此具有固定效应，包括时间效应和个体效应。与上文研究类似，在构建 PVAR 模型前，运用均值差分消除模型的固定效应，以克服固定效应所导致的模型估计偏误问题。本书分别使用经济增长规模（gq）和经济增长效率（ge）作为因变量，建立 PVAR 模型。

首先，利用经济增长规模（gq）、科技创业（ste）和就业规模（$jobn$）三个变量的面板数据建立 PVAR（2）模型，研究科技创业对就业规模和经济增长规模的动态影响效应，在就业规模动力机制下分析科技创业对经济增长规模的动态驱动作用；其次，利用经济增长规模（gq）、科技创业（ste）和就业结构优化（$jobs$）三个变量的面板数据建立 PVAR（4）模型，研究科技创业对就业结构优化和经济增长规模的动态影响，在就业结构优化动力机制下分析科技创业对经济增长规模的动态驱动作用。与上文研究类似，在研究中，因为向量自回归的估计系数不具备经济学上的价值，相比较而言，相应的脉冲响应函数与方差分解更具有经济学上的理论意义，故本书将不报告 PVAR 模型的回归结果。研究中着重根据脉冲响应函数与方差分解的结果，分析就业效应动力机制作用下科技创业对经济增长的动态驱动效应。

4. 脉冲响应函数分析

为了检验科技创业、就业效应与经济增长之间的动态关系，本书采用脉冲响应函数研究内生变量的冲击对其他内生变量的当期和未来的变动所产生的影响效应。一般脉冲响应函数存在交叉的干扰源，导致脉冲响应函数的解释出现了困难，通常需要利用 Cholesky 分解法将其分解为独立的干扰源。同时，在利用正交化脉冲响应函数研究各变量的相互作用的动态效应时，应当慎重安排变量之间的次序，因为这会影响到函数的结果，通常将约束变量排在前面。在科技创业、就业规模和经济增长规模的 PVAR 模型中，考虑到在实际经济发展过程中，科技创业直接或间接地创造就业岗位，从而推动经济增长规模扩大，因此将科技创业（ste）排在前面。在科技创业、就业结构优化和经济增长规模的 PVAR 模型中，由前文分析可知，科技创业将通过"高质量就业创造"效应和"低效率就业岗位淘汰"效应促进就业结构优化，因此将科技创业（ste）排在前面。两组变量分别为（ste、jobn、gq）和（ste、jobs、gq），分别对其展开研究。

（1）科技创业—就业规模—经济增长规模的脉冲响应函数分析。本书利用地区实际生产总值对数、地区就业规模和科技创业综合指数建立 PVAR（2）模型，给予（ste、jobn、gq）组内生变量的随机误差项一个标准差的冲击，利用统计软件（Stata）获取各内生变量之间的正交化脉冲响应函数图，如图 7-8 所示。

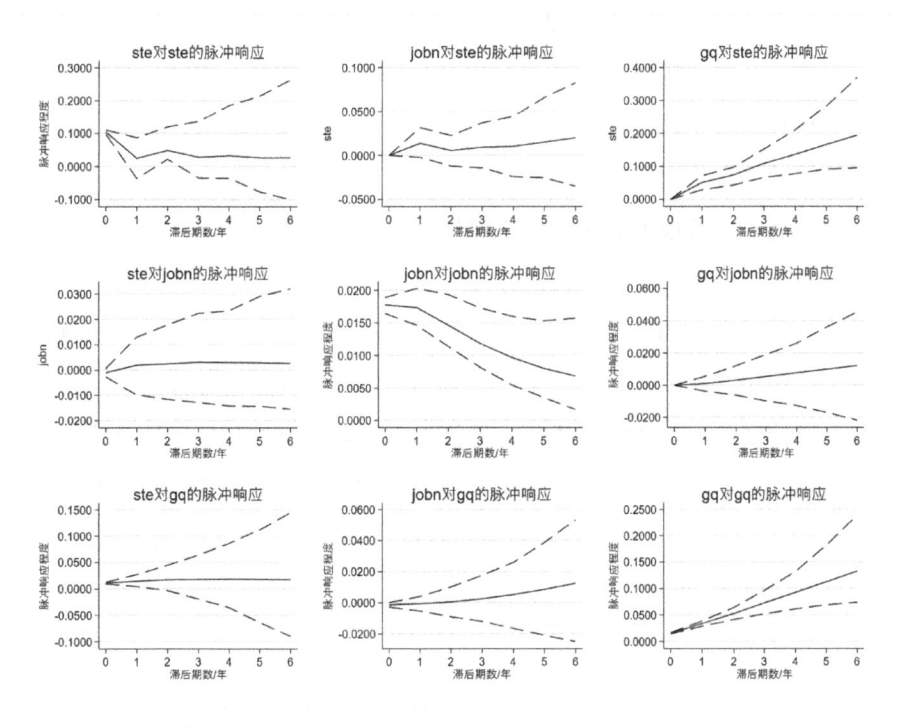

图 7-8 科技创业、就业规模与经济增长规模的正交化脉冲响应函数图

首先，从科技创业对经济增长规模的正交化脉冲响应（图7-8的第三行，第一列）可得出，科技创业的一个正交化新息的冲击对经济增长规模的影响持续为正，且驱动作用呈逐渐扩大趋势，表明科技创业的冲击对当期和未来经济增长规模具有显著的驱动作用，且驱动作用随着时期的延长而日益增强。

其次，从科技创业对就业规模的正交化脉冲响应（图7-8的第二行，第一列）可得出，科技创业对就业规模的影响具有阶段性特征，科技创业的一个正交化新息冲击对当期的就业规模有些许负向影响。在滞后一期以后，科技创业对就业规模持续存在正向影响。总体来看，科技创业对就业规模的影响效应持续为正，表明科技创业水平的提高，有助于促进就业规模的扩大。

最后，分析科技创业—就业规模—经济增长规模的动力机制和动态影响效应，科技创业对就业规模的正交化脉冲响应（图7-8的第二行，第一列）和就业规模对经济增长规模的正交化脉冲响应（图7-8的第三行，第二列）可得出，在就业规模动力机制作用下，在滞后一期以后，科技创业的一个正交化新息冲击会对就业规模产生显著的正向影响，进而通过促进就业规模扩大驱动经济增长规模增加，形成科技创业—就业规模—经济增长规模的动态驱动路径。因此，总体来看，就业规模是科技创业驱动经济增长规模的动力机制，科技创业通过就业规模驱动经济增长规模的动态驱动影响效应在中长期内呈现递增的趋势。

总而言之，在考虑就业规模动力机制作用情况下，总体上科技创业对就业规模和经济增长规模产生了正向促进作用，并且在科技创业—就业规模—经济增长规模的作用路径下，当期科技创业通过促进就业规模对中长期经济增长规模具有显著的驱动作用，且随着时期的延长，其驱动效应呈现递增态势。

（2）科技创业—就业结构优化—经济增长规模的脉冲响应函数分析。本书利用地区实际生产总值对数、地区第三产业就业规模与就业总规模比值和科技创业综合指数建立PVAR（4）模型，给予（ste、jobs、gq）组内生变量的随机误差项一个标准差的冲击，利用统计软件（Stata）获取正交化脉冲响应函数图，如图7-9所示。

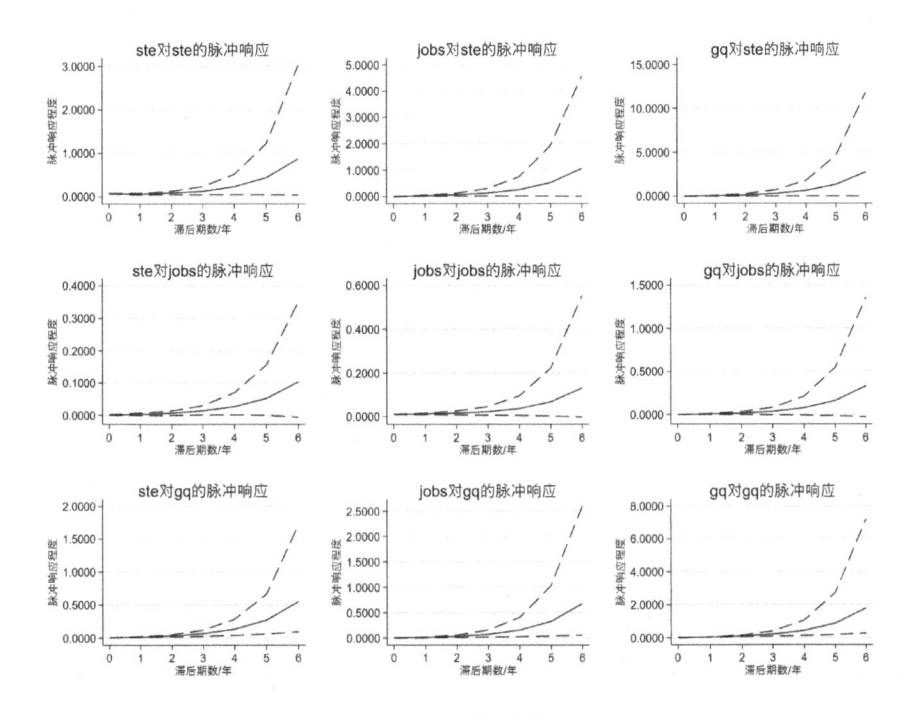

图 7-9　科技创业、就业结构优化与经济增长规模的脉冲响应函

首先，从科技创业对经济增长规模的正交化脉冲响应（图 7-9 的第三行，第一列）可得出，科技创业的一个正交化新息的冲击对经济增长规模的影响在当期较弱，但科技创业对经济增长规模的影响持续为正，且呈扩大趋势，表明科技创业的冲击对经济增长规模具有显著的驱动作用，且驱动效应日益增强。

其次，从科技创业对就业结构优化的脉冲响应（图 7-9 的第二行，第一列）可得出，科技创业的一个正交化新息冲击对就业结构优化的影响效应持续为正且呈快速扩大趋势，表明科技创业的冲击对就业结构优化具有持续正向促进作用，且随着时期的延长，科技创业对就业结构优化的驱动作用动能越强，到滞后第 5 期以后，科技创业对就业结构优化的驱动作用的增速会进一步加大。

最后，分析科技创业—就业结构优化—经济增长规模的动力机制和动态影响效应。从科技创业对就业结构优化的正交化脉冲响应（图 7-9 的第二行，第一列）和就业结构优化对经济增长规模的正交化脉冲响应（图 7-9 的第三行，第二列）可得出，在就业结构优化动力机制作用下，科技创业的一个正交化新息冲击会对就业结构优化产生持续的正向影响,进而通过促进就业结构优化对经济增长规模产生持续的驱动作用,且随着时期的延长其驱动动能日益增强,形成科技创业—就业结构优化—经济增长规模的驱动路径。因此,就业结构优化是科技创业驱动经济增长规模的动力机制,科技创业有助于提升就业结构水平,从而对中长期经济增长规模产生持续的驱动效应,且这种动态驱动效应随时期的延长呈扩大趋势。

总而言之,在考虑就业结构优化的中介动力机制情况下,科技创业对就业结构优化和经济增长规模都产生了显著的正向促进作用,并且在科技创业—就业结构优化—经济增长规模的作用路径下,当期科技创业通过持续促进就业结构优化对未来经济增长规模产生持续的驱动作用,且经济增长规模的驱动效应呈动态扩大趋势。

5. 方差分解分析

上文利用脉冲响应函数研究了内生变量之间对于彼此冲击的响应,比较生动地刻画了变量之间的动态关系。与上文研究过程一样,本小节将进一步通过方差分解获得各变量对彼此预测方差的相对贡献度,用来研究不同新息冲击对相应的内生变量的标准差影响的贡献度,力求能够更深入地把握科技创业、就业效应和经济增长三个变量的相互作用关系及动态影响效应。

(1) 科技创业—就业规模—经济增长规模的方差分解分析。利用地区实际生产总值对数、地区就业规模和科技创业综合指数建立 PVAR(2) 模型,并对 PVAR(2) 实施方差分解,方差分解结果如表 7-32 所示。

表 7-32 "科技创业—就业规模—经济增长规模"方差分解结果

变量	时期	ste	jobn	gq
ste	5	0.286	0.007	0.707
jobn	5	0.024	0.892	0.084
gq	5	0.066	0.002	0.932
ste	10	0.059	0.014	0.927
jobn	10	0.024	0.510	0.466
gq	10	0.019	0.012	0.969

表 7-32 中，在考虑就业规模的动力机制作用下，科技创业对自身具有较大的冲击影响，在第 5 期对其自身方差的相对贡献度为 28.6%，之后呈下降趋势，在第 10 期降为 5.9%，表明随着时期的延长，当期科技创业的冲击对自身变动的影响作用逐渐变小。

科技创业对经济增长规模变动具有一定的贡献，在第 5 期科技创业对经济增长规模变动的相对贡献度为 6.6%，之后有所下降，在第 10 期这一数值下降为 1.9%，表明在考虑就业规模动力机制作用下，经济增长规模变动的一定份额可以由科技创业解释，且科技创业的相对贡献度呈下降趋势；经济增长规模对其自身的冲击影响最大，在第 5 期这一冲击影响高达 93.2%，长期来看，经济增长规模对自身的冲击效应呈递增趋势，到第 10 期增加到 96.9%，表明绝大部分经济增长规模的变动来源于自身的贡献。

科技创业对就业规模变动也具有一定的解释力，在第 5 期科技创业对就业规模变动的相对贡献度为 2.4%，到第 10 期仍然为 2.4%，表明部分就业规模变动可以由科技创业解释，且其对就业规模的影响效应比较稳定。就业规模对自身也具有极大的冲击影响，在第 5 期其影响为 89.2%，到第 10 期仍然高达 51%，表明就业规模的冲击是自身变动的主要来源，但这种冲击的边际影响随时期延长而递减。

（2）科技创业—就业结构优化—经济增长规模的方差分解分析。利用地区实际生产总值对数、地区就业结构优化指数和科技创业综合指数建立 PVAR（4）模型，并对 PVAR（4）实施方差分解，方差分解结果如表 7-33 所示。

表 7-33 "科技创业—就业结构优化—经济增长规模"方差分解结果

变量	时期	ste	jobs	gq
ste	5	0.122	0.127	0.751
jobs	5	0.0928	0.223	0.684
gq	5	0.081	0.103	0.816
ste	10	0.077	0.118	0.805
jobs	10	0.076	0.119	0.804
gq	10	0.076	0.117	0.806

表 7-33 中，在考虑就业结构优化的动力机制作用下，科技创业对自身具有较大的冲击影响，在第 5 期对其自身方差的相对贡献度为 12.2%，之后呈下降趋势，在第 10 期降为 7.7%，表明随着时期的延长，当期科技创业的冲击对自身变动有较大影响，但这一影响作用的边际效应呈递减趋势。

科技创业对经济增长规模变动具有一定的贡献，在第 5 期科技创业对经济增长规模变动的相对贡献度为 8.1%，之后略有下降，在第 10 期这一数值为 7.6%，表明在考虑就业结构优化动力机制作用下，部分经济增长规模变动由科技创业所贡献；经济增长规模对自身的冲击影响最大，在第 5 期这一冲击影响高达 81.6%，在第 10 期为 80.6%，表明经济增长规模的变动主要源于自身的冲击影响，且影响效应在相当长的一段时期内保持相对稳定。

科技创业对就业结构优化变动也具有一定的解释力，在第 5 期科技创业对就业结构优化变动的相对贡献度为 9.28%，到第 10 期为 7.6%，表明部分就业结构优化变动可以由科技创业解释，但随着时期的延长科技创业对就业结构优化的贡献度略有下降；就业结构优化对自身具有较大的冲击影响，在第 5 期其影响为 22.3%，到第 10 期为 11.9%，表明就业结构优化的冲击是自身变动的重要来源，但这种冲击的边际影响随时期延长而递减。

7.4 本章小结

在上文中，基于理论分析和实证检验，采用多种检验方法验证了科技创业对经济增长的驱动效应和异质性特征，研究结果表明科技创业不仅促进了经济增长规模的扩大，也会促进经济增长效率的提升。之后，进一步采用中介效应检验方法检验了科技创业驱动经济增长的动力机制，从而验证动力机制理论分析部分所提出的理论假说。这两部分内容属于静态研究，本章进一步拓展和深化本书研究内容，采用面板向量自回归（PVAR）模型进一步研究科技创业驱动经济增长的动力机制和动态效应，深入研究和准确把握科技创业与创新动力机制、产业结构动力机制、就业动力机制和经济增长之间的相互动态影响，进而继续深入回答科技创业如何驱动经济增长这一核心问题。本章的研究过程：第一，通过构建相应的面板向量自回归（PVAR）模型，分别用来研究科技创业、创新效应、产业结构效应和就业效应与经济增长的相互关系；第二，对样本数据进行单位根检验和协整检验，以检验变量的平稳性和选择适合的估计模型；第三，利用 AIC、BIC 和 HQIC 方法来选择最优自回归滞后阶数；第四，根据检验结果进行面板向量自回归（PVAR）估计，紧接着，对各内生变量进行脉冲响应函数分析，对 PVAR 模型实施方差分解。本章的主要研究内容归纳如下。

首先，研究科技创业、创新效应动力机制驱动经济增长的动态效应。一是考虑创新能力的动力机制作用情况。从经济增长规模驱动效应来看，科技创业对创新能力具有促进作用，且促进作用随时期延长呈缓慢扩大的趋势。科技创业通过促进创新能力的提高，对经济规模扩大产生显著的驱动作用，且这种动态影响效应呈扩大趋势，形成科技创业—创新能力—经济增长规模的动态驱动路径。从经济增长效率驱动效应来看，总体上科技创业对创新能力具有正向促进作用，进而通过创新能力驱动经济增长效率提升，科技创业对中长期的经济增长效率具有显著的促进作用，形成科技创业—创新能力—经济增长效率的动态作用路径。二是考虑知识过滤穿透的动力机制作用情况。科技创业对知识过滤穿透的影响效应持续为正且有缓慢扩大趋势。科技创业通过促进知识穿透过滤转化为有用经济知识，对经济规模产生正向驱动作用，且随着时期的延长，这种动态影响效应亦呈扩大趋势，形成科技创业—知识过滤穿透—经济增长规模的动态作用路径。本书进一步通过方差分解对科技创业、创新效应和经济增长之间的动态影响效应做了深入分析。

其次，研究科技创业、产业结构效应驱动经济增长的动态效应。一是考虑产业结构合理化的动力机制作用情况。从经济增长规模驱动效应来看，科技创业对产业结构合理化的影响具有阶段性特征，一定时期内科技创业的产业结构合理化具有正向促进作用，进而通过促进产业结构合理化驱动经济增长规模扩大，但这种动态驱动效应具有一定的时效性，短期内形成科技创业—产业结构合理化—经济增长规模的动态驱动机制。从经济增长效率的驱动效应来看，科技创业对产业结构合理化的影响效应持续为正，且在滞后一期时促进作用最强，之后递减。科技创业通过促进产业结构合理化，进而对经济增长效率产生驱动作用，促进中长期经济增长效率的提升，形成科技创业—产业结构合理化—经济增长效率的动态驱动路径。二是考虑产业结构高级化的动力机制作用情况。科技创业对产业结构高级化具有持续正向促进作用，且边际驱动效应呈递增趋势。科技创业通过促进产业结构高级化，进而驱动经济增长规模的扩大，且这种动态驱动效应随时期的延长呈扩大趋势，形成了科技创业—产业结构高级化—经济增长规模的作用路径；在考虑产业动态能力动力机制作用情况下，总体上看科技创业对产业动态能力的促进作用呈缓慢递增的趋势。科技创业通过促进产业动态能力的提升，进而对中长期的经济增长规模具有显著的驱动作用，且随着时期延长，其驱动作用越来越强，形成了科技创业—产业动态能力—经济增长规模的动态驱动路径。本书进一步通过方差分解对科技创业、产业结构效应和经济增长之间的动态影响效应做了深入分析。

最后，研究科技创业、就业效应驱动经济增长的动态效应。一是考虑就业规模的动力机制作用情况。总体上科技创业有助于促进就业规模扩大，通过促进就业规模扩大驱动经济增长规模扩大，且驱动作用呈递增趋势，形成了科技创业—就业规模—经济增长规模的动态驱动路径。二是考虑就业结构优化的动力机制作用情况。科技创业对就业结构优化的影响效应持续为正且呈快速扩大趋势，科技创业通过促进中长期就业结构优化，进而对经济增长规模产生持续的驱动作用，且这种动态驱动效应随时期的延长呈扩大趋势，形成了科技创业—就业结构优化—经济增长规模的动态驱动路径。本书进一步通过方差分解对科技创业、就业效应和经济增长之间的动态影响效应做了深入分析。

第 8 章　研究结论、启示与展望

以上章节通过理论研究和实证检验研究了科技创业驱动经济增长的效应及动力机制，比较全面而系统地回答了科技创业对经济增长存在什么样的影响和科技创业如何影响经济增长这两大核心问题。理论研究的出发点和落脚点都是为了解决问题和指导实践。因此，在厘清科技创业与经济增长的逻辑机理关系的基础上，本书进一步探讨在高质量发展阶段如何促进科技创业驱动中国经济增长这一重大经济发展实践问题。本章将对全文的研究内容进行全面而系统的梳理和总结，并归纳出具有价值的政策启示和研究展望。本章具体分为三个部分：一是对本书的主要研究内容进行梳理和归纳，凝练出主要研究结论；二是在研究结论的基础上，基于中国经济发展的实践逻辑提出促进科技创业驱动经济增长的政策建议；三是基于对研究工作和研究内容的深入思考，梳理本书尚存的不足之处，以及未来可以进一步深入研究的方向。

8.1　主要研究结论

本书从多个角度系统阐述了科技创业的内涵和特征，厘清了改革开放以来中国科技创业发展的历史演进脉络，利用所构建的科技创业指标体系比较系统地测度了中国各地区科技创业的现状、分布和动态演变特征，并通过理论模型构建、动力机制分析和实证检验系统而深入地探讨了科技创业与经济增长的逻辑机理关系，为进一步更好地推动科技创业和更有效地发挥科技创业的经济增长驱动效应夯实了理论基础。在具体研究中，首先，利用 2007—2019 年中国省际面板数据构建面板模型，通过寻找有效的工具变量克服内生性问题，采用两阶段最小二乘法（2SLS）检验了科技创业对经济增长规模、经济增长效率的影响和相关异质性特征等问题；其次，通过构建门槛效应回归模型，进一步探讨了科技创业影响经济增长过程中经济集聚的门槛效应，并分析了随着经济集聚的变化，科技创业驱动经济增长的演化特征；再次，基于两阶段最小二乘法（2SLS）和可行的广义最小二乘法（FGLS）等计量分析方法，分别检验了科技创业的创新效应、产业结构效应和就业效应三大效应，还基于中介效应检验模型，进一步对三大效应中的创新能力机制、知识过滤穿透机制、知识溢出机制、产业结构合理化机制、产业结构高级化机制、产业动态能力机制、就业规模机制、就业结构优化机制和劳动力资源优化配置机制进行深入检验和分析，检验本书所提出的理论假说；最后，通过构建面板向量自回归模型（PVAR），通过脉冲响应函数分析和方差分解分析，研究科技创业通过动力机制驱动经济增长的动态效应。本书的具体研究结论为以下七个方面。

1. 中国科技创业发展的主要研究结论

（1）中国创业阶段划分

创业是一个捕捉创业机会和资源整合配置的过程，每一个时代的创业活动都受到所处时代的资源环境、技术条件和经济水平等影响，具有明显的时代特征。根据中国创业演进特征，自改革开放以来，中国创业演进进程可划分为四个阶段。

第一阶段（1978—1991年）：这一阶段是我国改革开放起步和探索阶段。一方面，经济体制改革消除了开展创业的制度性障碍，激发了创业活力；另一方面，短缺经济不能满足人民需求的矛盾内生了庞大的创业机会。经济体制改革、短缺经济与进口替代共同推动了第一次创业浪潮。

第二阶段（1992—2000年）：经过十余年的改革开放，我国经济持续快速增长，进入20世纪90年代以后，人民可支配收入有了大幅度提升，消费市场规模取得了长足发展。消费市场规模扩大和消费结构升级给创业者提供了大量的创业机会，经济市场化改革给创业者提供了创业市场和更好的创业环境，由此掀起了改革开放后的第二次创业浪潮。

第三阶段（2001—2009年）：2001年中国加入了世界贸易组织（WTO），标志着中国进入改革开放和深入参与经济全球化新阶段，叠加互联网技术在全球范围内的兴起和发展，引发了中国产业结构深层次变革。互联网技术的兴起、发展和应用，深刻改变了产业形态和经济发展结构,打开了互联网创业的机会窗口。另外,创投资本开始在国内兴起和发展,成为国内互联网创业蓬勃发展的重要推手。互联网技术的兴起、发展和应用创造了大量创业机会,创投资本为创业开展提供了重要的资本支撑,两者共同驱动了以互联网创业为主的第三次创业浪潮。

第四阶段(2010年至今):进入21世纪第二个10年,随着技术、制度、市场和资本等的演化,创业的旧秩序已被打破,创业者新阶层正在崛起,创业新生态正在形成。与之前三个阶段创业相比,第四阶段创业的驱动力更加多元和系统。移动互联网、大数据、云计算和人工智能等技术的发展为创业提供了技术支撑,政府的有为和体制机制改革为创业提供了制度支撑,消费需求全面升级为创业提供了市场支撑,创投资本的发展为创业提供了资本支撑,技术、制度、市场和资本合力推动了第四次创业浪潮。

(2)中国科技创业发展现状

本书基于逻辑模型构建了包含科技创业资源、科技创业投入、科技创业产出和科技创业环境四个维度的科技创业评价框架。从四个维度出发,遵循二级指标选择的原则,结合科技创业的理论内涵、特征和中国的国情及地区特点,建立了较为全面、数据可获得和能反映中国科技创业特征的科技创业评价指标体系,该体系共包括4个一级指标和16个二级指标。最后利用熵值法计算2007—2019年中国各地区的科技创业综合指数。根据2019年各地区的科技创业综合指数的计算结果,从总体上看,全国科技创业呈现不均衡态势,科技创业水平东高西低,地区间水平差异较大。科技创业高水平区域主要位于东部经济发达地区,全部处于京津冀、长三角和珠三角三大经济圈,这些地区市场经济发展良好、产业结构水平高、创新创业资源丰富,成为我国科技创业高水平区域。科技创业中水平地区主要包括东部地区和中西部地区经济发展较好的11个省(直辖市)。科技创业低水平地区主要是发展相对落后的地区,共13个省(自治区)。

(3)中国科技创业的动态演化特征

本研究选取Silverman最佳带宽和Epanechnikov核函数,分别对2007年、2010年、2015年和2019年中国省际科技创业水平结构层级分布进行核密度估计,以探讨我国地区间科技创业的动态演化特征。研究结果表明,我国地区间科技创业水平动态演化分为两个阶段：第一阶段为2007—2010年，科技创业水平有所增长但速度较慢，地区间水平差距较小，低水平地区所占比重非常高；第二阶段为2010年—至今，这一阶段我国地区间科技创业水平增长速度加快，且高水平地区的增长速度远高于低水平地区，地区间科技创业水平差距呈扩大趋势。

2. 科技创业驱动经济增长的研究结论

（1）科技创业驱动经济增长的理论

本书在新熊彼特经济增长理论模型中引入科技创业变量，对模型进行拓展，构建了科技创业驱动经济增长的理论模型。模型推理结果表明，在其他变量不变的情况下，科技创业企业数的增加，将会促进经济体的平均增长率提高，科技创业对经济增长具有显著的驱动作用。基于文献梳理的结果和对经济发展实践的思考，本书认为科技创业的经济增长效应主要体现在创新效应、产业结构效应和就业效应三个方面。根据科技创业驱动经济增长的三大效应，提出科技创业通过创新能力机制、知识过滤穿透机制、知识溢出机制、产业结构合理化机制、产业结构高级化机制、产业动态能力机制、就业规模机制、就业结构优化机制、劳动力资源优化配置9个动力机制驱动经济增长。由此，凝练出本书的11个理论假说。

（2）科技创业驱动经济增长的效应

本书利用2007—2019年中国省际面板数据，通过构建面板数据模型检验科技创业对中国经济增长存在何种影响效应。在实证分析中，从经济增长规模和经济增长效率两个维度测度经济增长，选择有效的工具变量克服科技创业与经济增长互为因果关系所带来的内生性问题，采用两阶段最小二乘法进行回归。检验结果显示，在经济增长规模和经济增长效率两个维度的回归模型中，科技创业的作用系数均为正且显著，其回归结果也通过了稳健性检验，表明科技创业对经济增长具有显著的驱动作用。科技创业水平的提升，既促进了经济增长规模扩大，也提升了经济增长效率。

（3）科技创业驱动经济增长的异质性特征

梳理文献发现，在既有研究中，学者关于创业对经济增长的影响效应存在不一致的结论，大多数学者的研究结论支持创业对经济增长有促进作用，但部分学者的研究结论提出异议，主要体现在两个方面：一是在不同地区，创业对经济增长的影响效应不同;二是在不同创业阶段,创业对经济增长的影响也有差异。针对这些研究争议,本书有必要进一步分析科技创业影响经济增长的异质性特征。这是因为,首先,本书所研究的科技创业有别于一般性创业,其科技创新属性在影响经济增长过程中可能存在独特的效应;其次,我国属于大国经济,地区间发展不平衡问题由来已久,且呈现逐年扩大趋势。本书从经济区划层面、科技创业水平层面和经济集聚程度层面分别研究科技创业驱动经济增长的异质性特征。研究结论如下:一是科技创业驱动经济增长的效应存在显著的地区异质性。东部地区的科技创业对经济增长规模扩大和经济增长效率提升的影响显著为正,中西部地区的科技创业对经济增长规模具有显著的驱动作用,但对经济增长效率的提升没有明显影响;二是科技创业对经济增长的驱动存在显著的阶段异质性。科技创业高水平地区的科技创业对经济增长规模扩大和经济增长效率提升的影响显著为正,科技创业中低水平地区的科技创业水平的提升显著地驱动了经济增长规模扩大,但对经济增长效率的提升没有显著的驱动作用;三是科技创业对经济增长的驱动存在显著的经济集聚异质性。经济集聚高水平地区的科技创业对经济增长规模扩大和经济增长效率提升的驱动效应显著为正,经济集聚中低水平地区的科技创业对经济增长规模具有显著的驱动作用,但未明显地驱动经济增长效率提升。

(4)科技创业与一般性创业的经济增长效应比较

梳理文献发现,众多学者的研究结论显示一般性创业对经济增长的影响效应存在非线性关系(Wennekers,2010;张建英,2012),在某些阶段,一般性创业甚至会抑制经济增长(Carrce 和 Thurik,2008)。本书的科技创业对经济增长驱动效应的异质性检验结果表明,在考察期内,科技创业在一定程度上克服了一般性创业对经济增长影响效应的不确定性问题。根据本书的研究结果,在考察期内,科技创业对经济增长的异质性特征表现为其对经济增长的驱动作用具有强弱之别,在不同地区、不同科技创业水平和不同经济集聚程度下,科技创业始终对经济增长具有显著的正向影响,只是在科技创业中低水平地区、在经济集聚程度中低水平地区和经济欠发达地区,科技创业的经济增长驱动效应体现为促进经济规模增长,而随着科技创业水平、经济发展水平和经济集聚程度的提高,科技创业对经济增长的驱动动能会发生强化和蜕变,不仅能够驱动经济增长规模扩大,还能驱动经济增长效率提升。科技创业突破了一般性创业对经济增长影响的局限性。

（5）经济集聚影响科技创业经济增长驱动效应的演化特征

异质性检验结果表明，科技创业驱动经济增长的作用存在显著的异质性特征，在经济集聚高水平地区，科技创业对经济增长规模和经济增长效率的驱动作用明显强于经济集聚中低水平地区。采用Hansen提出的"面板门槛模型"对样本数据进行估计检验，以期能够厘清经济集聚、科技创业与经济增长之间的关系。研究结果表明，从经济集聚影响科技创业的经济增长规模驱动效应演化特征来看，全国和东部地区具有相同的演化特征，随着经济集聚越过单一门槛值，科技创业对经济增长规模的驱动效应表现为"促进→强促进"的演化特征；对于中西部地区而言，随着经济集聚越过单一门槛值，科技创业对经济增长规模的驱动效应表现为"不显著→促进"的演化特征。从经济集聚影响科技创业的经济增长效率的驱动效应演化特征来看，就全国而言，随着经济集聚越过单一门槛值，科技创业对经济增长效率的驱动效应表现为"不显著→促进"的演化特征；就东部地区而言，随着经济集聚越过单一门槛值，科技创业对经济增长效率的驱动效应表现为"促进→强促进"的演化特征；对中西部地区而言，随着经济集聚越过单一门槛值，科技创业对经济增长效率的驱动效应表现为"抑制→促进"的演化特征。

3. 科技创业驱动经济增长的创新效应动力机制研究的主要结论

（1）创新能力对科技创业驱动经济增长的作用

科技创业能够促进创新能力的提升，科技创业过程本身是创新深化和实体化的过程，科技创业不仅能够将原有创新知识商业化和产业化，在科技创业和扩大再生产过程中，也能生产新知识。同时，与在位企业相比，科技创业具有创新成本低、路径依赖性弱等优势。因此，科技创业能够强化地区的创新能力。中介效应检验结果表明，创新能力是科技创业驱动经济增长规模的动力机制，也是科技创业驱动经济增长效率的动力机制。科技创业通过提高创新能力，促进知识、技术和制度等无形要素对现有资本、劳动、物质资源等有形要素的优化组合，形成内生性增长，驱动经济持续增长。

（2）知识过滤穿透对科技创业驱动经济增长的作用

科技创业有助于增强地区知识过滤穿透能力，科技创业本身就是一个将未被商业化知识转化为有用经济知识的过程。同时，科技创业也能促进经济主体利用科技创新知识的能力。因此，科技创业水平的提升能够促进创新知识穿透知识过滤转化为经济生产能力。中介效应检验结果表明，知识过滤穿透是科技创业驱动经济增长规模的动力机制，但不是科技创业驱动经济增长效率的动力机制。知识过滤穿透在科技创业驱动经济增长规模过程中发挥动力机制作用。

（3）知识溢出对科技创业驱动经济增长的作用

在考察期内，科技创业对知识溢出没有显著的影响。中介效应检验结果表明，在考察期内，知识溢出不是科技创业驱动经济增长规模和经济增长效率提升的动力机制，除了个别地区以外，全国范围内科技创业总体水平比较低，且地区间科技创业的差距较大，创新知识对经济增长的动力作用还需进一步提升。

4. 科技创业驱动经济增长的产业结构效应动力机制研究的主要结论

（1）产业结构合理化对科技创业驱动经济增长的作用

科技创业有助于有利于提高区域产业结构协调性，提高产业结构的耦合质量，促进产业结构趋于合理化。一方面，科技创业促进产业部门持续调整，最终达到均衡。另一方面，科技创业能够驱动产业结构趋向更高水平的合理化。中介效应检验结果表明，产业结构合理化是科技创业驱动经济增长规模扩大和经济增长效率提升的动力机制，科技创业通过促进产业结构合理化，提升了产业的生产效率，从而促进了经济增长规模扩大和经济增长效率提升。

（2）产业结构高级化对科技创业驱动经济增长的作用

科技创业将推动创新转化为经济生产能力，从根本上改变经济生产方式，对产业结构高级化具有重要促进作用。一方面，科技创业在市场上依托创新知识改善原有产品和服务，或者提供新产品或新服务时，将会打破经济系统的均衡，深层次改变经济结构。另一方面，科技创业具有正外部性，能促进创新知识溢出，带动其他科技创业者进行创业。中介效应检验结果表明，产业结构高级化在科技创业驱动经济增长过程中的动力机制效应主要体现在驱动经济增长规模方面，而在经济增长效率提升过程中并未发挥动力机制作用。这可能是因为随着信息技术产业的发展，产业结构高级化表现为产业结构服务化，第三产业成为吸纳劳动力、资本等资源的主要产业。在资源有限的情况下，过多资源投入生产效率较低的服务业势必会挤占工业的资源投入，这不利于生产效率的提高。因此，产业结构高级化是科技创业驱动经济增长规模的动力机制，但其尚未"撬动"科技创业的经济增长效率驱动效应。

（3）产业动态能力对科技创业驱动经济增长的作用

科技创业有助于强化产业动态能力。科技创业对产业内要素进行新的组合，提高资源的整合和利用效率，将促进产业的自我革新和优化，增强产业的自我升级能力。特别是基于颠覆性创新技术成立的科技企业，将会带动更多新兴产业的涌现，淘汰生产率低的落后产业，有助于强化产业的动态能力。

5. 科技创业驱动经济增长的就业效应动力机制研究的主要结论

（1）就业规模对科技创业驱动经济增长的作用

科技创业对就业规模扩大具有正向促进作用。中介效应检验结果表明，就业规模是科技创业驱动经济增长规模的动力机制，但不是科技创业驱动经济增长效率的动力机制。

（2）就业结构优化对科技创业驱动经济增长的作用

科技创业有助于实现就业结构优化，科技创业通过"高质量就业需求创造"和"低效率就业淘汰"双重效应促进就业结构的优化。中介效应检验结果表明，就业结构优化在科技创业驱动经济增长规模中发挥了中介效应，但在科技创业驱动经济增长效率过程中没有发挥中介效应。这可能是因为，随着工业化进程的推进，机器大规模替代劳动力成为趋势，科技创业企业对研发、管理和销售等就业需求更大。同时，科技创业派生需求带动新型服务业的发展，促进劳动力流入第三产业。

（3）劳动力资源优化配置对科技创业驱动经济增长的作用

科技创业水平的提升会降低就业结构偏离度，即科技创业促进了劳动力资源的优化配置。中介效应检验结果表明，劳动力资源优化配置在科技创业驱动经济增长规模和增长效率过程中不具有中介效应，即科技创业通过劳动力资源优化配置对经济增长未产生显著影响，劳动力资源优化配置不是科技创业驱动经济增长的动力机制。

6. 科技创业驱动经济增长的多重动力机制研究的主要结论

在考察期内，多重中介效应检验结果表明，在科技创业驱动经济增长的创新效应方面，在科技创业驱动经济增长规模过程中，创新能力、知识过滤穿透共同发挥了多重中介效应，创新效应具有多重动力机制。但在科技创业影响经济增长效率提升过程中，创新能力、知识过滤穿透没有发挥多重中介作用，创新效应不具有多重动力机制。在科技创业驱动经济增长的产业结构效应方面，在科技创业驱动经济增长规模过程中，产业结构合理化、产业结构高级化和产业动态能力共同发挥了多重中介效应，产业结构效应具有多重动力机制。但在科技创业影响经济增长效率提升过程中，产业效应没有发挥多重中介作用，产业结构效应不具有多重动力机制。在科技创业驱动经济增长的就业效应方面，在科技创业驱动经济增长规模作用过程中，就业规模、就业结构没有发挥多重中介效应，而在科技创业影响经济增长效率提升作用过程中，就业效应没有发挥中介作用，因此就业效应在科技创业驱动经济增长中不具有多重动力机制。

7. 科技创业驱动经济增长的动态效应研究的主要结论

（1）科技创业、创新效应驱动经济增长的动态效应

在考虑创新能力动力机制作用情况下，从经济增长规模驱动效应来看，科技创业对创新能力具有促进作用，且促进作用随着时期的延长呈缓慢扩大的趋势。科技创业通过促进创新能力的提高，对经济增长规模扩大产生显著的驱动作用，且这种动态驱动效应呈扩大趋势，形成科技创业—创新能力—经济增长规模的动态作用路径。从经济增长效率驱动效应来看，总体上科技创业对创新能力具有正向促进作用，进而通过创新能力驱动经济增长效率提升，科技创业对中长期的经济增长效率具有显著的促进作用，形成科技创业—创新能力—经济增长效率的动态作用路径。在考虑知识过滤穿透动力机制作用情况下，科技创业对知识过滤穿透的影响效应持续为正且有缓慢扩大趋势。科技创业通过促进知识穿透过滤转化

为有用经济知识，对经济增长规模产生正向驱动作用，且随着时期的延长，这种动态影响效应亦呈扩大趋势，形成科技创业—知识过滤穿透—经济增长规模的动态作用路径。

（2）科技创业、产业结构效应驱动经济增长的动态效应

在考虑产业结构合理化动力机制作用情况下，从经济增长规模驱动效应来看，一定时期内科技创业对产业结构合理化具有正向促进作用，进而通过促进产业结构合理化驱动经济增长规模扩大，但这种动态驱动效应有一定时效性，短期内形成科技创业—产业结构合理化—经济增长规模的动态驱动路径。从经济增长效率来看，科技创业对产业结构合理化的影响效应持续为正，且在滞后一期时促进作用最强，之后递减。科技创业通过促进产业结构合理化，进而对经济增长效率产生驱动作用，形成科技创业—产业结构合理化—经济增长效率的动态驱动路径。在考虑产业结构高级化动力机制作用情况下，科技创业对产业结构高级化有持续正向促进作用，且边际驱动效应呈递增趋势。科技创业通过促进产业结构高级化，进而驱动经济增长规模的增加，且这种动态驱动效应随时期的延长呈扩大趋势，形成了科技创业—产业结构高级化—经济增长规模的作用路径。在考虑产业动态能力动力机制作用情况下，总体上看科技创业对产业动态能力的促进作用呈缓慢增强的趋势。科技创业通过促进产业动态能力的提升，进而对中长期的经济增长规模具有显著的驱动作用，且随着时期的延长，其驱动作用越来越强，形成了科技创业—产业动态能力—经济增长规模的动态驱动路径。

（3）科技创业、就业效应驱动经济增长的动态效应

在考虑就业规模动力机制作用情况下，总体上科技创业有助于促进就业规模扩大，通过促进就业规模扩大驱动中长期经济规模增加，且驱动作用呈递增趋势，形成了科技创业—就业规模—经济增长规模的动态驱动路径。在考虑就业结构优化的动力机制情况下，科技创业对就业结构优化的影响效应持续为正且呈快速扩大趋势，科技创业通过促进中长期就业结构优化，进而对经济增长规模产生持续的驱动作用，且这种动态驱动效应随时期的延长呈扩大趋势，形成了科技创业—就业结构优化—经济增长规模的动态驱动路径。

8.2 研究启示

我国经济发展迈向新的征程，经济发展进入追求经济规模转向追求经济高质量发展的新阶段，叠加世界新一轮的科技革命和经济外部环境剧变，经济发展的挑战和机遇并存。承接发达国家转出的中低端制造业，奠定了中国经济快速成长的产业基础。但粗放型经济增长模式不可持续，资源环境约束趋紧导致经济内在矛盾日益凸显，不平衡、不协调、不可持续等问题愈发突出。长期依靠要素投入和低附加值产业带动经济规模扩大的发展模式导致产业竞争力不强、产值高效益低等问题尤为显著，关键核心技术缺乏导致经济发展面临诸多被"卡脖子"风险，这是当前中国经济转型升级的痛点，亦是经济高质量发展的难点。进入新的发展阶段，新冠疫情、逆全球化叠加经济长周期下降改变了全球经济发展大环境，转型压力、环境约束和贸易摩擦给中国中低端制造业造成一定冲击，科技封锁和政治打压等因素进一步加剧了中国经济发展的不确定性。对此，我国提出构建新发展格局、强化国家战略科技力量和实现科技自立自强等发展战略，旨在依靠创新驱动和产业结构升级重塑经济发展新优势。科技创业在构建新发展格局中扮演着重要角色，通过科技创业培育经济增长新动力，促进经济结构的优化和建立现代化经济体系，有助于形成经济系统内的总供给与总需求的高水平动态平衡，实现中国经济的效率变革、质量变革和动力变革。因此，如何更好地推动科技创业驱动经济增长是新发展阶段经济实现高质量发展亟待解决的重大理论和实践问题。对此，本书结合研究结论和对中国经济实践的思考，提出以下政策建议。

1. 提升科技创业水平，驱动经济高质量发展

科技创业不仅能促进经济增长规模，还能提升经济增长效率。在经济高质量发展阶段，提升科技创业水平将有助于提高经济发展质量，实现经济高质量发展。科技创业是一个系统，涉及经济社会的各个方面，因此，需要从多个层面共同发力，提升科技创业水平。

第一，扩大科技创新供给。科技创业是基于创新技术整合和配置资源，成立新生产组织，将科技创新技术产业化和商业化。因此，创新技术是科技创业的"根"，抛开创新技术，科技创业就无从谈起。要扩大科技创新供给，一是加大研发投入，

提高研发投入的配置效率和使用效率；二是提高科研人员研发的积极性，改善科研条件，保障科研人员能够专注研发，提高科技创新产出能力，提高研发人员报酬，吸引更多高素质劳动力能够参与创新知识生产；三是改革评价体系，科技创新具有研发周期长和产出不确定性等特点，科研评价切勿急功近利，要建立灵活的评价制度；四是建立研发创新的激励体系，形成有利于提高科研人员积极性的有效激励机制；五是增强政产学研用合作，促进科技创新知识能够快速商业化和产业化，提高创新知识的转化效率；六是完善知识产权保护制度。

第二，培育创新创业文化。文化是一种思想观念和价值体系，能够引导和约束社会上大多数人的行为。全社会要形成一种敢于创新、宽容失败的社会文化，形成肥沃的创新创业"土壤"。加强对创业精英的宣传报道，树立创新创业典范。在基础教育中纳入创新创业内容，培养敢于冒险挑战的精神，让创新创业在全社会蔚然成风。

第三，培养科技创业人才。创业离不开创业者，特别是科技创业，通常需要创业团队分工合作，优秀的科技创业人才是开展科技创业成功的基础。一是加强科技创业教育，在中小学德育教育中纳入创新创业内容，激发学生创新创业兴趣，将科技创业纳入高等教育培养过程中，促进有条件的高校利用好大学科技园区，鼓励高校与科技企业开展合作，让学生既能够掌握科技创业的理论知识，也能够参与科技创业实践；二是举办涵盖各年龄阶段的创新创业竞赛，开展科技创业夏令营和论坛；三是增强科技创业的公共服务，包括科技创业的基础设施、科创载体等硬服务，也包括创业咨询、制度政策建设和融资条件改善等软服务。

第四，优化融资环境。区别于一般性创业，科技创业具有资本投入大的特征，仅依靠创业者个人的资金投入基本无法实现创业。持续的资金支持是科技创业成功、发展和壮大的前提条件。以美国为例，高度发达的创投市场支持是美国科技创业水平遥遥领先全球的重要因素。因此，要改善科技创业企业的融资环境，一是优化科技创业企业的融资服务，减少甚至消除科技创业企业的融资障碍，拓宽科技创业的融资途径，鼓励金融机构向科技创业企业投资或贷款，提高科技创业融资的便利性；二是强化政府财政资金引导，以政府牵头成立科技成果转化基金和天使投资基金;三是鼓励创投机构发展,增加创投资本供给,建立科技创业融资平台,加强科技创业团队与社会资本的对接;四是完善创新创业投融资机制,形成有助于金融机构支持创新创业的激励机制,推动构建科技投贷风险补偿机制;五是加快培育和规范专利保险市场,探索推动知识产权证券化。

第五,打造高质量科创载体。科创载体作为科技创新创业的中游环节和下游环节,是技术创新体系、区域创新体系、科技中介服务体系和科技创业体系的载体。科创载体正是孕育科技中小微企业的摇篮,为处于脆弱期的科技创业企业创造了一个适宜环境,有利于降低科技创业成本和提高创业成功率。科创载体在科技创新创业中发挥着重要作用,具有明显的公益性特征和国家创新体系基础设施功能特性。各地区的科创载体已成为科技创业集中地。政府要加大对科创载体的支持,一是完善相关制度建设,实施高效管理;二是促进社会资源参与科创载体发展,推动科创载体与科研院所和高校合作,提升科创载体的资源整合能力;三是建立以科创载体为中心的创新创业生态网络,进一步强化科创载体的专业化服务,增强科创载体的对接功能,强化科创载体与地方重点产业有效对接;四是增强科创载体的研发属性,提升科创载体的技术创新供给能力;五是促进科创载体管理体制改革,消除科创载体制度维度的障碍因素;六是促进科创载体市场化运营,按照"众创空间+新型科技孵化器+加速器+大学科技园+产业基地+产业集群"的发展模式,全面推动科创载体升级,优化科创载体服务功能。

第六,试点建设科技创业特区。为进一步促进科技创业发展,探索科技创业型经济发展模式,要发挥我国新型举国体制优势,建设科技创业特区,形成有利于创新创业的制度、环境的创新生态系统。选择在科技创业资源充沛、科技创业制度高效、科技创业环境良好的城市试点建设科技创业特区,探索科技创业特区的建设模式。一是选择北京、上海和深圳作为试点城市,在科技创业特区内创造有利于科技创业的制度保障、政策环境和创业条件,着力开发、集聚和管理区域内外科技创业的人才、技术、项目、资本等要素,提升区域科技创业的竞争能力和运营品质,以全面提高区域科技创业、科技中小企业发展和创业经济发展的总体水平和综合实力;二是通过科技创业培育和孵化科技型企业,推动产业结构升级,培育战略性新兴产业;三是优化科技创业特区运营机制,构建特区行政管理体制和治理模式,建立促进科技创业人才成长与发展的人力资源开发机制体系,优化科技创业特区金融支持机制体系,建立和完善技术研发、成果转化的机制体系,逐步完善科技创业特区的功能运营体系。通过科技创业特区内新兴科技企业培育,不断助力于关键核心技术的突破,塑造国民经济发展新优势。

2. 将区域协调发展和促进科技创业协同推进

不平衡不充分的发展是我国经济社会发展的主要特征,从科技创业空间布局来看,我国科技创业空间分布也呈现不平衡布局。从科技创业动态演化来看,2010年以来,地区间科技创业水平差距呈扩大趋势,区域科技创业发展不平衡问题日益突出。从区域经济发展水平来看,地区间发展不平衡问题尚未得到有效解决。区域发展不平衡的加剧会扭曲科技创业的经济增长驱动效应,因此,提升区域经济集聚水平,将区域协调发展和促进科技创业协同推进,将有助于推动我国经济增长规模扩大和提高经济增长效率。

首先,协同推进区域协调发展要考虑区域协调发展的综合性,以区域协调发展战略增强国民经济发展的紧密性。在协同区域发展中划定重点区域和经济带,不断细化区域发展规划方案,保证区域规划聚焦特定区域。我国区域发展不平衡的一个重要原因是各类特殊问题区域的存在,包括生态脆弱地区、资源枯竭型地区、老工业基地等特殊地区,要对特殊地区制定具有针对性的发展规划。要进一步促进地区的基本公共服务均等化,加大对欠发达地区基本公共服务的财力支持,加大对欠发达地区基础设施的投资力度,合理预判中西部地区人口的集聚态势和长期分布格局,提高基础设施建设的效率。

其次,以体制机制保障区域协调发展的可持续性。构建完善的区域发展体制机制,建立区域合作机制;完善区域要素高效流动机制,促进区域生产要素的自由流动和优化配置,消除市场壁垒,规范市场秩序,形成良好的政策环境和发展条件;建立区域一体化发展的体制机制,区域协调不等于区域绝对平衡,促进有条件的区域探索建立区域一体化发展体制机制,实现局部地区的区域协调。通过区域发展的带动效应、合作和扶持,实现全国范围内的相对协调。

再次,优化经济和人口的空间布局。产业和人口是经济集聚的基础,需要促进人口和产业在空间上的合理分布。经济发达地区要控制大城市规模,加强区域一体化发展,形成区域结构合理的城市体系,避免经济过度集聚带来的"拥挤效应"和"挤出效应"。欠发达地区要推动一批大中小规模城市发展,推动大城市成为地区经济增长极,提升地区经济集聚水平,促进区域内劳动力流动和吸引劳动力回流,结合地区禀赋优势发展优势产业。引导发达地区的产业向欠发达地区转移,推动欠发达地区承接发达地区经济溢出、产业扩散和产业转移,以产业吸引人口流入,通过人口的汇聚带动经济集聚水平的提升。最终形成全国人口空间配置合理、产业优化布局和人口合理分布的经济协调发展良好态势。

最后,以科技创业促进区域协调发展。一是结合欠发达地区的禀赋优势、产业优势等,识别创业机会,并提供政策和资源支持,促进科技创业。一旦创业成功,就能带动关联企业和产业发展,从而促进地区的经济发展。二是与发达地区的科技创业企业开展合作。现代交通技术的"时空压缩"效应一定程度上克服了生产的空间阻隔,增加了跨区域合作的可能性。与发达地区相比,欠发达地区通常具有生产成本优势,欠发达地区可以与发达地区的科技创业企业合作,拓展合作的领域和方式,如吸引科技创业团队入驻,争取科技创业企业成立分公司,或者引入其部分生产业务,借助科技创业企业来促进本地经济发展。三是要借助互联网的优势开展创业。互联网和通信技术的发展降低了创业成本,欠发达地区要充分利用互联网的优势,结合本地禀赋优势积极开展创业活动,培育本地的产业,从而带动地区的经济增长,提升区域经济发展的协调性。

3. 形成创新促进科技创业、科技创业强化创新的高水平创新经济

科技创业是科学技术成果实体化和商业化的过程,因此,科学技术创新是科技创业的内核,也是其基本属性。进入科技创业时代,科技创业逐渐成为支撑经济增长的主要动力,这也是创新型经济的实现途径。新时期我国追求经济高质量发展,其本质是将经济发展转向从依靠创新为最主要支撑动力的经济发展模式,通过创新提高社会生产效率和经济发展的效率,形成一种新的经济形态——创新经济。科技创业作为创新的深化和实体化,通过科技创业能进一步强化创新对经济增长的促进作用,强化创新创业对经济高质量发展的动力作用。技术创新是科技创业的前提，科技创业是创新的实现环节，形成"创新—科技创业—创新经济"的螺旋上升的高水平经济系统是经济高质量发展的实现形式。

一方面，增强国家总体创新能力。提高国家创新能力最直接有效的办法是建立更加协同、高效、开放、有活力的国家创新体系，实现科技与经济深度融合、相互促进的高水平动态平衡。一是要提升各创新主体的创新能力，包括原始创新能力、核心技术攻关能力、技术产业化能力、国际合作能力等；二是促进各创新主体高度关联和相互作用，在不同的领域和应用场景下（如军民融合、科技金融、区域创新、产业创新等应用系统）体现协同放大的创新能力提升和价值创造；三是建立优渥的创新创业支持环境，形成对创新实践发挥功能作用所需的良好生态，主要包括科技相关立法、保护知识产权的制度、公平的市场竞争环境、有利于创新创业的社会文化氛围等；四是促进创新的内外合作，在全球背景下加强创新国内外开放合作、积极参与全球创新治理、实现与全球创新创业资源的互联互通，主要包括积极开展双、多边的对外交流合作，推动各类创新要素的"引进来"和"走出去"等；五是建立有效的创新创业反馈机制，实现通过反馈机制推动创新创业系统的不断迭代升级、自我优化，实现螺旋上升，形成国家创新创业体系自我完善、自我改进的闭环。

另一方面，要降低知识过滤，促进创新知识有效转移转化。降低知识过滤即提升科技创新知识的转移转化能力，知识过滤主要是因为教育、科研、应用三者之间未能形成良好的协作机制。因此，要通过完善机制建设，提供优质科技创业服务来促进科技创新知识转化为经济有用知识。一是要建立创新知识供需之间的高效衔接机制，促进创新知识生产者与市场需求的有效对接，推动企业、高校、科研院所、政府之间实现科技创新一体化体系，缩短科技创新知识生产到市场应用之间的距离，利用科技创新知识来提高经济中的科技创新含量；二是要突破科技创新创业的体制机制障碍，完善科技创新创业激励机制，优化科技创新创业资源配置机制，构建科技创新创业合作长效机制，升级科技创新创业扶持机制等；三是建立促进科技创新知识转化的政策体系，保障转化过程中各方的权益，中央与地方政府要制定系统的涵盖科技成果转化全过程的政策链，包括科技人才政策、科技创新支持政策、科技成果转移转化政策和科技服务支持政策等，通过体系化的政策尽可能消除科技创新知识转化桎梏，全面提高科技创新知识的利用效率；四是强化科技创新知识市场服务，对科技创新中介服务机构减免税收，引入资本投资科技服务行业，推动科技服务业蓬勃发展，强化科创载体的技术转移转化服务功能，科技企业孵化器、众创空间等科创载体在创新创业方面具有先天优势，利用科创载体的服务网络优势、信息中心优势和科技创业枢纽优势推动科技创新成果转移转化；五是借助互联网技术，打造技术交易网络，组建"互联网＋技术"的技术交易市场。

4. 依靠科技创业推动产业结构优化，塑造经济发展新优势

科技创业对产业结构优化具有重要的影响作用，不仅能够促进产业结构合理化和高级化，还能提高产业动态能力，是产业实现自我更新升级的内在动力。因此，进入高质量发展阶段，依靠科技创业推动产业结构转型升级，促进新兴产业产生，可以为我国经济发展培育新的动力源，实现经济增长的结构增效，从而塑造我国经济发展的新优势。

一方面，持续推动创新创业服务，以科技创业引领产业结构变革。推动各类创新资源向科技创业市场集聚，优化创新创业服务。中央与地方政府联动推动创新创业载体高质量发展，打造极具活力的科技创业新高地。一是构建多层次创新创业载体空间网络，形成"苗圃—孵化—加速—产业化"的科技创业孵化服务链。推动创新创业载体稳步发展，优化落实科创载体支持政策，提升载体服务能力和效能，依托载体促进科技创业。二是推进大学科技园高质量发展。大学是科技创造知识生产的重要组织，大学生是科技创业的主力，通过大学科技园区建设，可以实现技术创新知识与创业者的高效对接。要优化大学科技园功能及布局，强化大学科技园的核心功能。发挥高校的主体支撑作用，提升高校技术转移服务功能，支持科研人员创新创业。培育创新创业人才，构建高水平的创新创业合作网络。三是完善创新创业管理体制机制，理顺科创载体、科技大学园区的管理体制，优化理顺科创载体、科技大学园区的运营机制，改革创新创业部门的管理体制。四是强化组织协调与配套政策，建立健全创新创业协调机制，加大政策引导支持力度，营造宽容创新创业失败的环境。

另一方面，促进科技创业聚焦于前沿创新领域，尽早在前沿新兴产业领域布局。从产业革命演变历程来看，前三次产业革命爆发间隔大约为90年，如果按照这一规律计算，那么第四次产业革命将发生于2030年左右。从科技创新现状来看，当前科学研究呈宽领域、研究深入的特征，且学科交叉越来越普遍，跨学科合作成为科学研究常态，在人工智能、新能源、第六代通信技术和脑机接口等领域都有望产生颠覆性的技术创新，基础理论也有望取得重大进展，这将孕育和催生新的重大产业变革。新一轮科技革命带来的创新机遇和激烈竞争前所未有。新一轮的产业变革，应当形成产业需求对科技创新创业的牵引优势。一是提升产业创新主体在创新实力、资源配置、科技创业等方面的能力和动力，强化创新链、创业链与产业链的深度融合。二是提高创业主体识别和捕捉产业变革所创造的创业机会能力，促进前沿创新领域的科技创业。鼓励在集成电路、生物医药、人工智能、新材料和新能源等重点领域创新创业，鼓励科技创业聚焦战略性新兴产业等重点产业和领域。推动科技创业企业攻克关键核心技术，开发一系列技术领先、面向产业化的新产品。三是完善创新创业支持体系和产业政策，促进通过战略性新兴产业领域的科技创业来塑造我国经济发展新优势。

5.以科技创业推动劳动力资源优化配置，实现高水平就业

科技创业对劳动力资源优化配置具有显著的促进作用，科技创业水平的提升，既能促进就业规模的扩张，又能促进就业结构优化和劳动力资源优化配置。在经济高质量发展阶段，依靠科技创业提升资源配置效率是经济效率改进的有效途径。进入新的发展阶段，我国劳动力方面具有新的特征。一是人口老龄化叠加人口低出生率降低了劳动力资源的供给。二是教育水平提升促使新增劳动力具备较高的人力资本水平。以劳动力质量供给增加替代劳动力数量供给降低是未来劳动力资源配置的重点方向，而科技创业将发挥重要的资源配置作用，促进劳动力资源的优化配置。

一方面，促进科技创业发展，增加高质量就业岗位供给。以技术创新为依托的科技创业将技术创新应用于生产领域，在企业建立和发展过程中，需要配备新的生产设施、机器设备以及高素质劳动力，从创业、生产到扩大规模全过程，科

技创业逐渐需要大量研发、制造、管理、销售和其他专业人才，创造大量的高质量就业机会，为高素质劳动力提供更多就业选择，从而为劳动力资源优化配置奠定了基础。因此，促进科技创业发展将有助于推动劳动力资源优化配置。促进科技创业发展的政策建议如上文所示，此处不再赘述。

另一方面，提升劳动力素质，增强劳动力资源与就业需求的适配性。从长远来看，高水平的劳动力资源优化配置能够促使就业与需求相适配。随着经济的转型和创新经济的形成，科技创业成为创新经济发展的主旋律，科技创业创造的大量高质量就业机会需要相应的高素质劳动力相匹配。当前，我国高素质劳动力仍存在结构性缺口，仍需主动提升劳动力与产业发展的适配性，以人才促进和引领科技创业发展，提升产业动态能力。一是提升劳动力的流动性，消除劳动力市场流动的障碍，提升劳动力流动的公共服务水平和配套政策；二是要持续加强地区的教育投入，改革高等教育发展模式，促进"基础研究＋技术攻关＋科技金融＋科技创业＋产业管理"的全产业创新创业链条人才培养；三是积极推动职业教育优化发展，增加劳动力的知识储备和提升劳动力的技能水平，进而提升劳动力结构与产业结构变迁的适配性。

8.3 不足与展望

本书将科技创业与经济增长纳入统一的分析框架，研究了科技创业对经济增长的驱动效应、异质性特征、作用机制和动态效应等内容，较为系统地回答了科技创业对经济增长具有什么样的影响和如何影响这两个重大问题，尝试为高质量发展阶段的中国经济增长寻求新的动力支撑和理论依据。在本书选题和研究过程中，梳理和参阅了大量相关文献，力求研究思路准确、研究方法合理、研究内容充实且具有价值，但因时间有限及个人知识储备不足，本书可能存在以下几点待拓展之处。

1. 改进科技创业的评价指标体系

本书构建了科技创业资源、科技创业投入、科技创业产出和科技创业环境四个维度的科技创业评价指标体系，该指标体系包含了科技创业的4个一级指标和

16个二级指标,比较全面而系统地反映了地区的科技创业水平,弥补了相关研究中的科技创业指标选择单一的不足。但由于数据的可获得性的限制,本书选择科技企业孵化器和国家大学科技园区的企业数来衡量科技创业企业数,虽然各地区科技创业活动主要集中于科创载体内,该数据的选择具有一定的合理性,但后续研究中如果能获得各地区科技创业企业数,将能够更为准确地测算各地区的科技创业水平,从而有助于进一步深入掌握科技创业与经济增长的关系。

2. 完善科技创业驱动经济增长理论模型

本书基于 Aghion 和 Howit(1992)所提出的新熊彼特经济增长理论模型,结合本书研究内容对该理论模型做了拓展,在模型中引入科技创业这一变量,进而推理出在市场机制作用条件下,科技创业与经济增长的理论模型。数理模型的推理搭建起了科技创业驱动经济增长的逻辑机理,具有一定的理论价值,也奠定了本书研究的理论基石。但在理论模型推理中,假设劳动力市场和最终产品市场是完全竞争市场,且尚未考虑科技创业退出对经济增长的影响,这使理论模型仍然存在一定的局限性。后续将进一步放宽理论模型的假设条件,构建更能符合经济运行场景的理论模型,以期能够更加准确地刻画科技创业与经济增长的关系。

3. 拓展科技创业影响经济增长的作用机制

本书基于既有研究的结论、相关理论分析和对经济实践的思考,提出了科技创业驱动经济增长的三大作用机制,并将三大作用机制具体分为九个动力机制,分别为创新能力动力机制、知识过滤穿透动力机制、知识溢出动力机制、产业结构合理化动力机制、产业结构高级化动力机制、产业动态能力动力机制、就业规模动力机制、就业结构优化动力机制和劳动力资源优化配置动力机制,拓展和深化了创业与经济的研究。但科技创业还可能通过促进出口、拉动投资、促进资本市场发展等效应影响经济增长。但由于时间和数据可得性的限制,本书中尚未探讨这些可能存在的动力机制。在后续研究中,将进一步拓展和完善科技创业驱动经济增长的作用机制,力求能够全面而准确地厘清科技创业驱动经济增长的逻辑机理,进而系统回答科技创业如何驱动经济增长这一核心问题。

4. 探讨科技创业的空间效应

科技企业的系统性较强，所提供的产品通常具有科技含量高和复杂性的特征，在分工越来越专业化和精细化的市场经济中，科技创业与诸多企业和产业具有高度关联性。同时，科技创业具有较强的辐射作用，本地科技创业活动可能会影响其他区域的经济活动。一方面，发展壮大的科技创业企业可以带动形成新兴产业，甚至形成产业集群，提升所在地区的经济集聚水平，吸引劳动力、资本等要素资源流入集聚，甚至带动企业和产业的流入，从而影响其他区域的经济发展。另一方面，交通技术的"时空压缩"效应增强了地区间的联系性，科技创业的生产活动的扩散和溢出会影响相邻地区的经济发展。因此，科技创业驱动经济可能存在空间效应。但由于时间和精力关系，本书尚未探讨科技创业的空间效应。在后续研究中，将进一步借助区域经济学理论和空间计量分析方法，探讨科技创业的空间效应，以丰富和拓展科技创业与经济增长的理论研究。

参考文献

[1] Aghion P, Howitt P. A model of growth through creative destruction[J], Econometrica, 1992, 60(2): 323–351.

[2] Acs Z J, Audretsch D B, Lehmann E E, et al. National systems of entrepreneurship[J]. Small Business Economics, 2016, 46(4): 527–535.

[3] Acs Z J, Desai S, Hessels J. Entrepreneurship economic development and institutions[J].Small Business Economics, 2008, 31(3): 219–234.

[4] Acs Z J, Szerb L, Autio E. The global entrepreneurship and development index[J]. Regional Studies, 2015, 49(12):1977–1994.

[5] Acs Z J, Audretsch D B. Innovation in large and small firms[J]. Economics Letters, 1988, 23(1): 109–112.

[6] Acs Z J, Armington C. Employment growth and entrepreneurial activity in cities[J]. Working Papers, 2004, 38(8): 911–927.

[7] Acs Z J. How is entrepreneurship good for economic growth?[J]. Innovations: Technology, Governance, Globalization, 2006, 1(1): 97–107.

[8] Acs Z J, Audretsch D B, Braunerhjelm P, et al. The missing link: the knowledge filter and entrepreneurship in endogenous growth[J]. Cepr Discussion Papers, 2003, 2(7): 222–228.

[9] Ardagna S, Lusardi A M. Explaining international differences in entrepreneurship: the role of individual characteristics and regulatory constraints[A].In Lerner, J and Schoar A.eds. international differences in entrepreneurship[C]. Chicago: University of Chicago Press, 2010.

[10] Audretsch D B , Thurik A R. What's new about the new economy? Sources of growth in the managed and entrepreneurial economies[J]. Industrial and Corporate Change, 2001, 10(2): 267–315.

［11］Audretsch D B, Thurik A R, Verheul I, et al. Understanding entrepreneurship across countries and over Time[J]. Springer US, 2002(27): 40–45.

［12］Audretsch D B. Entrepreneurship Capital and Economic Growth[J].Oxford Review of Economic Policy, 2007,23(1): 63–78.

［13］Audretsch D B, Fritsch M. Linking Entrepreneurship to Growth: The Case of West Germany[J]. Industry and Innovation, 2003, 10(1): 65–73.

［14］Audretsch D B, Keilbach M C, Lehmann E E. Entrepreneurship and Economic Growth[M]. Oxford: Oxford University PressInc, 2006.

［15］Audretsch D B, Coad A, Segarra A. Firm growth and innovation[J]. Small Business Economics, 2014, 43(4): 743–749.

［16］Arrow K J. The Economic Implications of Learning by Doing[J]. Review of Economic Studies, 1971, 29(3): 155–173.

［17］Beckman C M, Eisenhardt K, Kotha S, et al. The Role of the Entrepreneur in Technology Entrepreneurship[J].Strategic Entrepreneurship Journal,2012, 6(3): 203–206.

［18］Beckman C M, Eisenhardt K, Kotha S, et al.Technology Entrepreneurship[J]. Strategic Entrepreneurship Journal, 2012, 6(2): 89–93.

［19］Bailetti T. Technology Entrepreneurship: Overview, Definition, and Distinctive Aspects[J]. Technology Innovation Management Review, 2012(2): 5–12.

［20］Baron R A. Opportunity Recognition as Pattern Recognition: How Entrepreneurs 'Connect the Dots' to Identify New Business Opportunities[J]. Academy of Management Perspectives, 2006, 20(1): 104–119.

［21］Blank S. Why the lean start-up changes everything[J]. Harvard Business Review, 2017, 91(5): 63–72.

［22］Burgelman R A, GroveA S. Let Chaos Reign,Then Rein In Chaos Repeatedly: Managing Strategic Dynamics For Corporate Longevity[J]. Strategic Management Journal, 2007, 28(10): 965–979.

［23］Bhimani H, Mention A L, Barlatier P J. Social media and innovation: A systematic literature review and future research directions[J]. Technological Forecasting and Social Change, 2018(144): 251–269.

［24］Brush C G, Chaganti R. Businesses without glamour? an analysis of resources on performance by size and age in small service and retail firms[J]. Journal of Business Venturing, 2000(15): 253-277.

[25] Brown R, Mason C. Inside the high-tech black box: A critique of technology entrepreneurship policy[J]. Technovation, 2014, 34(12): 773-784.

[26] Bygrave B. Building an Entrepreneurial Economy: Lessons from the United States[J]. Business Strategy Review, 1998, 9(2): 11-18.

[27] Berthold N, Gründler K. Entrepreneurship and Economic Growth in a Panel of Countries[R]. Julius Maximilian University of Würzburg Discussion Paper Series, 2012.

[28] Baumol W J. Entrepreneurship: Productive, Unproductive and Destructive[J]. Journal of Political Economy, 1990, 98(5): 893-921.

[29] Brenkert G G. Marketing Ethics [M]. Malden: Blackwell Publishers Inc, 2008.

[30] Baumol W, Litan R, Schramm C. Good capitalism, bad capitalism, and the economics of growth and prosperity[M]. New Haven and London : Yale University Press, 2007.

[31] Bahrami H, Evans S. Flexible Recycling and High Technology Entrepreneurship[J]. California Management Review, 1995, 3(71): 62-89.

[32] Cantillo R. Essay on the Nature of Commerce in General[M]. London: Macmillan, 1931.

[33] Cantwell J, Salmon J. The effects of global connectivity on knowledge complexity in the information age[J]. International Business in the Information and Digital Age, 2018, 15(4): 123-137.

[34] Cooper A C, Gimeno-Gascon F J, Woo C Y. Initial human and financial capital as predictors of new venture performance[J]. Journal of Business Venturing, 2009, 9(5): 371-395.

[35] Carlsson B, Acs Z, Audretsch D, et al. The Knowledge Filter, Entrepreneurship, and Economic Growth[J]. Social Science Electronic Publishing, 2007, 70(8): 1529-1535.

[36] Carree M, Thurik A R. The Lag Structure of the Impact of Business Ownership on Economic Perf0rmance in OECD Countries[J]. Small Business Economies, 2008, 30(1): 101-110.

[37] Covin J G, Slevin D P. A Conceptual Model of Entrepreneurship as Firm Behavior[J]. Entrepreneurship Theory and Practice, 1991, 16(1): 7-25.

[38] Duncan R B. Characteristics of Percieved Environments and Percieved Environmental Uncertainty[J]. Administrative Science Quarterly, 1972(17): 314–330.

[39] Donna J, Amoros J E, et al. Global Entrepreneurship Monitor:2010 global Report[R]. Global Entrepreneurship Research Association, 2011.

[40] Delgado M, Porter M E. Clusters and Entrepreneurship[J]. Journal of Economic Geography, 2010, 10(4): 495–518.

[41] Derakhshandeh A. A study on organizational entrepreneurship on economic growth[J]. Management Science Letters, 2013, 4(1): 297–302.

[42] Fuller A W, Rothaermel F T. When stars shine: the effects of faculty founders on new technology ventures[J]. Strategic Entrepreneurship Journal, 2012, 6(3): 220–235.

[43] Freytag A, Thurik R. Entrepreneurship and its Determinants in a Cross-country Setting[J]. Journal of Evolutionary Economics, 2007, 17(2): 117–131.

[44] FuenteIsaz L, Gonzalez C, Maicas J P, et al. How Different Formal Institutions Affect Opportunity and Necessity Entrepreneurship[J]. Business Research Quarterly, 2015, 18(4): 246–258.

[45] Frenkel A. Intra-metropolitan Competition for Attracting High-technology Firms[J]. Regional Studies. 2012, 46(6): 723–740.

[46] Folta T B, Cooper A C, Baik Y. Geographic cluster size and firm performance[J]. Journal of Business Venturing, 2006, 21(2): 217–242.

[47] Gregory B M, Robert H. The impact of screening criteria on entrepreneurship research [J]. New England Journal of Entrepreneurship, 2008, 11(1): 24–31.

[48] Garud R, Karnoe P. Bricolage versus breakthrough: distributed and embedded agency in technology entrepreneurship[J]. Research Policy, 2003, 32(2): 277–300.

[49] Gnyawali D, Fogel D. Environments for entrepreneurship developments: key dimensions and research implications[J].Entrepreneurship Theory and Practice, 1994, 18(4): 43–62.

[50] Grundstén H. Entrepreneurial Intentions and the Entrepreneurial Environment: A Study of Technology-Based New Venture Creation[J]. Social Science Electronic Publishing, 2004, 1(4): 237–262.

[51] Sanyang S, Huang W. Entrepreneurship and economic development: the EMPRETEC showcase[J]. International Entrepreneurship and Management Journal, 2010, 6(3): 317–329.

[52] Gries T, Nande W. Entrepreneurship and Regional Economic: Towards a General Theory of Start-ups[J]. Innovation-The European Journal of Social Science Research, 2009, 22(3): 309-328.

[53] Hunger J D, Korsching P F, Auken H V. The interaction of founder motivation and environmental contex in new venture formation[M]. London: Springer, 2002.

[54] Hechavarria D M, Reynolds P D. Cultural Norms & Business Start-ups: the Impact of National Values on Opportunity and Necessity Entrepreneurs[J].International Entrepreneurship and Management Journal, 2009, 5(4): 417-437.

[55] Henrekson M, Sanandaji T. Small Business Activity does not Measure Entrepreneurship[J]. Proceedings of the National Academy of Sciences of the United States of America (PNAS), 2014, 111(5): 1760-1765.

[56] Hung H. Formation and Survival of New Ventures[J]. International Small Business Journal, 2006, 24(4): 359-378.

[57] Holtz-Eakin D, Newey W, Rosen H S. Estimating Vector Autoregression with Panel data[J]. Econometrica, 1988, 56(6): 1371-1395.

[58] Kirzner I M. Competition and Entrepreneurship[M]. Chicago: University of Chicago Press, 1973.

[59] Kibler E, Kautonen T, Fink M, et al. Regional Social Legitimacy of Entrepreneurship: Implications for Entrepreneurial Intention and Start-up Behavior[J]. Regional Studies, 2014, 48(6): 995-1015.

[60] Helpman E, Krugman P. Market Structure and Foreign Trade: Increasing returns, imperfect competition, and the international economy[M]. Cambridge: MIT press, 1985.

[61] Krugman P. Increasing Returns and Economic Geography[J]. The Journal of Political Economy, 1991, 99(3): 483-499.

[62] Lee C M, Miller W F, Hancock M G, et al. The Silicon Valley Edge: A Habitat for Innovation and Entrepreneurship[M]. California: Stanford University Press, 2000.

[63] Luttmer E G J. Selection,Growth,and the Size Distribution of Firms[J]. The Quarterly Journal of Economics 2007, 122(3): 1103-1144.

[64] Lewis W A. Economic development with unlimited supplies of labour[J]. The Manchester School, 1954, 22(2): 139-191.

[65] Lucas R E. On the Mechanics of Economic Development[J]. Journal of Monetary Economics, 1988, 22(1): 3–42.

[66] Michael G, Steven K. Time Paths in the Diffusion of Product Innovations[J]. Economic Journal, 1982(367): 630–653.

[67] Maine E M, Shapiro D M, V'uiing A R. The role of clustering in the growth of new technology-based Firms[J]. Small Business Economics, 2010(2): 127–146.

[68] Nacu C M, Avasilc I S. Environmental Factors Influencing Technological Entrepreneurship: Research Framework and Results[J]. Procedia – Social and Behavioral Sciences, 2014, 109(1): 1309–1315.

[69] Nathan M, Lee N. Cultural Diversity, Innovation, and Entrepreneurship :Firm-level Evidence from London[J]. Economic Geography, 2013, 89(4): 367–394.

[70] Nelson R E. Phelps, investment in Humans, Technological Diffusion and Economic Growth[J]. American Economic Review, 1966(56): 69–75.

[71] Peneder M. Industrial Structure and Aggregate Growth[J]. Structural Change and Economic Dynamics, 2003, 14(4): 427–448.

[72] Porter M E.The Competitive Advantage of Nations[M]. New York: Free Press, 1990.

[73] Romer, Paul M. Increasing Returns and Long-Run Growth[J]. Journal of Political Economy, 1986, 94(5): 1002–1037.

[74] Romer P M. Endogenous Technological Change[J]. Journal of Political Economy, 1990(98): 71–102.

[75] Rupasingha A, Goetz S J. Self-employment and local economic performance: Evidence from US counties[J]. Papers in Regional Science, 2013, 92(1): 141–161.

[76] Robson B, Gallagher C. Change in the size distribution of U. K. firms [J]. Small Business Economics, 1994(4): 299–312.

[77] Say J B. A Treatise on Political Economy: or the Production Distribution and Consumption of Wealth[M].New York: Kelley Publishers, 1964.

[78] Stewart M D R. Technology Entrepreneurship :A Deliberation on Success and Failure in Technology Venturing toward a Grounded Theory of Dystechnia[J]. Proquest Llc, 2011(4): 443.

[79] Shane S, Venkataraman S. Guest editors' introduction to the special issue on technology entrepreneurship[J]. Research Policy, 2003, 32(2): 181–184.

[80] Shane S. Why encouraging more people to become entrepreneurs is bad public policy[J]. Small Business Economics, 2009, 33(2): 141–149.

[81] Siqueira A, Bruton G D. High-Technology Entrepreneurship in Emerging Economies: Firm Informality and Contextualization of Resource-Based Theory[J]. IEEE Transactions on Engineering Management, 2010, 57(1): 39–50.

[82] Stam E, Stel V A. Types of Entrepreneurship and Economic Growth[Z]. Unived Nations University, Research Paper, 2009.

[83] Sautel F. Local and Systemic Entrepreneuiship: Solving the Puzzle of Entrepreneurship and Economic Developments[J]. Entrepreneurship Theory and Practice, 2011, 35(5): 885–905.

[84] Thurik A R, Wennekers S, Uhlaner L. Entrepreneurship and economic performance: a macro perspective[J]. Scales Research Reports, 2002, 1(1): 25–65.

[85] Thurik A R, Stam E, Audretsch D B. The rise of the entrepreneurial economy and the future of dynamic capitalism[J]. Technovation, 2013, 33(5): 302–310.

[86] Thurik A R, Carree M A, Stel A V, et al. Does self-employment reduce unemployment?[J]. Journal of Business Venturing, 2008, 23(6): 673–686.

[87] Uzawa H. Optimum Technical Change in An Aggregative Model of Economic Growth[J]. International Economic Review, 1965(6): 18–31.

[88] Vial V, Hanoteau J. Returns to Micro-Entrepreneurship in an Emerging Economy: A Quantile Study of Entrepreneurial Indonesian Households' Welfare[J]. World Development, 2015(74): 142–157.

[89] Wennekers S, Thurik R. Linking Entrepreneurship and Economic Growth[J]. Small Business Economics, 1999, 13(1): 27–56.

[90] Wright M, Hmieleski K M, Siegel D S, et al. The Role of Human Capital in Technological Entrepreneurship[J]. Entrepreneurship Theory and Practice, 2007, 31(6): 791–806.

[91] Wennekers S, André Van Stel, Carree M A, et al. The Relationship between Entrepreneurship and Economic Development: Is it U-Shaped?[J]. Scales Research Reports, 2010, 6(3): 167–237.

[92] Yoo M. The ties that (un)bind: social networks and entrepreneurship in high technology industries[D]. Michigan: University of Michigan, 2003.

[93] Yeganegi S, Laplume A O, Dass P. The role of information availability: A longitudinal

analysis of technology entrepreneurship[J]. Technological Forecasting and Social Change, 2021, 170(3): 1–11.

[94] Yan Steal A, Storey D.The Link Between Firm Births and Job Creation:Is there a Upas Tree Effect?[J]. Regional Studies, 2004, 38(8): 893–909.

[95] Hessels J, Zwan P, Sanders M. Entrepreneurial activity, industry orientation, and economic growth[J]. Scales Research Reports, 2013(7): 3–20.

[96] Naudé W. Is Pro-Active Government Support Needed for Entrepreneurship in Developing Countries?[A]. in Naudé, W.eds. Entrepreneurship and Economic Development[C]. Basingstoke, UK: Palgrave Macmilian, 2011

[97] Carree M A, Thurik A R. The Impact of Entrepreneurship on Economic Growth[J]. Zoltan J Acs, 2003(1): 557–594.

[98] Geneva. Entrepreneurship and economic development: the EMPRETEC showcase[A]. University of Wollongong, 2004.

[99] Baldwin J, Picot G. Employment generation by small producers in the Canadian manufacturing sector[J]. Small Bus Econ, 1995(7): 317–331.

[100] Stevenson H H, Jarillo J C. A Paradigm of Entrepreneurship: Entrepreneurial Management[J].Social Science Electronic Publishing, 1990, 11(1): 17–27.

[101] 戴维·罗默．高级宏观经济学 [M]．上海：上海财经大学出版社，2014.

[102] 萨缪尔森．经济学（上册）[M]．高鸿业，译，北京：商务印书馆，1991.

[103] 程聪，张颖，陈盈，等．创业者政治技能促进创业绩效提升了吗？——创业导向与组织公正的中介调节效应 [J]．科学学研究，2014, 32（8）: 1198-1206.

[104] 陈思洁，宋华．从企业动态能力到产业动态能力 [J]．现代管理科学，2017（8）: 66-68.

[105] 陈招娣．部门整体支出绩效评价指标体系构建与应用研究 [D]．厦门：厦门大学，2018.

[106] 陈庆江，万茂丰，王彦萌．数字技术应用对企业双元创新的影响——基于组织生命周期的实证检验 [J]．软科学，2021，35（11）: 92-98.

[107] 长三角 41 城市创新生态指数研究课题组．2020 长三角 41 城市创新生态指数报告 [R]．华东科技，2020.

[108] 陈瑞，郑毓煌，刘文静．中介效应分析：原理、程序、Bootstrap 方法及其应用 [J]．营销科学学报，2013，9（4）: 120-135.

[109] 杜尔玏. 高新区科技创业影响区域经济增长的机理分析及实证研究 [D]. 上海：上海社会科学院，2019.

[110] 董志强，魏下海，张天华. 创业与失业：难民效应与企业家效应的实证检验 [J]. 经济评论，2012（2）：80-87+96.

[111] 方世建，桂玲. 创业政策视角下创业和经济增长的关系 [J]. 经济管理，2009，31（5）：161-166.

[112] 傅元海，叶祥松，王展祥. 制造业结构变迁与经济增长效率提高 [J]. 经济研究，2016，51（8）：86-100.

[113] 辜胜阻,肖鼎光,洪群联. 完善中国创业政策体系的对策研究 [J]. 中国人口科学，2008（1）：10-18+95.

[114] 郭正模. 劳动力市场经济学原理与分析 [M]. 成都：四川人民出版社，2009.

[115] 郭亚军. 综合评价理论、方法与拓展 [M]. 北京：科学出版社，2012.

[116] 郭琪，贺灿飞，史进. 空间集聚、市场结构对城市创业精神的影响研究——基于2001-2007年中国制造业的数据 [J]. 中国软科学，2014（5）：107-117.

[117] 龚六堂，谢丹阳. 我国省份之间的要素流动和边际生产率的差异分析 [J]. 经济研究，2004（1）：45-53.

[118] 干春晖，郑若谷，余典范. 中国产业结构变迁对经济增长和波动的影响 [J]. 经济研究，2011，46（5）：14.

[119] 胡鞍钢，周绍杰，任皓. 供给侧结构性改革——适应和引领中国经济新常态 [J]. 社会科学文摘，2016（8）：11-13.

[120] 洪银兴. 论创新驱动经济发展战略 [J]. 经济学家，2013（1）：5-11.

[121] 洪银兴. 产业化创新及其驱动产业结构转向中高端的机制研究 [J]. 经济理论与经济管理，2015（11）：5-14.

[122] 洪银兴. 科技创新创业链与激励机制研究 [J]. 人民论坛·学术前沿，2019（13）：6-15.

[123] 黄敬宝. 创业型经济及其对我国经济发展的启示 [J]. 商业经济,2008（18）：3-4+17.

[124] 黄蔚,方齐云. 对外开放与我国经济增长的实证分析 [J]. 国际贸易问题,2006（6）：5-9.

[125] 景杰. 创业经济学 [M]. 北京：高等教育出版社，2018.

[126] 靖学青. 长江经济带城镇化水平综合测度及对废水排放的影响 [J]. 学习与实践，2018（5）：51-60.

[127] 靖学青. 中国省际物质资本存量估计：1952—2010[J]. 广东社会科学，2013（2）：46-55.

[128] 李湛. 上海张江高新区产业发展研究（2011）：科技创业经济发展理论[M]. 上海：上海交通大学出版社，2013.

[129] 李湛，杜尔玏，殷林森，等. 科技创业经济发展理论的构建与研究[J]. 上海经济，2018（6）：69-81.

[130] 李德辉，范黎波，吴双. 企业市场地位、信息优势与创业导向：基于法制环境调节效应的考察[J]. 管理评论，2019，31（4）：58-69.

[131] 李涛，朱俊兵，伏霖. 聪明人更愿意创业吗？——来自中国的经验发现[J]. 经济研究，2017，52（3）：91-105.

[132] 李殿伟，陈立新，孙娟. 创业型经济生态体系的构建及政策设计[J]. 科技进步与对策，2009，26（23）：127-130.

[133] 李剑力. 创业型经济的特征、功能优势与运行机制[J]. 学习论坛，2010，26（9）：38-41.

[134] 李新春. 高科技产业集群式创业的地区差异及其影响因素[J]. 南开学报，2004（1）：18-19.

[135] 李政，李玉玲. 创业型经济的构成元素与发展途径[J]. 外国经济与管理，2005（10）：20-27.

[136] 李长安，谢远涛. 经济增长、要素价格对创业带动就业效应的影响研究[J]. 北京师范大学学报（社会科学版），2012（1）：132-139.

[137] 李秋斌. 我国民营科技企业的发展历程、现状及对策研究[J]. 福建论坛（人文社会科学版），2009（11）：49-52.

[138] 李敏纳，蔡舒，覃成林. 海南建省以来区域经济差异的测度与评价[J]. 海南大学学报（人文社会科学版），2013，31（6）：111-120.

[139] 李政. 当前东北地区经济增长问题成因与创新转型对策[J]. 经济纵横，2015（7）：14-17.

[140] 李宏彬，李杏，姚先国，等. 企业家的创业与创新精神对中国经济增长的影响[J]. 经济研究，2009，44（10）：99-108.

[141] 李佳洺，陆大道，徐成东，等. 胡焕庸线两侧人口的空间分异性及其变化[J]. 地理学报，2017，72（1）：148-160.

[142] 李雯，解佳龙. 创新集聚效应下的网络惯例建立与创业资源获取[J]. 科学学研究，

2017, 35（12）: 1864-1874.

[143] 李华晶. 知识过滤、创业活动与经济增长——基于我国 31 个地区的实证研究 [J]. 科学学研究, 2010, 28（7）: 1001-1007.

[144] 刘文光. 区域科技创业生态系统运行机制与评价研究 [D]. 天津: 天津大学, 2012.

[145] 刘亮. 企业家精神与区域经济增长 [D]. 上海: 复旦大学, 2008.

[146] 刘伟, 蔡志洲. 我国工业化进程中产业结构升级与新常态下的经济增长 [J]. 北京大学学报（哲学社会科学版）, 2015, 52（3）: 5-19.

[147] 刘涛. 劳动力资源配置对流通业增长的影响及行业分异 [J]. 商业经济研究, 2021（9）: 34-37.

[148] 刘伟, 蔡志洲, 郭以馨. 现阶段中国经济增长与就业的关系研究 [J]. 经济科学, 2015（4）: 5-17.

[149] 刘生龙, 胡鞍钢. 交通基础设施与经济增长: 中国区域差距的视角 [J]. 中国工业经济, 2010（4）: 14-23.

[150] 刘伟, 张辉, 黄泽华. 中国产业结构高度与工业化进程和地区差异的考察 [J]. 经济学动态, 2008（11）: 4-8.

[151] 蔺雷, 吴家喜. 第四次创业浪潮 [J]. 中国商界, 2016（9）: 123.

[152] 卢成镐. 对中国创业活动经济效应的实证研究 [D]. 北京: 清华大学, 2012.

[153] 林毅夫, 苏剑. 论我国经济增长方式的转换 [J]. 管理世界, 2007（11）: 5-13.

[154] 厉无畏, 王振. 转变经济增长方式研究 [M]. 上海: 学林出版社, 2006.

[155] 蔺雪芹, 王岱, 任旺兵, 等. 中国城镇化对经济发展的作用机制 [J]. 地理研究, 2013, 32（4）: 691-700.

[156] 黎文勇, 杨上广. 对外开放、功能分工与中国经济增长质量——基于 282 个地级以上城市的空间杜宾模型研究 [J]. 经济体制改革, 2019（5）: 28-36.

[157] 赖明勇, 张新, 彭水军, 等. 经济增长的源泉: 人力资本、研究开发与技术外溢 [J]. 中国社会科学, 2005（2）: 32-46+204-205.

[158] 梁泳梅, 李钢, 董敏杰. 劳动力资源与经济发展的区域错配 [J]. 中国人口科学, 2011（5）: 36-48+111.

[159] 苗文斌, 贺元启. 科技创业动力源及运作实践探析 [J]. 企业经济, 2007（4）: 39-41.

[160] 米建华, 谢富纪, 蔡宁. 创业投资促进技术创新集群的机制及路径研究 [J]. 科

技进步与对策，2010，27（8）：7-9.

［161］马歇尔.经济学原理（上册）[M].北京：商务印书馆，2001.

［162］倪星，薛天乐，马珍妙.创新创业、政府扶持与地区经济增长——基于广东省21个地级以上市面板数据的分析[J].学术研究，2020（8）：50-58+177+2.

［163］齐玮娜，张耀辉.创业、知识溢出与区域经济增长差异——基于中国30个省市区面板数据的实证分析[J].经济与管理研究，2014（9）：23-31.

［164］齐晓娟.基于逻辑模型的矿产资源可持续发展财政支出绩效评价指标体系构建[J].内蒙古大学学报（哲学社会科学版），2014，46（3）：104-110.

［165］任胜钢，舒睿.创业者网络能力与创业机会：网络位置和网络跨度的作用机制[J].南开管理评论，2014，17（1）：123-133.

［166］任韬，王文举.中国三次产业间劳动力资源优化配置及转移分析[J].统计研究，2014，31（12）：20-24.

［167］单标安，费宇鹏，于海晶，等.创业者人格特质的内涵及其对创业产出的影响研究进展探析[J].外国经济与管理，2017，39（4）：15-24.

［168］单豪杰.中国资本存量K的再估算：1952—2006年[J].数量经济技术经济研究，2008，25（10）：17-31.

［169］宋来胜，苏楠，付宏.创新创业能力的空间分布及其经济增长效应——基于GMM方法的实证分析[J].经济经纬，2013（1）：6-10.

［170］苏东水.产业经济学[M].北京：高等教育出版社，2002.

［171］孙清涛，孙涛，田金凤.基于财务指标和熵权法的企业运营能力分析[J].中国管理信息化（综合版），2005（5）：20-22.

［172］孙辉，支大林，李宏瑾.对中国各省资本存量的估计及典型性事实：1978—2008[J].广东金融学院学报，2010，25（3）：103-116+129.

［173］舒成利，辜孟蕾.知识溢出创业理论：评述与未来研究方向[J].科技进步与对策，2019，36（5）：154-160.

［174］汤淑琴.创业者经验、双元机会识别与新企业绩效的关系研究[D].长春：吉林大学，2015.

［175］汤勇，汤腊梅.区域创业资本与经济增长关系——基于中部地区面板数据的研究[J].经济地理，2014，34（4）：33-39.

［176］唐未兵，傅元海，王展祥.技术创新还是技术引进促进经济增长方式转变——基于动态面板模型的经验分析[J].经济研究，2014，49（7）：31-43.

[177] 陶长琪,彭永樟.经济集聚下技术创新强度对产业结构升级的空间效应分析[J].产业经济研究,2017(3):91-103.

[178] 田楹,胡蓓.产业集群集聚效应、创业自我效能和创业意向关系的实证研究[J].中国科技论坛,2013(12):64-70.

[179] 威廉·A.萨尔曼,霍华德·H.史蒂文森,迈克·J.罗伯特,等.创业管理[M].北京:中国人民大学出版社,2005.

[180] 吴建南,刘佳.构建基于逻辑模型的财政支出绩效评价体系——以农业财政支出为例[J].中南财经政法大学学报,2007(2):69-74.

[181] 吴建南,李贵宁.教育财政支出绩效评价:模型及其通用指标体系构建[J].西安交通大学学报(社会科学版),2004(2):25-31.

[182] 王立平,陈琛.创业、知识过滤与区域经济增长[J].产业经济研究,2009(5):60-66.

[183] 王军,邹广平,石先进.制度变迁对中国经济增长的影响——基于VAR模型的实证研究[J].中国工业经济,2013(6):70-82.

[184] 王军,朱杰,罗茜.中国数字经济发展水平及演变测度[J].数量经济技术经济研究,2021,38(7):26-42.

[185] 王小鲁,樊纲.中国经济增长的可持续性——跨世纪的回顾与展望[M].北京:经济科学出版社,2000.

[186] 王国刚.城镇化:中国经济发展方式转变的重心所在[J].经济研究,2010,45(12):70-81+148.

[187] 魏下海.基础设施、空间溢出与区域经济增长[J].经济评论,2010(4):82-89.

[188] 魏后凯.现代区域经济学[M].北京:经济管理出版社,2006.

[189] 温忠麟,张雷,侯杰泰,等.中介效应检验程序及其应用[J].心理学报,2004(5):614-620.

[190] 夏太寿,倪杰.区域科技创业公共服务平台建设的理论探讨[J].中国科技论坛,2006(4):36-39+47.

[191] 薛占栋.深圳物质资本存量估算[J].生产力研究,2011(10):107-109.

[192] 谢群,潘玉君.中国内地各省区1952—2009年实物资本存量估算[J].当代经济,2011(1):122-128.

[193] 约瑟夫·熊彼特.经济发展理论[M].北京:商务印书馆,1990.

[194] 杨安,兰欣,刘玉,等.创业管理——成功创建新企业[M].北京:清华大学出

版社，2009.

[195] 杨勇，王志杰. 区域科技创业生态系统运行机制及政策仿真研究 [J]. 科学学与科学技术管理，2014，35（12）：99-108.

[196] 杨永峰. 社会网络与市场信息对技术创业企业战略柔性的驱动机制研究 [D]. 天津：南开大学，2014.

[197] 杨建芳，龚六堂，张庆华. 人力资本形成及其对经济增长的影响———个包含教育和健康投入的内生增长模型及其检验 [J]. 管理世界，2006（5）：10-18+34+171.

[198] 杨林，和欣，顾红芳. 高管团队经验、动态能力与企业战略突变：管理自主权的调节效应 [J]. 管理世界，2020，36（6）：168-188+201+252.

[199] 郁义鸿. 创业学 [M]. 上海：复旦大学出版社，2000.

[200] 姚晓芳，张宏. 科技型创业企业资源需求曲线的案例分析 [J]. 科技进步与对策，2008（11）：132-135.

[201] 姚毓春. 创业型经济与就业问题研究 [D]. 长春：吉林大学，2009.

[202] 原长弘，张树满. 科研院所高效科技创业生态系统构建研究 [J]. 科技进步与对策，2019，36（5）：18-25.

[203] 严卫中. 推进科技创新型中小企业发展的财税政策研究 [J]. 江南论坛，2011（10）：21-23.

[204] 袁志刚，解栋栋. 中国劳动力错配对TFP的影响分析 [J]. 经济研究，2011（7）：4-17.

[205] 袁建明. 科技型中小企业创业发展周期特征分析 [J]. 合肥工业大学学报（社会科学版），2000，14（4）：58-61.

[206] 袁富华. 长期增长过程的"结构性加速"与"结构性减速"：一种解释 [J]. 经济研究，2012，47（3）：127-140.

[207] 张青. 创业与经济发展关系研究回顾与分析——基于不同经济学角度 [J]. 外国经济与管理，2009（11）：20-28.

[208] 张秀娥，祁伟宏，李泽卉. 创业者经验对创业机会识别的动力机制研究 [J]. 科学学研究，2017，35（3）：419-427.

[209] 张茉楠. 面向创业型经济的政策设计与管理模式研究 [J]. 科学学研究，2007（S1）：73-79.

[210] 张建英. 创业活动与经济增长内在关系研究 [J]. 经济问题，2012（7）：42-45.

[211] 张车伟，蔡昉. 就业弹性的变化趋势研究 [J]. 中国工业经济，2002（5）：22-30.

[212] 张会恒. 论产业生命周期理论 [J]. 财贸研究, 2004（6）: 7-11.

[213] 张忠强, 邱士娟. 天津经济发展面临的挑战与机遇 [J]. 天津经济, 2021（5）: 17-21.

[214] 张军. 资本形成、工业化与经济增: 中国的转轨特征 [J]. 经济研究, 2002（6）: 4-14.

[215] 张军, 吴桂英, 张吉鹏. 中国省际物质资本存量估算: 1952—2000[J]. 经济研究, 2004（10）: 35-44.

[216] 张学良. 中国交通基础设施促进了区域经济增长吗——兼论交通基础设施的空间溢出效应 [J]. 中国社会科学, 2012（3）: 60-77+206.

[217] 张天华, 陈博潮, 雷佳祺. 经济集聚与资源配置效率: 多样化还是专业化 [J]. 产业经济研究, 2019（5）: 51-64.

[218] 张可, 徐朝晖. 产业集聚与区域创新的交互影响——基于高技术产业的实证 [J]. 财经科学, 2019（1）: 75-86.

[219] 赵涛, 刘文光, 边伟军. 区域科技创业生态系统的结构模式与功能机制研究 [J]. 科技管理研究, 2011, 31（24）: 78-82.

[220] 赵涛, 刘文光, 边伟军. 基于系统动力学的区域科技创业生态群落运行机制研究 [J]. 科技进步与对策, 2012, 29（16）: 20-24.

[221] 赵涛, 张智, 梁上坤. 数字经济、创业活跃度与高质量发展——来自中国城市的经验证据 [J]. 管理世界, 2020, 36（10）: 65-76.

[222] 赵向阳. 成功创业者怎么想 [J]. 清华管理评论, 2013（4）: 80-86.

[223] 周文涛, 李小萍, 衡伏喜. 兰州市科技创业环境评价体系设计与检验 [J]. 甘肃科技纵横, 2010, 39（2）: 23-24.

[224] 周国红, 陆立军. 科技型中小企业成长环境评价指标体系的构建 [J]. 数量经济技术经济研究, 2002（2）: 32-35.

[225] 周键, 王庆金, 吴迪. 创业激情与政治行为对创业认同的作用机理——基于资源依赖理论的研究 [J]. 外国经济与管理, 2017, 39（6）: 68-82.

[226] 周亮, 陈建新. 试以"技术进化论"观点讨论互联网技术的兴起和发展 [J]. 科技创业月刊, 2006（3）: 156-158.

[227] 周少甫, 王伟, 董登新. 人力资本与产业结构转化对经济增长的效应分析——来自中国省级面板数据的经验证据 [J]. 数量经济技术经济研究, 2013, 30（8）: 65-77+123.

[228] 庄子银. 企业家精神、持续技术创新和长期经济增长的微观机制 [J]. 世界经济, 2005, 28 (12): 32-43.

[229] 庄子银. 创新、企业家活动配置与长期经济增长 [J]. 经济研究, 2007 (8): 82-94.

[230] 湛军. 创业与经济发展的理论研究框架分析 [J]. 商业时代, 2007 (22): 10-11.

[231] 朱子婧, 范炜, 王泽林. 创业对经济增长的促进作用——基于不同产业的实证研究 [J]. 商业经济研究, 2019 (23): 173-178.

[232] 朱孔来, 李静静, 乐菲菲. 中国城镇化进程与经济增长关系的实证研究 [J]. 统计研究, 2011, 28 (9): 80-87.

[233] 中国社会科学院工业经济研究所课题组. 90年代以来的消费需求变动 [N]. 中国经营报, 2001-03-13 (006).

[234] 杨丹萍, 杨丽华. 对外贸易、技术进步与产业结构升级: 经验、机理与实证 [J]. 管理世界, 2016 (11): 2.

[235] 郑鑫. 城镇化对中国经济增长的贡献及其实现途径 [J]. 中国农村经济, 2014 (6): 4-15.

[236] 约瑟夫·熊彼特. 经济发展理论 [M]. 何畏, 易家详, 等译. 北京: 商务印书馆, 2020.

[237] 彼得·德鲁克. 管理前言 [M]. 闻佳, 译. 北京: 机械工业出版社, 2018.

[238] 霍利斯·钱纳里, 等. 工业化和经济增长的比较研究 [M]. 吴奇, 王松宝, 等译. 上海: 上海人民出版社, 上海三联书店, 1995.

[239] 边雅静, 沈利生. 人力资本对我国东西部经济增长影响的实证分析 [J]. 数量经济技术经济研究, 2004 (12): 19-24.

[240] 彼得·德鲁克. 创新与创业精神 [M]. 张炜, 译. 上海: 上海人民出版社, 2002.

[241] 白洁, 雷磊. 创新创业生态对省域经济增长的影响——基于2007—2016年面板数据的实证分析 [J]. 中国特色社会主义研究, 2018 (3): 61-68.

[242] 包群, 许和连, 赖明勇. 贸易开放度与经济增长: 理论及中国的经验研究 [J]. 世界经济, 2003 (2): 10-18.

[243] 迟建新. 科技创业企业的融资工具选择与体系组合 [J]. 改革, 2010 (1): 119-126.

[244] 蔡莉, 朱秀梅. 科技型新创企业集群形成与发展机理研究 [M]. 北京: 科学出版社, 2008.

[245] 池仁勇. 美日创业环境比较研究 [J]. 外国经济与管理, 2002, 24 (9): 13-19.

附　录

附录Ⅰ：2007—2019 年各地区科技创业指数

地区	2007	2008	2009	2010	2011	2012	2013
北京	22.622	21.475	24.558	24.067	29.514	29.633	33.848
天津	12.408	12.332	12.403	13.961	14.939	17.717	18.520
河北	2.062	1.958	2.090	2.281	2.906	2.965	3.462
辽宁	4.184	4.403	4.856	5.438	6.538	6.905	7.486
上海	17.873	18.573	19.986	23.839	22.863	26.303	25.275
江苏	10.219	11.913	13.193	16.336	18.584	21.568	23.359
浙江	6.159	6.445	7.685	8.063	10.739	12.010	11.377
福建	4.497	4.912	5.338	5.943	6.515	7.187	7.616
山东	4.223	4.772	5.260	5.894	7.013	8.356	9.298
广东	11.981	13.542	14.298	15.863	17.894	19.448	21.299
海南	0.959	1.120	1.245	1.505	2.019	2.321	2.385
山西	1.640	1.819	2.364	2.153	2.442	3.061	3.634
吉林	3.148	3.226	3.665	3.465	4.189	5.282	5.780
黑龙江	3.319	3.427	3.582	4.036	4.073	4.002	3.939
安徽	2.235	2.394	2.803	3.056	3.815	4.033	4.826
江西	2.619	3.136	3.083	3.091	3.575	3.803	4.717
河南	2.219	2.413	2.262	2.600	3.554	3.975	4.783
湖北	3.539	3.744	4.760	4.707	5.528	6.465	7.807

续表

地区	2007	2008	2009	2010	2011	2012	2013
湖南	2.556	2.772	3.020	3.023	3.738	4.239	4.783
内蒙古	1.805	1.987	2.068	2.382	2.609	3.109	2.655
广西	1.217	1.661	1.919	2.053	2.733	2.632	2.759
重庆	3.195	3.450	3.742	3.645	4.053	5.130	5.839
四川	3.042	3.014	3.390	3.595	3.928	4.459	5.320
贵州	1.182	1.211	1.388	1.748	1.972	2.312	2.552
云南	0.964	1.288	1.402	1.526	1.949	2.043	2.000
陕西	6.309	6.012	6.170	6.473	6.968	8.090	8.861
甘肃	1.651	1.563	2.468	2.047	2.206	2.187	2.553
青海	0.675	0.832	1.415	1.158	1.856	1.880	2.988
宁夏	1.767	2.026	2.098	1.808	2.193	2.409	2.717
新疆	0.804	1.051	0.938	1.335	1.494	1.763	1.828

附录Ⅰ：2007—2019年各地区科技创业指数（续）

地区	2014	2015	2016	2017	2018	2019
北京	37.473	43.701	53.497	63.675	73.898	71.681
天津	20.194	22.822	22.518	22.391	21.883	21.605
河北	4.036	4.388	4.528	4.969	5.557	6.143
辽宁	7.987	7.499	6.913	7.793	8.441	8.343
上海	25.769	29.377	31.871	35.357	37.663	37.828
江苏	25.175	28.236	31.213	32.252	33.638	35.136
浙江	13.168	15.097	17.005	18.526	20.229	23.303
福建	8.414	8.767	9.754	11.115	11.782	13.505
山东	10.029	11.099	12.432	13.074	12.816	13.492
广东	22.514	25.237	28.904	33.606	36.087	39.219
海南	2.931	3.877	3.877	3.978	4.103	4.950

续表

地区	2014	2015	2016	2017	2018	2019
山西	3.570	3.858	4.788	4.525	5.442	4.928
吉林	6.364	6.884	7.209	7.679	6.996	7.942
黑龙江	3.970	4.781	4.830	5.267	4.274	4.946
安徽	5.631	6.191	7.759	7.968	9.118	10.036
江西	5.465	6.740	7.975	9.328	10.163	12.051
河南	5.286	6.096	6.892	7.440	7.802	8.194
湖北	9.007	10.334	10.430	11.400	12.165	14.301
湖南	5.043	5.907	6.296	7.141	7.904	9.274
内蒙古	3.264	3.260	3.934	3.633	3.292	3.590
广西	3.199	3.339	3.701	3.872	3.846	4.280
重庆	6.790	7.626	9.220	9.561	10.523	11.396
四川	6.232	6.745	7.495	8.096	9.232	9.900
贵州	2.892	3.237	3.597	4.355	4.971	5.157
云南	2.417	3.206	2.766	2.907	2.995	3.271
陕西	9.665	9.990	11.466	12.323	14.778	15.613
甘肃	3.133	3.680	3.777	3.878	4.177	4.269
青海	2.877	4.009	4.385	5.672	5.048	7.055
宁夏	3.116	4.073	4.390	4.980	5.296	5.354
新疆	2.506	3.056	3.584	3.487	3.750	3.493

附录Ⅱ：2007—2019年各地区物质资本存量估算

地区	2007	2008	2009	2010	2011	2012	2013
北京	16031.860	17835.747	20200.745	22929.624	25449.923	28248.248	31571.887
天津	8249.532	10256.440	13321.931	17342.591	21503.622	26184.560	31719.907
河北	22836.962	28334.047	36632.397	46631.797	56393.508	68273.923	82685.039
辽宁	20170.222	26543.309	34676.318	45160.028	55971.656	69192.533	84750.288

续表

地区	2007	2008	2009	2010	2011	2012	2013
上海	19150.088	21318.613	23606.676	25830.082	27791.273	29726.291	32040.638
江苏	39702.046	48567.899	60173.250	74065.395	88867.540	106085.483	127260.727
浙江	33400.169	38592.689	44914.375	52024.550	59590.713	69193.048	81042.124
福建	8816.752	10793.266	13202.773	16520.840	20559.231	25721.783	32328.089
山东	39341.021	48197.224	59784.879	73830.478	88731.800	106290.777	127816.235
广东	28980.688	33604.769	39627.473	47055.470	54478.955	62646.362	73372.670
海南	2333.142	2690.023	3269.416	4042.665	4984.723	6237.581	7887.997
山西	9555.108	11596.670	14720.749	18501.562	22388.039	27483.001	34137.767
吉林	9119.591	12276.816	16502.618	21527.756	25662.977	31138.691	36938.096
黑龙江	9047.179	11125.180	14307.765	18654.257	23119.817	29051.562	36242.774
安徽	14539.999	18949.247	25133.104	33089.556	40875.190	50591.485	62600.166
江西	10310.503	13289.438	17580.765	23536.768	29044.222	35443.295	43331.199
河南	22723.060	29580.226	38998.067	49764.416	60506.078	73687.802	90198.421
湖北	14494.847	17653.752	22466.486	28764.871	36180.490	45511.137	57522.280
湖南	12668.888	16048.255	21202.522	27451.475	34627.399	43478.062	54712.278
内蒙古	12249.857	15772.599	20840.011	26734.349	33194.566	40591.313	49666.797
广西	10199.974	12507.290	15908.156	20467.556	25128.845	31197.497	38772.609
重庆	10615.141	13329.505	17011.119	21593.271	26308.648	31767.190	38443.542
四川	17693.713	21814.617	29367.596	37925.641	46421.247	56640.136	69215.346
贵州	5961.027	7039.494	8488.137	10410.198	12943.952	16451.940	21151.987
云南	9597.399	11774.107	14851.638	18478.351	22226.610	27150.454	33611.763
陕西	10147.688	13085.646	17422.426	22788.916	28654.237	36152.795	45691.357
甘肃	4632.363	5568.919	7003.755	8994.091	11284.164	14358.557	18428.130
青海	2005.251	2337.117	2839.163	3480.430	4337.945	5464.803	6935.217
宁夏	2374.959	2875.703	3573.663	4525.477	5502.770	6739.108	8374.308
新疆	7655.442	9010.972	10731.547	12887.526	15646.575	19333.265	24151.761

附录Ⅱ：2007—2019年各地区物质资本存量估算（续）

地区	2014	2015	2016	2017	2018	2019
北京	34826.782	38371.272	41733.659	44985.631	47294.585	47745.286
天津	38050.869	45434.953	53310.390	59214.147	60601.756	62578.849
河北	99132.493	117731.401	137798.963	157738.111	166095.311	174537.124
辽宁	99517.406	109231.809	111378.709	113415.880	107122.806	101332.458
上海	34522.907	37198.950	39708.315	42350.865	43344.341	44364.698
江苏	151608.329	179071.276	208070.255	237151.173	251685.677	265722.071
浙江	94901.640	111010.526	128947.798	146575.158	155031.934	164313.402
福建	40171.478	49374.391	59415.936	70847.605	83592.989	95749.039
山东	152247.363	181133.887	212965.743	244352.136	259030.705	268282.770
广东	85916.376	101144.303	117487.809	135513.171	150245.273	165861.295
海南	9789.084	11890.726	14291.412	16751.031	168366.848	1669685.819
山西	41429.398	50108.247	58885.356	61247.574	59605.007	58396.928
吉林	43458.549	51077.788	59543.328	67032.715	69554.254	70195.476
黑龙江	42031.576	47999.539	54171.272	60552.702	61881.171	63343.081
安徽	76344.988	91979.716	109384.948	127318.210	136816.060	146811.746
江西	52607.192	63770.889	76453.693	90007.292	97650.038	105612.778
河南	109410.469	132410.365	158637.811	186040.198	200101.888	214510.990
湖北	71639.925	88580.210	107787.685	127119.112	138695.929	151036.347
湖南	68084.520	84288.180	102864.183	122753.740	134299.509	146454.219
内蒙古	60947.097	69576.097	78826.063	87123.992	85427.902	84162.631
广西	47552.952	58079.957	70074.642	82330.203	89499.616	97005.524
重庆	46044.182	55130.860	65207.978	75629.963	80822.327	85887.172
四川	83487.064	99228.590	117011.454	135557.592	145874.821	156565.312
贵州	26820.251	33912.421	42598.105	52216.571	59118.297	65166.886
云南	40981.822	49792.866	60560.077	72578.502	79635.237	86824.051
陕西	56335.235	67868.963	80863.931	95115.871	103436.043	110942.984
甘肃	23313.666	28982.231	35247.590	38598.368	38609.582	38763.576
青海	8598.203	10526.048	12631.829	14948.939	16279.236	17546.961
宁夏	10334.054	12559.271	14971.643	17183.413	17557.763	17641.876
新疆	29947.886	36751.787	43150.851	50384.082	51548.220	52597.806

附录Ⅲ：2007—2019 年各地区产业结构合理化指数

地区	2007	2008	2009	2010	2011	2012	2013
北京	23.872	25.380	31.968	22.049	26.407	27.445	27.045
天津	12.788	12.060	11.402	11.022	10.456	9.919	10.632
河北	6.332	6.487	6.455	6.558	6.940	7.209	7.536
辽宁	4.825	4.600	4.350	4.222	3.983	4.003	4.534
上海	27.394	32.776	33.642	52.137	50.643	37.622	38.233
江苏	6.920	7.150	7.392	7.997	7.833	7.953	7.891
浙江	9.921	10.064	10.464	12.678	14.245	13.798	14.111
福建	6.340	6.342	6.410	6.264	6.347	6.295	6.233
山东	4.782	4.438	4.440	4.594	4.702	4.782	4.895
广东	5.027	5.351	5.544	6.260	6.195	6.149	6.401
海南	4.943	5.362	5.378	5.224	4.917	5.019	5.928
山西	2.906	2.861	2.902	2.933	2.989	3.083	3.022
吉林	5.427	5.467	4.991	4.579	4.313	4.468	5.380
黑龙江	2.871	2.812	2.904	2.450	2.260	2.386	2.404
安徽	4.458	4.704	4.673	4.235	3.941	4.256	4.496
江西	6.693	5.978	5.710	5.339	5.195	5.240	5.393
河南	3.155	3.198	3.400	3.421	3.471	3.550	3.724
湖北	3.607	3.360	3.107	2.954	2.788	2.750	2.816
湖南	4.475	4.377	4.232	3.859	3.625	3.489	3.365
内蒙古	2.168	2.126	2.028	2.026	2.007	1.981	2.085
广西	3.103	2.937	3.186	2.878	2.777	2.630	2.535
重庆	2.432	2.370	3.023	2.923	2.946	2.970	3.096
四川	3.811	3.774	3.662	3.476	3.199	3.089	3.018
贵州	1.263	1.326	1.390	1.446	1.436	1.496	1.566
云南	1.613	1.678	1.691	1.712	1.681	1.716	1.704
陕西	2.764	2.890	3.274	3.383	3.487	1.276	1.353
甘肃	1.757	1.747	1.742	1.711	1.662	1.664	1.694
青海	3.266	3.103	3.256	3.276	3.348	3.546	3.325
宁夏	3.236	3.344	4.044	2.192	2.130	2.106	2.155
新疆	2.991	2.914	2.884	2.848	2.789	2.706	2.888

附录Ⅲ：2007—2019年各地区产业结构合理化指数（续）

地区	2014	2015	2016	2017	2018	2019
北京	28.119	28.449	26.376	27.205	27.425	27.514
天津	8.757	7.115	6.531	6.579	7.087	5.731
河北	7.310	7.052	6.995	6.924	6.685	6.645
辽宁	4.379	4.196	4.061	4.036	3.669	3.730
上海	49.998	56.543	73.744	71.074	103.948	46.059
江苏	8.371	8.664	9.049	9.537	9.934	10.058
浙江	14.230	14.252	15.571	16.514	17.028	17.378
福建	5.780	5.616	5.447	5.463	5.340	4.744
山东	4.975	5.228	5.376	5.731	6.048	6.346
广东	6.534	6.516	6.570	6.624	7.444	7.715
海南	5.868	6.143	6.088	6.435	6.968	7.283
山西	3.085	2.998	3.094	3.094	3.039	2.712
吉林	6.039	6.306	6.217	6.403	6.401	6.527
黑龙江	2.423	2.822	2.619	2.711	2.781	3.042
安徽	4.748	4.717	4.787	4.806	4.733	4.611
江西	5.250	5.307	5.370	5.604	5.543	5.596
河南	3.427	3.566	3.651	3.860	3.976	3.734
湖北	3.036	3.186	3.300	3.433	3.575	3.669
湖南	3.305	3.251	3.217	3.230	3.201	3.164
内蒙古	2.065	1.926	1.786	1.810	1.843	1.764
广西	2.575	2.589	2.556	2.577	2.624	2.681
重庆	3.106	3.202	3.239	3.118	3.258	3.179
四川	3.063	3.103	3.169	3.234	3.298	3.340
贵州	1.650	1.729	1.832	1.918	2.009	1.592
云南	1.727	1.697	1.712	1.746	1.778	1.897
陕西	1.452	1.609	1.681	1.803	1.886	2.282
甘肃	1.735	1.761	1.808	1.938	1.997	2.044
青海	3.266	3.326	3.286	3.258	3.229	3.275
宁夏	2.412	2.388	2.317	2.548	2.488	2.447
新疆	2.819	2.768	2.701	2.918	2.833	3.345

附录Ⅳ：2007—2019 年各地区产业结构高级化指数

地区	2007	2008	2009	2010	2011	2012	2013
北京	4.102	4.333	4.674	4.942	5.187	5.342	5.569
天津	2.296	2.507	2.764	2.949	3.260	3.505	3.742
河北	0.922	0.991	1.063	1.149	1.224	1.280	1.329
辽宁	1.489	1.637	1.738	1.888	2.047	2.179	2.265
上海	4.000	4.281	4.769	4.843	5.247	5.800	6.223
江苏	1.485	1.667	1.884	2.109	2.352	2.580	2.836
浙江	1.665	1.832	1.992	2.181	2.350	2.572	2.744
福建	1.503	1.627	1.721	1.855	1.827	1.926	2.127
山东	1.001	1.113	1.195	1.288	1.415	1.540	1.672
广东	2.134	2.242	2.381	2.530	2.762	3.015	3.183
海南	1.205	1.317	1.431	1.618	1.749	1.792	1.762
山西	0.995	1.105	1.208	1.222	1.260	1.316	1.430
吉林	0.994	1.119	1.249	1.372	1.496	1.584	1.628
黑龙江	1.021	1.163	1.232	1.429	1.602	1.694	1.813
安徽	0.671	0.724	0.797	0.909	1.028	1.095	1.171
江西	0.553	0.633	0.709	0.796	0.889	0.972	1.044
河南	0.733	0.809	0.866	0.955	1.035	1.119	1.199
湖北	0.670	0.778	0.909	1.046	1.208	1.333	1.462
湖南	0.717	0.840	0.945	1.075	1.220	1.384	1.549
内蒙古	2.041	2.325	2.629	2.898	3.086	3.263	3.155
广西	0.669	0.751	0.883	0.982	1.087	1.338	1.530
重庆	0.987	1.124	1.275	1.461	1.634	1.784	1.916
四川	0.687	0.766	0.903	1.018	1.168	1.288	1.418
贵州	0.976	1.075	1.189	1.324	1.492	1.596	1.700
云南	0.915	0.955	1.051	1.116	1.230	1.330	1.489
陕西	0.861	0.975	1.111	1.284	1.473	2.731	2.913
甘肃	0.885	0.982	1.059	1.179	1.346	1.517	1.683
青海	0.927	1.076	1.162	1.258	1.381	1.469	1.641
宁夏	0.863	1.022	0.932	1.311	1.424	1.563	1.668
新疆	1.633	1.763	1.894	2.027	2.209	2.309	2.263

附录Ⅳ：2007—2019年各地区产业结构高级化指数（续）

地区	2014	2015	2016	2017	2018	2019
北京	5.882	6.167	6.405	6.723	7.251	7.419
天津	4.003	4.337	4.771	5.021	5.189	5.356
河北	1.453	1.610	1.771	1.956	2.165	2.404
辽宁	2.381	2.730	3.012	3.194	3.463	3.674
上海	5.325	5.882	6.372	6.701	7.190	7.475
江苏	3.085	3.343	3.627	3.876	4.146	4.378
浙江	2.957	3.201	3.404	3.609	3.804	4.043
福建	2.222	2.309	2.514	2.738	2.989	3.244
山东	1.802	1.942	2.106	2.297	2.624	2.916
广东	3.344	3.621	3.884	4.148	3.549	3.793
海南	1.820	1.921	2.100	2.162	2.190	2.400
山西	1.491	1.635	1.671	1.807	1.928	2.135
吉林	1.659	1.703	1.770	1.884	2.001	2.079
黑龙江	1.878	1.975	2.123	2.279	2.441	2.724
安徽	1.263	1.387	1.535	1.684	1.841	1.997
江西	1.145	1.253	1.366	1.490	1.631	1.770
河南	1.310	1.389	1.492	1.587	1.713	1.882
湖北	1.564	1.693	1.834	1.985	2.153	2.321
湖南	1.720	1.945	2.178	2.430	2.695	2.964
内蒙古	3.220	3.669	4.104	4.452	4.948	5.397
广西	1.657	1.769	1.914	2.107	2.276	2.385
重庆	2.098	2.291	2.515	2.799	2.964	3.192
四川	1.533	1.657	1.781	1.929	2.084	3.340
贵州	1.764	1.867	1.950	2.072	2.174	2.534
云南	1.557	1.743	1.855	2.003	2.138	2.239
陕西	2.951	2.941	3.085	3.206	3.328	3.164
甘肃	1.807	1.923	2.019	2.044	2.151	2.265
青海	1.783	1.901	2.043	2.181	2.286	2.389
宁夏	1.694	1.811	1.934	1.965	2.082	2.205
新疆	2.415	2.531	2.612	2.643	2.874	2.827